臺灣研究叢刊

雞籠山與淡水洋

東亞海域與台灣早期史研究

1400-1700

陳宗仁　著

自　序

　　這本書是根據我的博士論文改寫的。趁這一、兩年工作餘暇，我重譯了部分外文資料，修正一些訛誤，文字亦有增刪，論證則大約相沿未改。

　　剛讀博士班時，沒有預想到日後會鑽研台灣早期史，並以此為論文主題。現在我追想原因，覺得是很多因緣湊合成的。

　　1996年初念博士班時，依循著碩士論文的研究思維，想繼續進行清代台灣社會經濟史的研究，當時參與黃富三老師主持的淡水河研究計畫，常到中研院台灣史研究所籌備處的古文書室，翻閱他們的契字藏品。

　　博一時，修王世慶老師的課，王老師問及博士論文題目，並建議可做北部台灣的原住民研究，但當時我覺得相關史料多為西班牙文與荷蘭文，因畏難而未深思此一問題。

　　1997年漢聲雜誌社出版《台灣老地圖》上、下冊，他們寄贈一套給尹章義老師。尹老師收到書的那天，我恰好到尹老師家。他拆開這套書後，翻覽內文，然後把書丟給我，說這套地圖有很多問題可以研究。我很高興的帶書回家，卻把書供在書架上，我覺得台灣早期史很難研究，但此事多少置於心中。

　　那一年，我到西班牙玩，隨行想帶本小書，旅遊時可以翻看。在書架上挑了本商務印書館出的小開本書籍，是桑原騭藏的《中國阿剌伯海上交通史》，既便攜帶，又帶點異國風味；在航行途中或旅遊閒暇時，捧著這本書看，覺得中西交通史蠻有趣的，這也許是我改變研究取向的一個機緣。

　　從博一開始，我一直修曹永和老師開的各門課。有門「日文名著選讀」，同學們各自選擇喜歡的文章，共同翻譯、討論。1998年的某一次課，翻譯一篇東南亞史的論文，平日上課老師話語不多，但那一天，老師談興大發，足足講了一節課；講課時的神情、氣度與平日上課不同，我覺得很不尋常，這似乎是曹老師內心喜歡的課題，是他鑽研已久的領域。

　　我聽著老師的講述，神遊其中，下課後回家，還想著上課時的奇異感覺。於是我到圖書館找一些與十六、十七世紀東亞貿易史有關的書籍看，慢慢的看出興趣，於是想要改變研究取向。

　　我開始構思我的研究主題，最初選定十六、十七世紀菲律賓的華人研究，向曹永和、黃富三及李東華等老師請益；在討論過程中，逐漸修改我的研究主題，改以雞籠、淡水的的早期史為重點，期間取得林本源基金會、中研院的研究補助，並到西班牙學西班牙文。

　　2000年底開始撰寫博士論文。在概念上，是曹永和老師的影響，整個論述架構的編排則受黃富三老師的指導。最初寫了近十萬字的文稿，覺得論述的方向不對，遂廢棄，重頭再寫。

　　2002年初，終於完成博士論文，題目是〈東亞海域多元勢力競爭下雞籠、淡水地位的轉變(1400-1700)〉。四月份口試時，感謝口試委員陳慈玉、李東華、陳國棟等老師的指教，特別是李東華老

師提及遣詞用字要謹慎、陳國棟老師指示島際貿易的概念等。

這幾年的研究工作，除了要感謝前述老師們的指導外，也要感謝劉石吉、吳文星、翁佳音、詹素娟、彭明輝、吳翎君、林偉盛、康培德等教授的關心，以及曾品滄、林正慧等同學的指正。

此書由聯經出版事業公司出版，讓我覺得相當榮耀，台灣研究的前輩大師如陳紹馨、曹永和、陳奇祿、王世慶等，他們的重要著作均在該公司出版。所以當我把論文送給該公司審查後，即耐心的等待，期盼能夠由聯經出版，覬附驥尾。在此也感謝論文審查者的意見及編輯沙淑芬小姐的協助。

出書前夕，重新回想撰寫過程，歷歷往事，甘苦參半，逐略記於此，以誌緣起。至於此書重點俱於章節、內文呈現，固不待贅述；全書論點是否有當，則端賴讀者們的評斷。

一本歷史著作的出版，固然是作者多年心血的結晶，但也反映了學界在此一領域（如台灣早期史）的研究狀況，這包含了前輩、同輩學者們辛苦的研究成果，加上長時期的成果積累。如果這本書的出版使台灣早期史與相關領域的研究，有絲毫的進展，這應屬這一領域內學者們共同努力的結果。

最後，將此書獻與我的父親陳哲雄、母親嚴靜枝，他們養育一個小孩三十餘年而不求酬報，看著我遲遲未能賺錢養家，亦無何怨言。但我心裡知道，只要我待在書桌前唸書、寫字，我的家人們就很安心。

陳宗仁 識於台大舊總圖研究室

目　次

圖表目次

第一章　歷史迷霧中的探索

　　本書講述雞籠、淡水的故事。書裡的雞籠，指的是基隆港，特別是基隆港口的和平島；淡水就是淡水河口的淡水。假日的時候，都會區趕著休閒、玩樂的人們蜂擁到這兩個地方玩，雞籠、淡水是臺灣人耳熟能詳的地方。

　　但本書要講的，不是到雞籠（基隆）、淡水的玩法，而是這兩個地方很久、很久以前的故事。故事裡，沒有捷運、汽車、人潮、便利商店、速食、可樂飲料……；只有從泛黃的書紙堆中，尋找到的隻字片語，這些零碎、含混的資料裡，記載著雞籠、淡水一段少為人知的過去。

　　大約在四百年前，即十六世紀時，航行在東亞海域的水手們傳說，在中國大陸與琉球群島之間，有兩個小地方：「雞籠山」與「淡水洋」。

　　在那個時代，中國大陸沿海的水手慣於將「島」稱為「山」，所以「雞籠山」的意思是，大海上有個雞籠島；至於「洋」指的是大片的水域，「淡水洋」意即在「雞籠山（島）」，有個水域流動著充沛的飲用水──淡水，可供船隻汲取。而雞籠、淡水的故事從此開始。

在本書的故事裡，會有英雄人物參與，如十七世紀的鄭芝龍、鄭成功父子，或者日本的豐臣秀吉；也有盡忠職守的官員，如明朝的海防官員、西班牙王國派駐東亞的官員、軍人，以及遠從歐洲來的傳教士。故事裡，更多的是商人，如明朝福建商人、日本商人、西班牙商人，或荷蘭東印度公司派駐在東亞的工作人員。還有臺灣島的原住民，他們用著自己的想法，過著自己的生活，也想像著外來者的企圖。

這些人構成了雞籠、淡水的早期歷史。雖然很多人的名字沒有被記載下來，而留存的，只有他們的身份，如前述的官員、軍人、商人、海盜、原住民。由於他們的參與，雞籠、淡水的故事有了戰爭、和平、熱鬧、冷清、屠殺、逃亡……，種種興衰起伏的場景。

一、研究雞籠、淡水早期史

本書的故事，很早就吸引了人們的注意，早在一百年前，也就是二十世紀初期，就有人試圖描繪雞籠、淡水的早期歷史。在將近百年的研究史中，出現了兩個研究高峰期，一是1930年代，另一是1990年代[1]。

1930年代的研究者們，關注的焦點集中在政治變動、傳教史及產業發展史。到了1990年代，受到台灣史研究風潮的影響，有

1　相關研究論著，參見本書附錄三〈雞籠、淡水早期史研究的回顧與展望〉。

關雞籠、淡水早期歷史的研究又轉趨蓬勃，如José E. Borao（鮑曉歐）從西班牙海外擴張史的角度探討雞籠、淡水早期史，提出了很多新的視野與觀點。台灣本地的學者，如翁佳音於1995年翻譯三篇重要史料，分別是西班牙傳教士Jacinto Esquivel有關北台住民的描述、及1640年代荷蘭人詢問日本人Quesaymon、雞籠原住民Theodore等人的記錄[2]。

延續著1990年代的台灣史研究熱潮，到了新世紀開始的幾年，有關雞籠、淡水早期史的研究亦甚受學界關注。

綜觀百年來的雞籠、淡水早期史研究，在日治時代，學者多著重於軍事征服、統治、貿易與傳教等問題，戰後尚延續此一研究取向。到了1990年代則有重大的轉變與進展，學者整理、翻譯與刊行原始史料，使相關研究有更堅實的基礎；在問題意識上，固然沿襲先前學者的成果，但在統治與傳教等問題上則有更為多元與細緻的認識，且開始突破政治斷代的藩籬，進行跨時代、跨學界的研究[3]；亦不再局限於殖民者的研究，而能兼顧被殖民者的歷史。

現今有關雞籠、淡水早期歷史的研究，在時間上較偏重於西班牙統治時期的研究；在對象上，著重西班牙人的統治與傳教，以及南島民族住民的歷史，而本書則是著重雞籠、淡水這兩個「港

2　刊於黃美英編，《凱達格蘭族書目彙編》（台北：台北縣立文化中心，1996），頁103-121。

3　如翁佳音主張不要以西據、荷據、明鄭等傳統政治史斷代方式來敘述台灣早期歷史。另外，詹素娟主張整合考古學、語言學與人類學的看法，進行歷史的論述。

市」的研究[4]。

二、台灣史裡的雞籠、淡水

對現代人來講，歷史是課堂裡乏味的教材，充滿了陌生的人名、地名與冗長的事件敘述。

對喜好歷史的人來講，歷史也彷如陌生的國度，歷史研究者與閱讀者就像是在異地旅遊的外來客，東張西望，儘是見到新奇的景像，讓人如陷五里霧中。台灣早期史對於現代人而言，亦像是籠罩在歷史的迷霧裡；在長時期的台灣歷史圖像中，早期的那一段，總是有些空白、模糊。

大約從1980年代起，台灣社會熱烈地談論台灣歷史，民間人士或學者專家紛紛鑽研、探索此一似親近、又稍嫌陌生的領域，使得台灣史的研究相當多元，成果豐碩。

百年的研究歷程中，學者們固然累積了相當良好的研究成果，也留下一些問題有待處理，觀諸一些通論性的台灣史著作，可以發現台灣早期史的論述仍嫌薄弱[5]。

4　Peter Reeves, Frank Broeze and Kenneth McPherson等學者認為港市的研究，並非是西方學術傳統中的城市研究，也不是Rhoads Murphey開創的殖民地城市研究，而是強調港口機能（特別是商品、人員及船隻的進出）對於港口城市興衰的影響，其影響包含政治、經濟、文化等領域。見Peter Reeves, Frank Broeze and Kenneth McPherson, "Studying the Asian Port City," in Frank Broeze ed., *Bridges of the Sea: Port Cities of Asia from the 16th-20th Centuries* (Honolulu : University of Hawaii Press, 1989), pp. 30-53.

5　從二十世紀初開始，不少學者關注台灣早期史的研究，早期如日

　　以時間論，一般的台灣史著作對十七世紀的歷史描述較詳盡，十六世紀以前的描寫則顯得簡略，且往往只是背景性的敘述。

　　就地域而言，對南部台灣的歷史記載較多，而北部台灣的歷史篇幅略少。另外就政治勢力而言，有關荷治時期的歷史遠詳於西班牙統治的歷史；就族群而言，著重歐洲人（荷蘭人、西班牙人）在台的活動，忽略南島民族、中國人及日本人在台的歷史。

　　這些現象的產生主要受制於史料因素，因爲荷蘭人在台期間較長，留存史料多，且又有不少文獻已譯爲中文，所以有關荷蘭人佔台年代（十七世紀）、地域（台灣南部）的歷史記載較詳；而且十七世紀主要的政治勢力如荷蘭、明鄭與清朝，其發展均以台灣南部爲重。所以，台灣早期史的研究不論就史料的詳略或實際的歷史發展來說，重南輕北應是必然的趨勢。

　　只是研究史的邊陲地帶如北部台灣、東部台灣，是否就是眞實歷史中的邊陲地帶；從另一個角度觀察，如果北部台灣、東部台灣眞的是台灣早期史的邊陲地帶，那麼這些地域實際的發展情況爲何，仍值得關注。否則，學者們建構出的台灣早期史圖像仍不免扭曲、失實。

　　近年，康培德探討花蓮地區南島民族在十七世紀以後的歷史

（續）────────

　　　治時期的村上直次郎、岩生成一，以及戰後的學者賴永祥、中村
　　　孝志、曹永和、江樹生、楊彥杰、翁佳音及林偉盛等；另外，荷
　　　蘭籍學者包樂史（Leonard Blussé）與西班牙籍的鮑曉歐（José E.
　　　Borao）均有相當好的研究成果。關於台灣早期史的研究歷程，可
　　　參見曹永和的〈台灣荷據時代研究的回顧與展望〉與〈台灣早期
　　　歷史研究的回顧與展望〉，二文均收於氏著，《台灣早期歷史研究
　　　續集》（台北：聯經出版事業公司，2000）。

變遷，他指出這些「無文字傳統族群」是位於「近世時期政權外緣的『帝國邊陲』」，透過對這些族群的研究，他認爲如果「暫且撇開『台灣全島同步性的歷史進程』假設，將訝異於島上不同地域在歷史演變上的差異性」[6]。依據康培德的概念，我們可以探討，「雞籠山、淡水洋」的早期歷史與同時期的台灣東部、南部或中部相比，究竟存在著怎樣的差異性？

北台的南島民族住民亦屬無文字記述傳統的族群，雖然早已有不同學科的學者如李壬癸、劉益昌、詹素娟及溫振華等從語言學、考古學或南島民族史的角度重新探討這些族群的歷史，使我們瞭解到這些住民不是孤立的存在，而是與外在世界有著不同程度的往來、交易[7]。

筆者沈浸於此一學術氛圍中，受惠於前輩學者的研究成果，試圖更全面性地探討北部台灣在十八世紀以前的歷史變遷。

三、東亞海域史裡的雞籠、淡水

在歷史研究中，不同的空間區畫，會推演出不同的歷史敘述。在本書裡，雞籠、淡水是被置於東亞海域這樣的空間來探討。

曹永和認爲東亞有些地域是處於東亞國際政治秩序的邊陲地

---

6 康培德，《殖民接觸與帝國邊陲——花蓮地區原住民十七至十九世紀的歷史變遷》（台北：稻鄉出版社，1999），頁223-224。

7 上述學者相關論著甚多，與北部台灣有關論著可參見本文「徵引書目」，與詹素娟主持、劉益昌協同主持，《大台北都會區原住民歷史專輯：凱達格蘭調查報告》（台北：台北市文獻委員會，1999），頁276-295。

帶，他提到：

> 東亞歷史舞台，自古即以中國爲中心，在冊封體制下，結
> 合了周邊各國而形成一完整的世界。然而這些說法一般均
> 源自東亞國際政治秩序的想法……對於那些不合於國家範
> 疇的地域，以及生存在這些地區人們的樣態等問題，似乎
> 還未能充分地在東亞世界中來包容或掌握[8]。

因此，曹老師多年來倡導「東亞海域史」、「台灣島史觀」等概
念[9]。即以海域史的角度探討台灣歷史。

　　日本學者濱下武志亦認爲東亞此一地域，如果將其視作是由
東中國海、南中國海爲中心形成的海域世界，可以更合理的理解
此一區域歷史的發展。他認東亞海域世界形成大小不同的交易
圈，各個交易圈內有許多港市，成爲海域內商人集團聚居、交易
的地點。而海域交易圈有獨自的範圍──即自己的政治、經濟、

8　曹永和著、鍾淑敏等譯，〈環中國海域交流史上的台灣和日本〉，
　　《台灣風物》41: 1(1991年3月)，頁17。原文係日文，刊於箭內
　　健次編，《鎖國日本と國際交流》上卷(東京：吉川弘文館，1988)，
　　頁613-639。

9　曹永和，〈台灣島史研究的另一途徑──「台灣島史」概念〉，《台
　　灣史田野研究通訊》15(1990年6月)，頁7-9；曹永和，〈環中國
　　海域交流史上的台灣和日本〉，《台灣風物》41: 1(1993年3月)；
　　曹永和，〈東亞貿易圈與台灣〉，台灣商業傳統國際學術研討會論
　　文，1996；Tsao Yung-ho, "Taiwan as an Entrepôt in East Asia in the
　　Seventeenth Century," *Itinerario* 21:3(1997), pp. 94-114.中譯文見
　　曹永和著，陳宗仁、陳俐甫合譯，〈十七世紀作爲東亞轉運站的
　　台灣〉，《台灣風物》48: 3(1998年9月)，頁91-116。

文化空間，彼此相互影響，濱下武志認為琉球史最能反映海域史的特性，其政治、經濟的權力消長是與多元地域間的交涉息息相關的[10]。

在幅員廣大的東亞海域內，自古以來人群的移動、貨物的流通與文明的互動相當頻繁，雞籠、淡水或者大員的港市歷史，應置於此一東亞海域史的脈絡中來探究。

本書改寫自筆者的博士論文〈東亞海域多元勢力競爭下雞籠、淡水地位的轉變〉，論述的焦點，即是從東亞海域多元勢力如明朝、日本、葡萄牙、西班牙、荷蘭等國的競爭過程中，探討雞籠、淡水兩個港市歷史的演變，特別是關於貿易的消長、地位的變遷以及主權轉移等問題。

本書論述的時間在1400年至1700年之間，內容主要集中十六、十七世紀，特別是1570-1640年之間。因為雞籠、淡水係受到東亞海域長程貿易的衝擊，才出現大幅度的歷史變動，因此以1400年作為論述的開端。

由於東亞海域的長程貿易係在台灣島外發展，故本書稱之為「外部貿易」，其對雞籠、淡水的影響可分三時期：中琉朝貢時期、中日私商貿易時期與外部政治勢力干預時期。本書特別著重1570至1700年之間，外部貿易興衰與政治勢力的消長對雞籠、淡水的影響。

1700年以後，雞籠、淡水已歸清朝統治，漢人陸續移民至此，

10　濱下武志，〈地域研究とアジア〉，溝口雄三等編，《地域システム》（東京：東京大學出版會，1993），頁7-9。

進行農業開墾，並建立聚落，形成商業街市[11]，使得雞籠、淡水史到了十八世紀有非常大的轉變，因此本書的敘述止於十七世紀末。

　　雞籠、淡水作爲東亞海域中的港市，隨著海域內長程貿易的發展，在多元政治、經濟勢力競爭下，雞籠、淡水的歷史不斷隨局勢變遷而轉變。在轉變過程中，本書試圖指出東亞海域中，這一類小型港市崛起與衰頹的原因。

　　總之，淡水的歷史並不平淡，而基隆和平島的歷史也不是那麼和平。

11　筆者曾以台北縣的新莊街作爲個案研究，探討十八世紀漢人移民、開墾、經商，形成漢人聚落的過程，參見陳宗仁，《從草地到街市——十八世紀新庄街的研究》（台北：稻鄉出版社，1996）。

124°

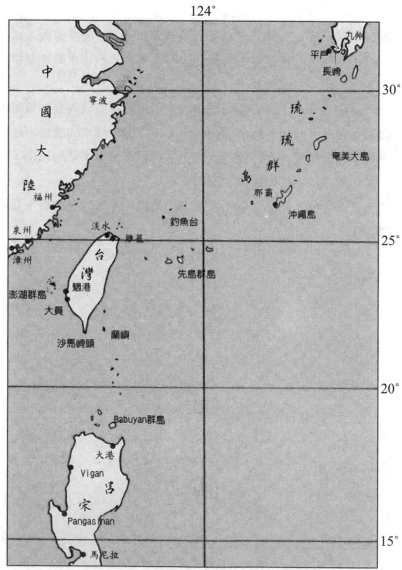

圖1-1　十七世紀台灣海域圖（陳宗仁繪製）

第二章　雞籠、淡水的崛起

距今四百五十年前，一位明朝使者出洋至日本
他記下沿途航程：
夫小東之域，有雞籠之山
山乃石峰，特高於眾，中有淡水出焉
而我取道雞籠等山之上，徑取七島……

——鄭舜功《日本一鑑》，1560年代

　　台灣文化的發展相對落後於海峽對岸的中國大陸與北方的琉球，一般認為這是台灣島長期孤立，文化遲滯，所以全島一直停留於原始、野蠻狀態，只有等待外來者帶來進步文明，才能改變原始與野蠻的文化。因此，「孤立」與「文化遲滯」這兩個因素在解釋台灣早期文化發展時，是經常被運用的概念。

　　二十世紀刊行的各類台灣方志，常見「開闢志」的體例，方志編纂者藉以強調漢人對各個小地域的開墾，是屬於所謂的「開天闢地」；連橫纂著的《台灣通史》亦有〈開闢紀〉，雖提及「台灣

固東番之地」，但結語則謂「是則我民族所肇造而保守勿替者」[1]，
亦是典型的漢人中心史觀，表彰的是漢人帶來了文明。相對的，
漢人來臨前，居於台灣各地的住民歷史似乎聊備一格。

同樣的偏見亦見於所謂「大航海時代」史觀，這一名稱本是
日本史學界對於歐洲十五、六世紀以後向全世界擴張歷史的概
括，但部分著作過於強調歐洲角色，往往使得非歐民族喪失了主
體性[2]。

本書主題不在討論上述的看法，但在本章中，試圖探討史前
時代的雞籠、淡水與外部世界的來往，而論述的重點在於所謂大
航海時代的浪潮襲捲整個東亞海域前，或者東亞海域長程貿易波
及雞籠、淡水之前，雞籠、淡水的貿易形態，本文稱這種貿易形
態為「島際貿易(inter-insular trade)」。

台灣海域的貿易型態大致可區分為跨海域的長程貿易
(Long-distance Trade)與島際貿易[3]。

長程貿易販運的商品，其特色是稀有的、高價的，如中國宋
元時代進口的「寶物」、「香貨」、「藥物」，而出口絲織品、
精美的陶瓷及金屬製品等，載運這種貨品的船隻較大、船上商賈

1　連橫，《台灣通史》（台北：台灣銀行經濟研究室，台灣文獻叢刊
　　〔以下簡稱文叢〕第128種，1962），卷1〈開闢紀〉，頁1、24。

2　如近年湯錦台撰著《前進福爾摩沙》，副題是「十七世紀大航海
　　年代的台灣」，文中謂台灣處於世界格局巨變中，「還是一個混沌
　　未開的世外桃源」、是「幾乎與世隔絕的存在」，見湯錦台，《前
　　進福爾摩沙——十七世紀大航海年代的台灣》（台北：貓頭鷹出
　　版社，2001），頁20。

3　關於內陸貿易的部分，如北部山區的泰雅族與北部海岸的噶瑪蘭
　　族、凱達格蘭族的交易，非本書主題，暫不討論。

人數較多、投入的資本額較大，前往的貿易地文明較進步，或者有較成熟的國家組織，如眞臘、占城或大食等地[4]，因此，有關長程貿易的港口常見諸中國文獻記載。

至於「島際貿易」的商人，人數較少，可能只有幾個人，同乘一艘小船，帶著少量的商品；這些商品均爲在地居民生活所需，如布料、手工藝品等，他們沿著島嶼的海岸，在一個個沿海村落間做買賣。

本章將探討島際貿易在雞籠、淡水發展的情況，強調雞籠、淡水已有長久的「島際貿易」歷史，並非十六世紀某些外來勢力介入，才突然出現商業貿易活動。

第一節　地理環境

雞籠、淡水是台灣史中相當古老而常見的地名[5]。本書所謂的「雞籠」係指今基隆港灣及其周遭陸地，特別是社寮島，「淡水」則指淡水河口，兩者均位於台灣島的北部海岸。

4　有關長程貿易的討論，可參見Immanuel Geiss, "The Intercontinental Long-distance Trade: A Preliminary Survey," *Itinerario* 10（1986/2）, pp. 33-51.

5　雞籠在十九世紀末已改寫爲基隆，現指基隆市，而「淡水」地名仍繼續使用，現指淡水鎮、淡水河。現代這種使用習慣是近百年來的變化，事實上，這兩個地名已存在了數百年，而且兩者都不是一鄉一鎮的名稱，有時是大台北地區的稱呼，甚至是台灣的代稱；兩者位階亦有更替，如明代時，雞籠一詞可以含蓋淡水；荷蘭東印度公司統治台灣時，大台北地區稱淡水，至清代亦然，而雞籠屬之。

　　台灣北海岸的範圍大致從淡水河口至三貂角，長約85公里。其地形特徵是海岬與海灣相間隔，長年的海風與浪潮侵蝕，使得海岸線凹凸的變化相當劇烈，由西至東出現了富貴角、金山鼻、野柳岬、八斗子、深澳岬、鼻頭角、龍洞角與三貂角等岬角[6]。

　　從三貂角至基隆間，山嶺常直逼海岸，住民聚落多分布於各個小海灣，海岸平原甚少；至於金山以西之海岸則由火山熔岩流與火山碎屑所形成，海岸多岩塊；自石門至跳石間全屬礫石海岸，礫石滿布，清代文獻稱之爲「跳石」。北海岸的後側陸地，則由丘陵和火山群組成。

一、基隆港灣

　　基隆港目前爲台灣重要的商、軍、漁港，是台灣東北角一連串港灣中，面積最大、形勢最佳的港灣，有史以來一直是台灣北部重要的港口，這也是1626年西班牙遠征船隊沿著台灣東海岸航行，最後選擇在基隆建立據點的原因。

　　全港是一沈降的構造性海灣，有五條小溪注入，一在大沙灣注入港，有三條小溪在港灣底部流入，分別爲田寮河、石硬溪與西定河(蚵殼港)，在港灣西側則爲牛稠港，[7]上述溪流所經均形成谷地(見圖2-1)。

　　1840年台灣兵備道姚瑩謂基隆港：

6　王鑫，《台灣的地形景觀》(台北：渡假出版社，1993)，頁27。

7　廖秋娥、黃致誠纂，《台灣地名辭書，卷17基隆市》(南投：台灣省文委員會，1996)，頁19；陳正祥等纂，《基隆市志·概述篇》(基隆：基隆市文獻委員會，1954)，頁21。

圖2-1 晚清雞籠港圖
　　圖中鱟母嶼和鱟公嶼已於日治初期移除，社寮島「城仔
　　角」即西班牙占領時期主堡壘的位置（陳宗仁繪製）。

嶺下三面峰巒環列，中開大澳，東北一面向海，口門極其
寬深，澳長七、八里，外寬五、六里，內寬里許。澳內深
水二丈有餘，可泊大商艘數百號[8]。

1885年法國外交官員Imbault-Huart關於基隆港的記載：

這海灣被兩條山脈所扼……城市與泊船處距離頗遠。……
從雞籠城到它的入口，海港有三公里長……雖然正對著北
方的季候風，但四面八方都有相當好的保障[9]。

他們認為港口周遭有山嶺直逼港口，港灣甚大，可停泊很多
船隻，不過姚瑩的敘述稍嫌誇大。又據十九世紀下半葉的法國文
獻載：

從俯瞰著基隆的那些高地上，我們可以看到重重疊疊，如
齒、如針、如鶴嘴的山峰，也有些傾斜的平面突然被一串
斷崖絕壁所隔斷，這樣千變萬化的地形一直連接到海岬[10]。

每年10月至翌年3月為東北季風盛行的季節，風力強烈，也為

8　姚瑩，〈台灣十七口設防圖說狀〉，收於氏著，《中復堂選集》（文
　　叢第83種，1960），頁83。

9　Camille Imbault-Huart著，黎烈文譯，《台灣島之歷史與地誌》（台
　　北：台灣銀行經濟研究室，1958），頁88。

10　E. Garnot撰、黎烈文譯，《法軍侵臺始末(L'expedition Francaise de
　　Formose, 1884-1885)》》（台北：台灣銀行經濟研究室，1960），頁5。

基隆港灣帶來豐沛的雨量，《清初海疆圖說》謂基隆「北風盛發、累日不侔」[11]，即是描寫東北季風對基隆港的影響。

　　至於夏季的西南季風出現在五月上旬至九月下旬間，約四個月，惟風力遠較東北季風弱[12]。

　　現今之基隆港是個相當人工化的港口，筆直的碼頭、水道，已非這個灣的原先面貌，這是日治時代台灣總督府經過長年修建而成。據十九世紀文獻記載，基隆港灣其實泥濘多石，港灣內水不甚深，「商港本身被沖積的淺灘擁塞著，只有吃水量很淺的戎克船可以進入，港內有兩個樹木蔥鬱的島嶼，一為port嶼，一為Turton嶼」[13]，按港內兩個島嶼，中文稱「鱟公島」、「鱟母島」，均在日治初的建港工程中被剷除、掩蓋[14]。

　　再據日治初期的記載，基隆港在退潮時，港內有三分之二為乾坡，僅可行駛中國式的帆船[15]。至於三、四百年前西班牙人使用的港口並非現今之基隆商港，而是基隆漁港，即社寮島南方之小港灣。

11　佚名，《清初海疆圖說》（文叢第155種，1962），頁101。

12　廖秋娥、黃致誠纂，《台灣地名辭書・卷17基隆市》，頁21；陳正祥等纂，《基隆市志・自然環境篇》（基隆：基隆市文獻委員會，1954），頁27。

13　E. Garnot撰、黎烈文譯，《法軍侵臺始末》，頁8。

14　洪連成，《找尋老雞籠：舊地名探源》（基隆：基隆市政府，1993），頁105謂鱟公島在基隆港西，長78公尺，寬109公尺，高303公尺，周圍約328公尺，1910年鑿除；鱟母島，在信五路與中正路東海街交點一帶，最高19.6公尺，長1.82公尺，寬約5.5公尺，1909年鑿除。

15　簡萬火，《基隆誌》（基隆：基隆圖書出版協會，1931），頁38。

　　現在人們習稱的和平島，過去稱爲社寮島，另有桶盤嶼與中山仔島在旁，今已相連。由於社寮島位於港灣東北側，恰可抵擋冬季強烈東北季風的吹襲，對基隆港價值極大，但這幾個島的東北側亦因東北季風引起的強烈海蝕，發展成廣大的海蝕地形[16]。

　　十九世紀的法國外交官員Imbault-Huart稱：「在Mero灣的一個島上，我們還看到一座西班牙古堡的遺跡」、「港灣入口處可以說是由Palm島保護著，島的四週繞有珊瑚礁，並且僅由一條仄狹的通路和海灣的東北端分開。中央的小山僅約七十公尺」[17]。按Palm島即社寮島，Imbault-Huart見到的西班牙古堡即San Salvador堡，仄狹的通路即「八尺門港道」。

　　另據1885年法國人所繪之基隆港灣圖(見圖2-2)，八尺門港道記爲「中國帆船的通道(Passage des Jonques)」。在社寮島的中央偏北，有一高地，現今仍有軍隊駐守，當地居民稱「砲台頂」，即圖中標注「Fortin」的位置，「Fortin」即法文小堡壘之意，又標注「86」的字樣，意即此山丘標高86公尺(前述Imbault-Huart估計為70公尺)；在社寮島左下方有「Vieux Fort」，意即老舊堡壘或古代堡壘之意。1885年曾攻占雞籠港的法國人謂社寮島：「地勢起伏不平而又長滿著荊棘」[18]。

16　陳正祥等纂，《基隆市志‧自然環境篇》，頁24。
17　Camille Imbault-Huart著，黎烈文譯，《台灣島之歷史與地誌》，頁88-89。
18　E. Garnot撰、黎烈文譯，《法軍侵臺始末》，頁8。

圖2-2　十九世紀末社寮島圖

圖中的中文為筆者所加（資料來源：原圖出自E. Garnot, *L'expedition Francaise de Formose 1884-1885*（Paris: Librairie Ch. Delagrave, 1894），轉引自《基隆市志‧概述篇》）

二、淡水河口

　　淡水河入海口的北岸是大屯山火山群的西麓，有高度100至150公尺及50公尺的丘陵，斜降至河岸；沿著河岸是狹窄的河階地，亦即淡水主要街市所在[19]。

　　19　李鹿苹，〈淡水港衰退的自然地理因素〉，收於氏著《台灣小區域

淡水河南岸為觀音山麓，其山麓線呈「東北東──西南西」走向，環山有層次漸降的平坦丘陵，一如淡水河北岸。沿河一帶平地亦甚狹窄，由渡船頭沿公路向西至埤頭村較為廣闊。

十九世紀末傳教士馬偕乘船進入淡水河口，他描述船上所見景觀，謂見到一排排大山造成的宏偉山脈，有著綠的草木，山麓有茶園，再下方則為稻田，稻田從山上至海邊，像樓梯般一塊一塊的傾斜至下面。

馬偕進入河口後，望見觀音山，有著高草、竹叢、樹林；山麓有村落、農家；河岸則有蚵田。淡水河北岸是漁村，岸邊有許多小船停泊，從河口再往內行駛，見到一處險峻的丘陵，即今紅毛城所在[20]。

這一段描述的可貴在於它是乘船人的觀點，比馬偕更早到二百多年的西班牙人或荷蘭人，他們見到的淡水河口自然景觀，應與馬偕所見相似。

淡水河段自河口至關渡長約8公里，上游挾帶的泥沙沈積在此，沙洲延綿不斷。河流挾出之泥沙流至淡水河口，遇波浪激攪，多堆積在沿岸及河口，形成沙洲與灘丘，在淡水河北岸的沙崙與南岸挖子尾均可見到此種地形(參見圖2-3)。

淡水風向自9月下旬起，東北風增強，至次年4月上旬，東南風代之而起，以迄9月。淡水背山面水，港埠在冬季正處背風坡，風速不大，至於淡水河口則因海岸線與東北風向平行，常有較大

(續)─────
　　　　地理研究集》(台北：國立編譯館，1984)，頁55-56。
　20　馬偕(George L. MacKay)著、J. A. MacDonald編、林耀南譯，《台
　　　　灣遙寄》(台北：台灣省文獻委員會，1959)，頁221。

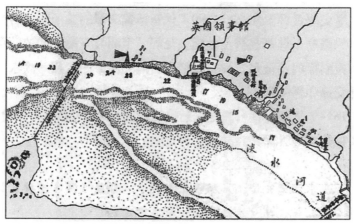

圖2-3　十九世紀末淡水港圖
圖中沙洲占據大部分的河道，標記7為當時之英國領事
館，即十七世紀紅毛城所在（資料來源：J. D. Clark,
Formosa, p. 46.）

風浪[21]。

三、對外交通

　　不少的學者論述台灣地理位置在東亞的重要性，如1980年代
考古學者李光周認為台灣在地理上位於亞洲大陸的邊緣地帶，在
亞洲大陸和太平洋島嶼之間占了非常好的橋樑位置[22]。

21　李鹿苹，〈淡水港衰退的自然地理因素〉，收於氏著，《台灣小區
　　域地理研究集》，頁57。

22　李光周謂：「西有澎湖群島與東亞大陸相連，東北有琉球島弧與
　　日本、東北亞相連，南有蘭嶼、巴丹島與菲律賓、南太平洋、印
　　尼群島相連，」另一方面，「台灣更為渤海、黃海、東海周緣島
　　嶼、陸地海岸和南海周緣島嶼、陸地海岸，以及太平洋盆地西緣

　　歷史學者曹永和亦於1990年代有多篇文章討論所謂「台灣島史」的概念，強調台灣在地理上分隔了東海及南海，並位於東北亞與東南亞的連接點上。至於位在台灣北海岸的雞籠、淡水，其對外交通亦甚便利。

　　1684年清朝首任台灣知府蔣毓英即謂淡水「可以縱帆四出」，而「雞籠突處外洋，為諸彝經行之道」，又謂：

> 淡水江南北皆山，據西來之門戶。雞籠山後，直接三朝以上三十六社。水陸之交，皆要害處也[23]。

　　意即十七世紀末的清朝官員認為，雞籠、淡水有兩個特點，一是海路航行要點，如諸夷海上往來必經之地；其次，雞籠、淡水是水陸之交，既是海上西來之門戶，又是東往台灣後山所必經。

　　上述學者或清代官員均指出了台灣以及北台在地理位置上的優越性，以下較詳細地探討雞籠、淡水的對外交通(相關島嶼、城市的地理位置，見圖1-1)：

1.北向交通

　　在雞籠、淡水以北的海域，台灣的東北方散布著基隆島、棉花嶼、花瓶嶼、彭佳嶼等四島，均為火山爆發形成的島嶼。由於

(續)————
　　　　島弧環結樞紐之地。」見李光周，〈台灣：一個罕見的考古學實驗室〉，收於氏著，《墾丁史前住民與文化》(台北：稻香出版社，1996)，頁58。
23　蔣毓英，《台灣府志》，收於《台灣府志・三種》(北京：中華書局，1985)，頁243。

東北季風強烈，引發風、浪長期侵蝕，各島東北邊均因長期海蝕而成絕壁，故其形狀似花瓶，或成平台。

島上風強、水分蒸發快，飲用水不足，且少停泊點，故多為無人島，但對此一海域活動的船隻而言，這些島嶼則是絕佳的航向修正依據。

彭佳嶼的東北方有釣魚台列島，再往東北，則為琉球群島。從日本九州島至台灣島間，相距約1200公里，形成了一連串弧狀的島嶼群。在帆船時代，北部台灣往北至琉球群島或日本，船隻均是沿著這一系列島嶼航行。

2.東向交通

台灣東方亦有一島嶼群，日本人稱為「先島諸島」，可區分為八重山列島與宮古列島，其中與那國島和台灣最接近。先島諸島為琉球島弧一部分，屬沖繩文化圈，現在歸日本國管轄，但在歷史上，與北部台灣住民的關係並不密切。

3.南向交通

雞籠、淡水的南方即台灣的中南部，由於雪山山脈間隔，使得台灣北部與中南部之間的地理、人文景觀均不相同。往南交通可分水路、陸路兩種，又因山前、山後的分別，共有四條路徑。

在水路部分，沿著台灣西部海岸，至嘉義沿海西行，經澎湖群島可至閩南；或再南行至菲律賓群島。若沿著東北角海岸，可至台灣東部各地，經蘭嶼、綠島至菲律賓。

雞籠、淡水往南的陸路交通不如水路便利，由台北南下，或沿海岸，或經大料崁溪谷、安坑谷地，均需翻山越嶺。若由基隆經陸路至後山，亦是險阻重重。因此在史前時代，由水路形成的

交通網絡遠較陸路重要。

4.西向交通

　　雞籠、淡水地區往西，越過台灣海峽，與浙南、閩東相對，帆船航行，最快一晚，或一日夜可抵達。1610年代福建士人董應舉寫信給當時福建按察司巡視海道副使韓仲雍，建議挑選水兵的準則，謂：

> 水兵伎倆眞僞，只看使船。自五虎門抵定海，掠海而過，能行走自如，其技十五；掠竿塘、橫山而目不瞬者，技十八；乘風而直抵東湧之外洋，望雞籠、淡水島嶼如指諸掌，惟老漁能之[24]。

　　董應舉認爲只有資深的年老漁夫才能行走閩江口至雞籠、淡水的水程，換言之，十七世紀初，福建人對這段航路已有認識。十八世紀時，朱仕玠在《小琉球漫誌》謂：

> 有把總某者云：曾駐防上淡水，福州近海漁人于五月初四日夜，網取海魚，順風而渡；及曉，即至上淡水，以應端午節用[25]。

　　十七世紀西班牙文獻亦載，中國船隻可以不分晝夜航行前來

24　董應舉，〈與韓海道議選水將海操〉，收於《崇相集選錄》（文叢第237種，1967），頁26。

25　朱仕玠，《小琉球漫誌》（文叢第3種，1957），卷6，頁60。

雞籠、淡水。可見在帆船時代，橫渡台灣海峽固然有風險，但不如我們想像的困難。

四、風向與潮流

在傳統的帆船時代裡，中國商船在海上航行，完全倚賴風力與水流。

東亞地區在冬、春季時，氣候主要受蒙古高壓和西伯利亞高壓控制，日本、韓國、中國長江以北大部分時間吹北風、西北風；到了東海和中國江南，因地球自轉的關係，風向轉成東北風。台灣正位於此冷高壓的東南緣，加上風行經海面，無山勢阻擋，因此北部經常吹著強烈的東北風。

冬季季風開始於9月，結束於翌年4月，平均每秒約5-8公尺，最強每秒20公尺，至4月份風力轉弱；5月至8月為夏季季風期，屬西南季風，風速大約是每秒3-4公尺，至9、10月時，風向最初變為偏東風，風速約每秒6公尺，其後又轉為東北季風[26]。

除了風向外，潮流亦是影響航隻航行的重要因素。雞籠、淡水海域的潮流主要為「黑潮」[27]，明代陳第〈舟師客問〉載：「彭

26　茂在寅男，〈黑潮圈の海況と航海〉，收入黑潮文化の會編，《日本民族と黑潮文化：黑潮の古代史序說》（東京：角川書店，1977），頁139。

27　黑潮源於赤道北部，在北緯8度至23度之間，北赤道海流向西流到菲律賓群島東側，因群島阻擋，轉向西北，往高緯度流，此即「黑潮海流」。其主流沿著台灣島東西兩側海岸北上，經琉球群島西側往東北流過大隅島與奄美島之間，在日本的四國南端分作兩支，主流沿日本東側折向東北流，稱作北太平洋暖流，在北緯40度再轉向東流到北美大陸的外海。參見茂在寅男，〈黑潮圈の

湖以外水色深黑，謂之溟海」[28]，應指此潮流而言。

在台灣東部海域，黑潮主流寬度大約110-150公里，主流中軸線距岸大約50-150公里，最大流速範圍為每秒60-100公分，但隨區域和季節而不同，最強流速出現在接近台灣海岸處[29]。

黑潮流經台灣東海岸時，約離岸10公里以內，會在凹岸處形成西南向的反向海流，因此推進力較弱的傳統船隻，當航向與黑潮一致時，可順著海流航行；若逆向時，則利用近岸的反向海流，亦能由北向南航行，如果船隻要靠岸，亦可利用此一環流[30]。故借助黑潮及其反向海流，台灣東海岸與雞籠、淡水間的船隻來往並不困難。

十七世紀荷蘭人初至台灣海域，即已察覺此一海流，如Willem Y. Bontekoe船長在《東印度航海記》即載，1622年7月底他們的船隻欲從閩浙交界的外海往南進入台灣海峽，「我們每天竭盡全力向南航行，卻被繼續吹向北方，由此可知，可能有一股北向的強海流」[31]。在《熱蘭遮城日誌》中，亦可見到類似報告，如1630

(續)————

　　海況と航海〉，收入黑潮文化の會編，《日本民族と黑潮文化：黑潮の古代史序説》，頁135。

28　沈有容編，《閩海贈言》，頁31。

29　姜善鑫等編，《台灣的自然地理》（台中：文建會中部辦公室，2000），頁193。2001年八月有潛水人員從綠島沿岸被沖流至三仙台外海，26小時漂流約89公里，流速每小時約3.4公里，見《聯合報》，民國九十年八月二十日五版。

30　茂在寅男，〈黑潮圈の海況と航海〉，收入黑潮文化の會編，《日本民族と黑潮文化：黑潮の古代史序説》，頁138。

31　Willem Ysbrantsz Bontekoe著，姚楠譯，《東印度航海記》（北京：中華書局，1982），頁77。

年3月29日，一艘荷蘭船在澎湖北方海面航行，行船的人記載：「今晚仍無風，潮流把我們強烈推向北方漂去」[32]。

雞籠、淡水外海在冬季時，東北風和向北流的黑潮流向相反，兩者衝撞會形成短距陡波，對出洋船隻來說非常危險，因此冬季時，台灣北海岸之風浪甚險惡。

第二節　自足的村落經濟及其貿易的局限性

雞籠是一個港灣，而淡水則是河流出海口，從史前時代開始，兩者在地理上極易成為海上貿易的港口[33]。據考古學者研究，雞籠、淡水自七千年前進入新石器時代，延續至兩千年前轉為金屬器時代，數千年的時間，都有人類居住的遺跡。

在史前時代，雞籠、淡水住民是否與外界有往來，是否有貿易行為，其貿易型態為何？本節將探討此一問題。

一、兩個文化圈的交會地

考古學者認為，在近數千年的台灣史前時代中，台灣島的文

32　江樹生譯，《熱蘭遮城日誌》第一冊（台南：台南市政府，2000），頁23。

33　日本學者應地利明有類似觀點，謂東南亞主要的青銅文化——東山文化往東南亞的島嶼群傳布，代表其文化特色的銅鼓，其出土地點總是在島嶼的河口或河川合流地附近發現，他認為這些地域早在史前時代，很容易形成海上交易的港市聚落，見應地利明，〈風土と地域——衛星畫像から〉，濱下武志、辛島昇編，《地域史とは何か》（東京：山川出版社，1997），頁138。

化形態一直受到外來的影響。1940年代鹿野忠雄總結日治時代學者的考古成果，認爲台灣史前文化的基層主要係大陸文化，分數次波及台灣[34]。他分析台灣住民的物質文化，認爲台灣同時受到東南亞大陸文化(指華南與中南半島)與東南亞島嶼文化的影響，而且大陸文化的要素較多；以地域分，則台灣西海岸有著濃厚的華南文化色彩，而蘭嶼、東海岸則有較多南方島嶼系的文化[35]。

　　換言之，台灣島的史前文化同時受到東南方(台灣東部、菲律賓等)和西方(華南)文化的影響，前者可以稱之爲黑潮文化圈(圖2-4)[36]，而後者屬於百越文化圈[37]。

　　戰後台灣考古學者沿襲日本學者的看法，認爲北台先後出現的文化類型均源自中國大陸，如大坌坑文化是由華南傳來，圓山文化、芝山岩文化與植物園文化均爲中國大陸東南沿海某地傳來

34　鹿野忠雄著，宋文薰譯，《台灣考古學民族學概觀》（台北：台灣省文獻委員會，1955），頁115。

35　同上註，頁196-200。

36　日本學者國分直一等稱南島民族文化沿著黑潮，由菲律賓、台灣、琉球，進入九州南部，由於黑潮流經這些地域，故稱之爲黑潮文化圈，參見黑潮文化の會編，《日本民族と黑潮文化：黑潮の古代史序說》、《新海上の道：黑潮の古代史探訪》（東京：角川書店，1979）二書。

37　本書此處所謂百越文化指的是近二千年內華南少數民族的文化，《漢書・地理志》謂：「自交阯至會稽七八千里，百越雜處，各有種姓，不得盡云少康之後也。」意即秦漢時期，華南有很多民族聚落，統稱之爲百越，可能早在新石器時代已散居於此，一直延續到近代。

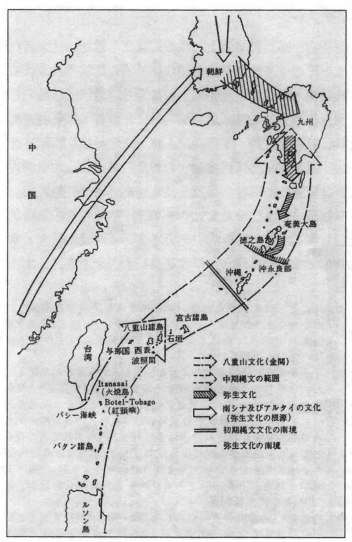

圖2-4　金關丈夫繪琉球文化源流圖

資料來源：金關丈夫，《琉球民俗誌》，頁143

之文化[38]。

這些看法認爲台灣島上出現新的文化形態是因外來族群移入的結果，但近年來此種看法漸被修正。過去認爲考古遺址中某些器物特徵與大陸沿岸某地相似，即推斷是該地居民移徙來台的結果，但目前學界多從傳播或接觸的角度來解釋，即史前時代的台灣海峽已有海上活動，使得兩岸人群、文化可以互動和交流[39]。

但不論是移民論或傳播論，台灣島的住民文化均受到大陸文化和菲律賓文化的影響，雞籠、淡水的史前時代亦是如此。

在雞籠、淡水的史前文化中，如三、四千年前的訊塘埔文化可能已栽種穀物[40]，而後起的芝山岩文化發現炭化稻米，顯示稻米的種植於此時由外傳入，學者認爲稻米的來源地應是大陸[41]。

---

38 宋文薰，〈由考古學看台灣〉，收於陳奇祿等著，《中國的台灣》（台北：中央文物供應社，1980），頁93-220；黃士強，〈試論中國東南地區新石器時代與台灣史前文化的關係〉，《文史哲學報》34（1985），頁191-214。

39 考古學者臧振華以澎湖的考古發掘爲例，認爲當地的鎖港文化期反映了環台灣海峽已有較頻繁的海上活動，見臧振華，〈試論台灣史前史上的三個重要問題〉，《國立台灣大學考古人類學刊》45，頁96。又郭素秋比較台閩間的彩陶紋樣，認爲台灣彩陶出現的時期與紋樣和福建地區有相當高的一致性，其原因可能是「幾何形彩文」施紋概念的傳播，見郭素秋，〈台灣與福建的彩陶〉，中央研究院歷史語言研究所東南亞考古研究室主辦，「珠江三角洲與台灣地區考古──近年來的新發現和親評估研討會」論文（2001年6月），頁14。

40 劉益昌，〈台灣北部新辨認的訊塘埔文化〉，中央研究院歷史語言研究所東南亞考古研究室主辦，「珠江三角洲與台灣地區考古──近年來的新發現和親評估研討會」論文（2001年6月），頁7-11。按訊塘埔位於今台北縣八里鄉。

41 黃士強，《台北芝山巖遺址發掘報告》（台北：台北市文獻委員會，

考古學者劉斌雄在台北八里坌的大坌坑遺址（屬圓山文化層）發現青銅鏃，其形制不似東南亞出土的青銅鏃，而近於中國殷墟小屯系統[42]；另外，兩千年前的植物園文化被認爲與華南幾何印紋陶文化有關，可能是越族移民入台，也可能是幾何印紋陶傳入台北[43]。這些都是大陸文化的影響。

考古學者宋文薰、連照美分析台灣史前時代人獸形玉玦耳飾，認爲人獸形玉玦見於台灣東部和北部，東部的卑南文化人可能是玉器製作者，而台北的芝山岩文化人、圓山文化人則扮演「消費者」的角色，顯現彼此間有著交換行爲[44]。顯示台灣北部與東部居民間很早即有交易行爲，文化彼此影響。

在雞籠、淡水住民的傳說故事中，亦有著兩文化交會的現象，如詹素娟建構的Sanasai傳說圈，認爲在二十世紀初，在台灣北海岸、東北角、宜蘭平原和蘇花海岸、東海岸流行著相似的祖先來源傳說[45]，這些地域的住民有凱達格蘭族、噶瑪蘭族與部分阿美

（續）─────────────

1984），頁56-57。

42　劉斌雄，〈台北八里坌史前遺址之發掘〉，《台北文獻》3（1963年4月），頁57。

43　黃士強認爲台灣的幾何印紋陶約發生於三千年前，流行於公元前後，後來的平埔族與高山族仍使用，北台的植物園文化與十三行文化陶器主要均屬幾何印紋陶，見黃士強，〈試論中國東南地區新石器時代與台灣史前文化的關係〉，《台大文史哲學報》34（1985），頁9-10。

44　宋文薰、連照美，〈台灣史前時代人獸形玦耳飾〉，《國立台灣大學考古人類學刊》44（1984），頁165。

45　1930年代馬淵東一根據調查所得，指出在宜蘭、花蓮廣泛流傳著Sanasai的傳說，即祖先來自於南方的島嶼Sanasai，因各種原因離開原地，向北至台灣東海岸，繁衍至今。馬淵東一相關論文參見

族，詹素娟認爲這是因爲他們有相同的祖源[46]。不過北台流行Sanasai傳說可能不是族群繁衍的結果，而是東部文化北傳至雞籠、淡水的例證，而且北台是此一傳說的最北、最西界。

雞籠、淡水住民的傳說也有百越文化的色彩，如金包里社流傳犬駙馬的傳說[47]，即與畲族的傳說頗爲相像[48]。

犬駙馬之傳說亦見於漢晉時之古籍，如《山海經》郭璞注：「昔盤瓠殺戎王，高辛以美女妻之，不可以訓，乃浮之會稽東海中，得三百里地封之，生男爲狗，女爲美人，是爲狗封之國也。」學者袁珂謂此一神話乃流行於中國唐代以前之民間社會[49]。

（續）────────

〈研海地方に於ける先住民の話〉(1931)、〈マッカイ博士の布教せる噶瑪蘭平埔族に就て〉(1939)、〈高砂族の移動および分布(第二部)〉(1954)，均收於氏著，《馬淵東一著作集》(東京：社會思想社，1974)，第二卷。

46　詹素娟先後發表多篇論文討論，可參見〈宜蘭平原噶瑪蘭族之分布、來源與遷徙──以哆囉美遠社、猴候社爲中心〉，潘英海、詹素娟編《平埔研究論文集》(台北：中央研究院台灣史研究所籌備處，1995)，頁41-76；〈Sanasai傳說圈的平埔族群歷史圖像〉，發表於「平埔族群的區域研究」學術研討會，1996；〈族群、歷史與地域：噶瑪蘭人的歷史變遷(從史前到1900年)〉(台北：台灣師範大學歷史研究所博士論文，1998，未刊)。

47　1930年代石坂莊作在金包里社採錄到「天犬公」的傳說，謂有位大臣女兒得病，有一犬舐其皮膚而病癒，遂將女兒嫁與犬，乘舟出海漂至台灣，繁衍子孫，形成金包里部落。見石坂莊作，〈金包里の傳說二つ三つ〉，《南方土俗》3：4(1935年8月)，頁40。

48　此等傳說除見於浙贛閩三省之畲民外，又見於粵桂滇各省之傜民，傳說故事多謂其始祖爲國王之駙馬，始祖母爲國王之女，參見凌純聲，〈畲民圖騰文化的研究〉，收於氏著，《中國邊疆民族與環太平洋文化》(台北：聯經出版公司，1979)，頁294-297。

49　袁珂校注，《山海經》(台北：里仁書局，1982)，卷7，頁307-309。袁珂謂漢代已流傳此一神話。

　　犬駙馬的傳說流傳時間相當久遠，地域分布亦甚廣，在郭璞注文更提到「乃浮之會稽東海中……是爲狗封之國也」，更值得玩味[50]，因爲狗封之國位於會稽東方海中，中國文獻記載的「流求」亦在會稽東方海中，流求未必是狗封之國，但此一傳說卻暗示華南文化向東方海中傳播，人民向海中島嶼遷徙的可能性。

　　因此，史前時期的海洋並沒有造成台灣的孤立，人們沿著島嶼海岸或跨海航行，台灣周遭海域一直存在著海上活動。鹿野忠雄即謂台灣面積狹小，但各族群的精神、物質文化的多樣性卻遠超過海南島，亦比菲律賓群島內的變化還大，這是因爲台灣的地理位置以及從各個方向來的民族移動帶來的結果[51]。而雞籠、淡水則位於大陸百越文化與南來的黑潮文化交界。

二、雞籠、淡水住民擅長貿易

　　文化的傳播象徵著人群的往來、互動。雞籠、淡水的住民長久與大陸華南及台灣東海岸住民斷續往來，但在距今兩千年前後，即北部台灣進入金屬器時代以後，卻出現較爲優勢的文化，並影響了台灣東部及桃園台地。

　　據考古學者研究，北台的十三行文化可能是植物園文化晚期受到外來金屬製造技術傳入的影響，逐漸轉變而成。其轉變的中心可能在淡水河口到台北盆地西北部，轉變的時間在兩千至一千

50　按《搜神記》亦有類似傳說，並謂帝封盤瓠爲會稽侯。袁珂謂此類神話均本之民間，見袁珂校注，《山海經》，卷7，頁308。

51　鹿野忠雄，〈フィリピン・バタン諸島・紅頭嶼・台灣民族移動線〉，《新亞細亞》2: 11（1940年11月），頁27。

八百年前之間；其後十三行文化逐步由淡水河口沿著海岸向東、向南發展。向東分布到北海岸，再轉向南方的宜蘭平原、奇萊平原北半部；從淡水向南，則沿西海岸，影響到桃園台地至大肚台地之間的海岸地帶[52]。

另外再就語言學的研究而言，李壬癸認為北台住民凱達格蘭族有許多語言特徵(如語音、詞彙、構詞等方面)與台灣各族語言都不同，在詞彙、語音、構詞、句法各層次，凱達格蘭族的語言較像菲律賓語，而不太像台灣南島語言[53]，故應是南方移來。他們來到台灣的時間較噶瑪蘭族、西拉雅族晚，約為二千年前[54]。

凱達格蘭族來台後，分化成巴賽、雷朗等幾個亞族，從現存語言資料看，彼此差異相當大，似乎超過泰雅族及另一亞族賽德克間的距離。李壬癸推測，如果在一千年前分化為東北、西南二支，那麼哆囉美遠人從東北支分出時間距今不超過五百年，移到宜蘭時間約在四百年前，而雷朗語和巴賽語差異更大，分支的時間應較前者更久[55]。

1632年道明會士Jacinto Esquivel描述，從雞籠社寮島的西班牙堡壘往東，沿著海岸分布的村落使用一種稱為「Bacay(巴賽)」的

52　劉益昌，〈台灣北部沿海地區史前時代晚期文化之探討〉，收於潘英海、詹素娟編，《平埔研究論文集》，頁13。

53　李壬癸，《宜蘭縣南島民族與語言》(宜蘭：宜蘭縣政府，1996)，頁171。

54　李壬癸，〈台灣北部平埔族的分類及其語言根據〉，《台灣風物》41: 4(1991年3月)，頁214-197；李壬癸，〈台灣南島民族的遷移歷史〉，收於張炎憲、陳美蓉編，《台灣史與台灣史料》(台北：自立晚報社文化出版部，1993)，頁30-31。

55　李壬癸，《宜蘭縣南島民族與語言》，頁40、164。

語言，此外有些村落亦使用自己的語言[56]，顯示雞籠、淡水住民的語言通行於北部台灣與東部台灣的部分區域。

因此，根據考古學者、語言學者的意見，北台自二千年前出現新的文化型態——十三行文化，這個文化的人類可能是現今所稱的凱達格蘭族的祖先，他們最初於淡水河口發展，再沿海岸、河流，進入台北盆地，並向東，沿著北海岸進入宜蘭、花蓮一帶，往南則進入桃園台地。

十三行文化是當時北部台灣較爲優勢的文化，可能與其居民擅長貿易有關，因爲在相關的考古遺址中出現比以前更多的外來器物，如楊君實在大坌坑遺址發現的陶管珠、玻璃管珠及瑪瑙珠等，可能是與台灣東部交換或貿易得來[57]。1990年代前後，考古學者在台北縣八里鄉十三行的遺址中發現漢朝五銖錢、唐朝開元通寶、宋朝太平通寶、淳化元寶、至道元寶和咸平通寶等銅錢和少量華南製造的瓷片，考古學者臧振華推測「唐宋時期的漢人，可能曾航行到這裡入港上岸與台灣的住民交易」[58]。

考古學者劉益昌在北海岸的遺址中，亦發現不少大陸沿海與越南的陶瓷器及玻璃，這些遺址屬於十三行文化中期埤島橋類

56　José Eugenio Borao Mateo et al. eds., *Spaniards in Taiwan* (Taipei: SMC Publishing, 2001), Vol. I, p. 165.按這些村落分布於宜蘭與花蓮。(又按此書以下簡稱*Spaniards in Taiwan*)

57　楊君實，〈台北縣八里鄉十三行及大坌坑文化兩史前遺址調查報告〉，《國立台灣大學考古人類學刊》17/18(1961)，頁52-61。

58　臧振華，〈考古學與台灣史〉，收於氏編，《中國考古學與歷史學之整合研究》(台北：中央研究院歷史語言研究所，1997)，頁729。

型，年代大約距今800-400年，即中國的南宋至明中葉[59]，顯示中國海商亦前來雞籠、淡水貿易，但規模有限，故中國史籍如《諸蕃志》、《島夷志略》等未見著錄。

十三行文化出現中國銅錢與瓷器並非偶然的現象，而是「島際貿易」存在的例證。日本學者村井章介謂日本史的「中世」(即九世紀至十七世紀前半)，有關海外交通的考古遺物主要亦爲銅錢與瓷器，他認爲這是一般人民生活所用而非上層人士的奢侈品[60]；琉球群島的考古遺址在十二世紀以後亦出現較多的中國瓷器與銅錢(詳見下節所述)。因此，中國的唐宋時代對外貿易興盛，不僅日本群島受到影響，中國商人亦來到琉球群島與台灣，只是貿易量有限而不受重視，致使文獻失載，但由琉球、台灣的考古遺址可知，中國商人亦會帶著商品到這些島嶼販賣。

這些商人應即歐洲學者Van Leur、Niels Steensgaard等所稱的「the Pedlars(商販)」，是亞洲傳統的貿易商人，他們帶著數量不多的商品，通過長距離的旅程，到異地去交易，他們或個別行動，或成群結隊[61]。只是文獻多半記載運送高價商品的商人或商隊，對沿著島嶼海岸貿易的商人較爲忽略。

除了外來商販外，台灣島內部的住民間亦有商業貿易行爲，

---

59 劉益昌，〈古老的石門人〉，《北縣文化》55(1998年4月)，頁9-10。

60 村井章介，〈中世における東アジア諸地域との交通〉，收於朝尾直弘等編，《日本の社會史 第一卷列島內外の交通と國家》(東京：岩波書店，1987)，頁113。

61 Niels Steensgaard, *The Asian Trade Revolution of the Seventeenth Century: the East India Companies and the Decline of the Caravan Trade* (Chicago : University of Chicago Press, 1973), p. 22.

如台大人類學系保存著伊能嘉矩當年收藏的北台住民器物，其中有三個螺殼，分屬武勝灣社、里族社與擺接社所有。據學者研究，這些螺殼係飲用器，原產台灣南部岩礁性暖海，可能因南北交易而流傳至淡水[62]。

另外，十九世紀末伊能嘉矩在當時台北盆地北投社頭目林烏凸家中見到所謂「內山」的衣服，為泰雅族所製，林烏凸加裝漢式鈕扣穿著[63]。又在三貂社的口傳故事中謂：有プサラム（泰雅族）之異族從南方山地來到頂雙溪、下雙溪，「我們送魚類給他們，他們送鳥獸給我們」，相互親近、往來[64]，換言之，沿岸的住民亦與台北平原內部或者北部山區的住民交易米糧、獸肉或衣物。

所以，在雞籠、淡水未捲入高價商品的長程貿易體系之前，其實已有相當程度的島際貿易與內陸貿易。貿易者有外來的中國商販，他們前來雞籠、淡水貿易，帶來中國的瓷器、銅錢等物品；同時，台灣的住民亦參與交易，其中雞籠、淡水人（巴賽族）可能是北台灣住民各族群中最擅長貿易的商人。

翁佳音曾有專文討論台灣北海岸的「巴賽族」商人，認為他們懂得計算、富有語言能力、善於操舟航行；在十七世紀時，北台的住民已懂用銀，並有地域分業，他主張北台住民具有商業性

62　胡家瑜、崔伊蘭主編，《台大人類學系伊能藏品研究》（台北：台灣大學出版中心，1998），頁82-83。

63　楊南郡譯，伊能嘉矩著，《平埔族調查旅行》（台北：遠流出版社，1996），頁77。

64　佐山融吉、大西吉壽編，《生蕃傳說集》（台北：杉田重藏書店，1923），頁235-236。

格[65]。

十七世紀西班牙傳教士Jacinto Esquivel曾在雞籠港灣、台北平
原與淡水河口等地傳教，對雞籠住民的經濟活動有詳細的描述。

1632年Jacinto Esquivel謂：雞籠及北海岸的住民依靠捕魚、打
獵、製鹽、製箭、蓋房子、製布和刀，但不似其他住民會耕種，
所以雞籠人是其他住民的「腳與手」，因爲其他住民不懂得做上
述的工作，「如同在西班牙人聚落中的中國人，雞籠人爲此而忙
碌」[66]。他比較雞籠與台北平原住民的不同，認爲：

> 雞籠的住民(Taparris y Quimaurris)曾是此島的海盜，雖然
> 比其他住民特殊，但很狡猾的，沒有那樣的老實與善良品
> 性。

他又說：淡水的住民像是農人，有自己的農地，並依此爲生，
永遠忠於自己的村落，但雞籠人則不如此，沒有耕種，也無收穫，
而是像吉普賽人或中國商人一樣生活，來往於各個村落，蓋房子，
製造弓箭、衣服、bolos、預作的珠子以及寶石。「在食用完出外
工作時收集來的稻米後，又開始另兩個月出外工作」[67]。

根據Jacinto Esquivel的描述，Taparris 與 Quimaurris的住民分

65　翁佳音，〈近世初期北部台灣的貿易與原住民〉，收於黃富三、翁
　　佳音主編，《台灣商業傳統論文集》（台北：中央研究院台灣史研
　　究所籌備處，1999），頁66-74。

66　*Spaniards in Taiwan,* Vol. I, pp. 165-166.

67　Ibid., p. 183.

布在雞籠港及以西之海岸，他們精於工藝而無農業，製造各種工藝品或者為鄰近居民蓋房子，以此來換取米糧，Esquivel稱這些人是鄰近地域居民的「腳和手」。

十七世紀西班牙人占領雞籠、淡水以後，雞籠的住民亦與西班牙人、中國人進行交易。

Jacinto Esquivel記載在地住民、西班牙人與中國商人間的交易狀況，謂西班牙人用白銀向住民購買魚、獵物、木料、鹽以及其他東西，而中國商人則用小東西（chuchería，或如明朝李廷機所謂「賤惡什物」）交換住民的金、硫磺、藤、獸皮以及其他東西，並要求住民與西班牙人交易時，要取得西班牙人的銀，再交易給中國商人。據說雞籠的住民還教淡水人了解白銀的重要性[68]。

根據Esquivel的描述，雞籠、淡水住民出售一些生活必需品如食物、建材給西班牙人，又賣金、硫磺、藤、獸皮給漢人，自西班牙人取得銀，自中國商人取得「小東西」。交易的形式主要是以物易物，另有原始形式的貨幣——珠串、布作為輔助。

Jacinto Esquivel曾呼籲雞籠的西班牙人與住民交易要使用珠串和寶石，因為珠串的價格係由中國商人訂定，對西班牙人而言，價格顯得很低，因此，Esquivel希望西班牙士兵視珠為錢，用來與住民交易，而銀錢則用來買中國的布[69]。此一記載顯示當地住民彼此之間仍以珠串作為交易媒介。

珠的種類甚多，有玉珠、貝珠、陶珠、琉璃珠，通常是中間

68　Ibid., p. 177.
69　Ibid., p. 178.

穿孔，用繩串起，做為額飾、項飾、耳飾、胸飾、手飾或鑲縫在衣服。伊能嘉矩記載北台住民以琉璃或貝珠串成胸飾，里族社稱個別的珠玉為Kanekun，而連綴的串珠稱Raonoonoo[70]。

噶瑪蘭族有口傳故事：孤兒姐弟在馬賽海濱揀到漂來的兩個竹筒，發現紅色珠子，用來交換米穀，從此過著富裕的生活[71]。

珠子的用途頗多，亦是東亞海域重要的貿易物，如中國宋代以來的文獻記載海外貿易之貨，常見有琉璃珠、五色琉璃珠、五色燒珠產於爪哇、婆羅洲、菲律賓群島(三嶼等)，台灣亦盛行此類珠子，台北的十三行文化遺址亦曾發現墓葬中有紅陶壺，內有陶管珠、玻璃管珠十餘枚，及舊瑪瑙珠四枚[72]。可見各類珠子是東南亞、台灣等地住民重要的飾品，也具有貨幣的性質，可用來交易物品。

西班牙人占領雞籠、淡水後，當地住民亦使用白銀作為交易媒介，但不宜因此，即稱他們已有某種程度的「貨幣經濟」。如前所述，住民與西班牙人交易時，希望取得白銀，只是因為漢人需求白銀，白銀在中國大陸確實是貨幣，但對北台的住民而言，白銀與中國的布或各種珠串一樣，只是交易的媒介，而且是因中國商人的需求，才使住民要求西班牙人付白銀。

當地住民亦用金做交易，1643年荷蘭人詢問一位日本人有關

70　伊能嘉矩著，楊南郡譯，《平埔族調查旅行》，頁82、85、98。

71　波越重之著，黃秀敏譯，〈領台前的噶瑪蘭蕃務〉，收入《台灣南島語言研究論文日文中譯彙編》，頁179。

72　楊君實，〈台北縣八里鄉十三行及大坌坑文化兩史前遺址調查報告〉，《國立台灣大學考古人類學刊》17/18(1961)，頁52-61。

台灣產金的情形。這位日本人名為Quesaymon，教名為Jasinto(Jacinto)，因船難漂至雞籠，已在此住了三十五年，並娶金包里人為妻。在詢答中，Quesaymon描述北台村落間的貿易關係，他謂哆囉滿(在今花蓮縣立霧溪口一帶)產金，當地居民用金子交換「鹽漬魚、印花布、醬油，以及銅製手環。這些是雞籠、淡水的漢人賣給金包里人，金包里人用船沿著海岸到當地，與他們交易」[73]。

1644年有份荷蘭人詢問金包里人Theodore的記錄，Theodore當時二十七歲。在詢答中，Theodore謂淡水出產米、硫磺，以及很多的木材，不過在噶瑪蘭有更豐富的米，以及部分鹿皮，也有黃金。金包里與三貂的住民會帶著與中國人交換來的鐵鍋、Canagans布及其他粗布前往噶瑪蘭，換取當地的米糧與金子。

另外，哆囉滿村落產金，Theodore謂金包里人自昔即與哆囉滿人交易金子，中國人再與金包里人交易，取得金子。這種貿易形式早在西班牙人來雞籠前即已進行[74]。

在這兩段描述中，可以見到雞籠住民的特殊性，即他們以地利之便，與中國商人貿易，取得中國的貨物後，再轉與淡水、噶瑪蘭及花蓮的住民交易各地土產。

1655年荷蘭文獻亦載：

---

73 翁佳音譯文，刊於黃美英編，《凱達格蘭族書目彙編》，頁110-111，原文出自VOC 1145, fol. 270-273.

74 同上註，頁117-120，原文出自VOC 1148, fol. 303-309。此一詢答記錄又收錄於《バタヴィア城日誌》，見村上直次郎譯注、中村孝志校注，《バタヴィア城日誌》第二冊，頁282-284。

（雞籠及北海岸的住民）並非農人，而是鐵匠、木匠以及砍柴工，每年六月將所製造之器物，操舟前往噶瑪蘭換取稻米、鹿皮與黃金[75]。

因此根據本節所論，雞籠、淡水等沿海地域，如同東亞海域各島嶼一樣，長期存在著所謂的「島際貿易」，主要是中國商人帶著布、瓷器、鐵器或珠串、寶石等，到雞籠、淡水交易。而雞籠、淡水的部分住民亦成為外來貨物的轉賣者，帶著交易來的中國商品，前往台灣東部海岸，與當地居民交易。

雞籠、淡水住民在北台扮演的角色，應類似呂宋島的馬尼拉回教徒，據西班牙人所載，回教徒或中國商人亦是載貨至馬尼拉灣，再由定居當地的回教徒轉販給菲律賓群島各地的住民[76]。

三、自足經濟及其貿易的局限性

雞籠、淡水的住民確實有一商業傳統，他們是東亞海域廣泛、古老的「島際貿易」體系中的一個分支；惟不宜過高地估計他們的商業活動，因為整個北部台灣的住民經濟型態仍是以村落為單位的自給自足經濟。在這樣的自足經濟中，商業貿易能發展到什

75　Simon Keerdekoe所寫「關於淡水、雞籠港灣暨公司當地現存城砦、日常航行所經番之號等情述略」，此處引文據翁佳音中譯，見氏著，《大台北古地圖考釋》，頁191。

76　見Emma H. Blair and James A. Robertson, eds., *The Philippine Islands 1493-1898*（Cleveland, Ohio: The A. H. Clark Company, 1903-1909）, Vol. 2, p. 238（按此書在以下注腳中簡稱*The Philippine Islands*）。另見本書第三章第三節所論。

麼地步，值得懷疑，米糧的買賣即是一個很好的例子。

　　米糧是傳統東亞海域重要的貿易品，十七世紀西班牙占領雞籠、淡水期間，駐軍需要大量米糧，但西班牙必須自呂宋島運米，或向中國人買米，因為台北平原住民賣出的米糧很有限，住民「只種他們所需，無法賣出大量米」[77]。

　　十七世紀末郁永河記載淡水(指今日的北部台灣)的「番俗」：

> 地產五穀，蕃人惟食稻、黍與稷……其饔飧不宿舂，曉起待炊而舂……寒然後求衣，飢然後求食，不預計也。村落廬舍，各為向背。無市肆貿易，有金錢，無所用，故不知蓄積……屋必自構，衣需自織，耕田而後食，汲澗而後飲，績麻為網，屈竹為弓，以獵以漁，蓋畢世所需，罔非自為而後用之……[78]

　　上述文字是自給自足的村落經濟寫照，即村落成員共同生產，村落成員也是其產品的主要消費者，所以郁氏形容這些人是「蓋畢世所需，罔非自為而後用之」。當然住民們有少量的生產剩餘可與外界交換商品，但整個生產活動是缺乏「市場導向」，亦即村落生產者的抉擇不是以市場的需求為考量。除了自給自足外，他們「不知蓄積」、有金錢而無所用，沒有市肆進行貿易。

　　北台也沒有出現強大的政治實體，無法以國家力量取得大量

77　*Spaniards in Taiwan*, Vol. I, p. 170.

78　郁永河，《裨海紀遊》，頁74。

的生產剩餘以供貿易；亦缺乏高價的自然資源如香料、寶石等，只有硫磺、魚等，而台灣東部的砂金，產量亦有限，無法大量生產。只有地理位置的因素，使得雞籠、淡水可以作爲台灣東海岸與中國大陸之間商品流通的轉運點。

因此，雞籠、淡水的住民雖然從事貿易，但在北台自給自足的村落經濟活動中，商業貿易規模相當小。

除了以物易物的交易形式外[79]，雞籠、淡水的住民雖然從事商業或手工製造，但他們同樣沒有蓄積的概念，如前述Esquivel所載，雞籠的住民付出勞力或販賣東西取得米糧後，即停止工作，等到一、二個月後糧食耗盡，才又外出工作，談不上有屯積居奇或資本累積等行爲或概念。

也許硫磺與鹿皮的貿易有可能使雞籠、淡水人走向市場經濟，但這兩項商品或因外界需求有限或來源容易枯竭，無法使他們脫離自給自足的經濟形態。

因此，海洋並沒有阻斷台灣與外界的聯繫，自史前時代以來，人類可以越過台灣海峽，來往於大陸、台灣兩地；亦可乘船渡過巴士海峽，往返菲律賓與台灣兩地。在考古遺址中發現東台灣的玉、唐宋各朝代的銅錢，均說明雞籠、淡水的周遭海域間確實存在著貿易行爲。也許此時只是以物易物，交易規模很小，並且是

---

79 1660年代荷蘭人記錄台灣北部山區的住民與外界進行所謂的「沈默貿易」，即每年一至兩次，將金沙置於固定地點即離去，另有進行交易的人帶著衣物亦置於同地，山區住民再次前來，看貨可以，則帶貨離去，否則就帶走原先置放的金沙。見Albrecht Herport 著，周學普譯，〈台灣旅行記〉，收於《台灣經濟史第三集》(台北：台灣銀行經濟研究室，1956)，頁115。

不定期，但至少從二千年前開始，雞籠、淡水已顯現出是北部台灣的要地，文化較為強勢，在西班牙人來臨時，他們的語言已是北海岸、東海岸的共同語。

　　因此，雞籠、淡水確實有一商業貿易傳統，但卻不足以使雞籠、淡水發展成為較大的港市，吸引更多外來商人的重視、貿易與居住。十六、十七世紀，雞籠、淡水兩港崛起，是「外部世界」的貿易與政治情勢變遷的影響，而不是雞籠、淡水自身貿易發展的結果。

第三節　捲入長程貿易體系：中琉貿易的影響

　　上節提及，東亞海域傳統的貿易型態，除了島際貿易外，尚有高價的長程貿易體系，如中國唐宋以來的泉州即是此一貿易體系中的重要港口，而與泉州港僅一水之隔的台灣島卻因缺乏高單價商品，而長期處於此貿易體系之外。中國傳統海外文獻對東方海域的記載相當模糊，即是此一現象的反映。

　　但宋元以後，福建經濟勢力持續發展，琉球群島則在十五世紀時崛起東亞海域，使得此一海域的長程貿易航線轉變，這些新的發展影響了雞籠、淡水的歷史走向。

一、福建經濟勢力的擴展——「泉州時代」

　　從中國的戰國時代一直至唐宋時代，中國大陸北方政權的統治範圍逐步往南擴張，軍力強大的統治者由浙東沿著陸路、海路，

進入閩東、閩南，征服百越族群，建立州郡縣等統治體系[80]。

唐代對外貿易相當發達，中國東南沿岸因貿易的發展而繁榮；五代十國時期，東南沿岸分別出現了三個政權，即江浙地區的吳越、福建的閩以及嶺南的南漢，他們各自開拓海外交通，發展海外貿易。到了宋代，大約十一世紀以後，泉州港成為中國海上貿易的第一大港，福建商人前往東亞海域各地貿易，出口的商品主要有各種絲織品、陶瓷器、鐵器等，學者李東華稱此時期為中國海外貿易史中的「泉州時代」[81]。

從南宋到元朝，中國商人在亞洲海域活動的範圍相當大，但與台灣的關係則相當淡薄，南宋趙汝适《諸蕃志》謂「流求國」：

> 無他奇貨，尤好剽掠，故商賈不通。土人間以所產黃蠟、土金、鼇尾、豹脯往售與三嶼。

又謂毗舍耶：「語言不通，商販不及」[82]。雖然《諸蕃志》所載的「流求國」、「毗舍耶」位置何在，爭議頗多，但這反映的是中國人對其東方海域的了解有限。到了元代，官方於澎湖設立巡檢司，屬晉江縣管轄。1291年、1297年元朝兩次派兵出征流

80　胡滄澤，〈魏晉南朝時期北方漢人入閩及其對福建經濟發展的影響〉，《中國社會經濟史研究》1992年2期(1992年4月)，頁25-32。

81　有關泉州港的崛起及其發展，參見李東華，《泉州與我國中古的海上交通：九世紀末──十五世紀初》(台北：台灣學生書局，1986)，頁55-195。

82　趙汝适著、楊博文校釋，《諸蕃志》(北京：中華書局，1996)，頁147-149。

求，均由福建出海，顯示中國王朝的統治勢力已迫近台灣島。

二、沖繩勢力的出現

在史前時代，琉球群島各地的文化並不具同質性，國分直一
將之區分爲北部圈、中部圈與南部圈。北部圈屬日本九州的「繩
文——彌生文化圈」，中部的奄美——沖繩諸島雖受九州文化影
響，但有當地獨自的陶器文化，南部先島地域的文化則與台灣、
菲律賓有關[83]。

到了十二世紀左右，琉球群島的文化出現變動，開始由採集
經濟、燒製陶器，進入到穀物栽培的農耕、鐵器文化，各地出現
所謂「按司」組織，互以城寨相抗爭。

琉球群島與中國的關係亦在此時漸趨緊密，如以考古遺址出
土的中國陶瓷器爲例，群島各地從十二世紀末、十三世紀初開始
出現中國的陶瓷器（約當南宋時期）；至十三、四世紀時（元代），
琉球群島各地遺址中的陶瓷數量與種類增加；到了明朝建立後，
即十四世紀中葉至後半，中國陶瓷出土量遽增，至十五世紀初達
到高峰，這與中山王入貢明朝，及《歷代寶案》所見琉球與東南
亞港市貿易的發展有關，一直到十五世紀後半以及十六世紀，中
國陶瓷數量才漸減[84]。

83　國分直一，《海上の道：倭と倭的世界的模索》（東京：福武書店，
　　1986），頁7。

84　知念勇，〈中國交易と沖繩出土の中國陶瓷〉，收於沖繩縣立博物
　　館編集，《沖繩出土の中國陶磁：ジョージ H. ケア氏調查收集資料》
　　（那霸：編集者刊行，1983），下冊，沖繩本島編，頁115-116。
　　台灣學者的研究可參見陳信雄，〈從琉球出土中國陶瓷窺探中琉

　　同時，根據陶瓷史學者金武正紀的研究，十二世紀後半至十四世紀前半，琉球群島發現的中國陶瓷器，以同安窯系和龍泉窯系的青磁為多[85]，亦即琉球群島輸入的陶瓷器以福建與浙江兩地的產品為主。另外，龜井明德認為沖繩發現的十三世紀中國陶瓷器種類具有齊一性，而這種現象導因於交易主導權在賣方，而且流通機構並不複雜，亦即是是由浙江、福建的商人帶著陶瓷品至沖繩(琉球群島)販賣，而非沖繩人自行派船出海貿易[86]。

　　到了十四世紀中葉以後，東北亞局勢有很大的變動，中國大陸、朝鮮半島與日本均出現新的統治政權[87]，使得此一區域趨於安定與和平，琉球王國此時亦進入明朝建立的朝貢體系中，朱德蘭認為「琉球始利用前期國際貿易的繁榮所刺激各地商品供需面的增大，與中外朝貢關係漸形疏遠的政治經濟變化下，積極的擴展其在亞洲地區的貿易網」[88]。

　　　關係〉，琉中歷史關係國際學術會議實行委員會編集，《琉中歷史關係論文集(四)》（那霸：琉中歷史關係國際學術會議實行委員會，1993），頁319-338。

85　金武正紀，〈舶載陶瓷器からみた琉球の海外貿易──中國陶磁器を中心として〉，收於琉中歷史關係國際學術會議實行委員會編集，《琉中歷史關係論文集(四)》（那霸：琉中歷史關係國際學術會議實行委員會，1993），頁340。

86　龜井明德，《日本貿易陶磁史の研究》（京都：同朋舍，1986），頁378-379。作者認為沖繩的中國陶瓷貿易最初由宋船經營，後改由按司集團經營。

87　十四世紀中葉以後，1368年中國大陸朝代更替，明朝取代了元朝，1392年朝鮮半島上出現了李成桂建立的新王朝，取代了有四百多年歷史的高麗王朝，而日本經歷了南北朝的動亂，1392年南北兩朝統一，進入室町幕府時期。

88　朱德蘭，〈十五世紀琉球的亞洲外交貿易〉，收於《第二屆中琉歷

　　琉球不僅與北方的日本、朝鮮形成一通商圈[89]，又與南方的東南亞「港市」往來，根據《歷代寶案》的記載，往來港市、國家有安南、暹羅、佛太泥、爪哇、舊港、滿剌加、蘇門答剌、巡達等。

　　對於十五世紀在東亞各地出現的景氣與繁榮貿易，琉球史學者高良倉吉稱之為琉球史中的「大交易時代」[90]，而專研東南亞史的Anthony Reid則稱之為「東南亞的商業貿業時代(Southeast Asia in the age of commerce)」的開始[91]。

　　琉球王國的興盛主要是他們藉由朝貢往返取得中國商品，再與日、韓或南方的東南亞各國交易。而明朝指定琉球王國的朝貢船必須自福建港口(先是泉州，後改福州)登陸，從福建到琉球王國的都城——首里的航行過程，因為水流、風向與航行路標的限制，雞籠、淡水雖「產無奇貨」，卻成為中琉貿易路線必經的

(續)—————————————
　　　史關係國際學術會議論文集》(台北：中琉文化經濟協會，1990)，
　　　頁134-135。
89　田中健夫，《倭寇と勘合貿易》(東京：至文堂，1966)，頁171-179。
90　此一時期琉球對外貿易的論文甚多，可參閱高良倉吉，《新版琉球の時代 大いなる歷史像を求めて》(那霸：ひるぎ社，1989)，頁87-148。
91　Anthony Reid認為商業貿易在東南亞的歷史中，一直很盛行，但十五至十七世紀之間，商業貿易更具有支配性的地位，特別是在十六世紀全球性的商業貿易繁榮中，東南亞扮演關鍵性的角色。東南亞生產的胡椒、丁香及肉荳蔻等成為長程貿易的主要商品，東南亞的商人與統治者、城市與王國均參與長程貿易；直到十七世紀下半葉，這些商人、統治者或港市逐漸退出貿易事務。此一時期的東南亞歷史，Reid稱之為「東南亞的商貿業時代(Southeast Asia in the age of commerce)」，見*Southeast Asia in the Age of Commerce, 1450-1680* (New Haven: Yale University Press, 1988)。

要點。

三、中琉航線的形成

中琉之間航線的維持、貿易的往來，是建立在琉球對明朝貢的基礎上，而雙方關係開始於1372年(洪武五年)，此年明太祖遣楊載招諭琉球國。當時沖繩本島分立著大小不同的政治集團，各個政權的首長稱爲「按司」，明朝使者來到沖繩島時，找上了浦添按司察度，於是察度成了中山王，並承襲了中國傳統文獻中的「琉球國」名稱[92]。

明初文獻並未記載楊載所走的航路，明末鄭若曾在〈琉球圖說〉中謂：「明洪武初行人楊載使日本歸道琉球，遂招之」[93]，雖然此文寫作於明代晚期，距明初已二百年，但依鄭若曾所記，楊載似是經琉球至日本。又明初胡翰〈贈楊載序〉謂：

> (駙馬王)公在閩中，嘗取漢太尉家法書以道載，欲其不失爲清白吏子孫，意者，夷人饒於貨寶，恆以此啗中國之使[94]。

92　流求(琉球)一語初見於《隋書》時，可能也是得自船夫水手，但從隋朝以後，經各種文獻轉載，似可視爲一文獻名稱。事實上「琉球」是中國人想像中的一個地名，出現於隋時對東方海域的出征行動，但有近千年的時間，中國學者無法確定其明確的地點，直到明朝遣使至沖繩，遂由沖繩島較強大的政權承接此一國名。

93　鄭若曾，《鄭開陽雜著》(台北：台灣商務印書館，1983)，收於《四庫全書》，第584冊，卷7「琉球圖說」，頁584-611。

94　胡翰，《胡仲子集》，卷五，轉引自曹永和，〈明洪武朝的中琉關係〉，收於氏著《中國海洋史論集》(台北：聯經出版公司，2000)，頁211。

　　揆其文意，楊載被任命爲使者後，在福建有一「駙馬王公」
勉勵楊載不可貪求夷人貨寶而辱使命，由此推斷楊載係由福建出
航至琉球、日本，或至少楊載與福建有著某種地緣關係。

　　楊載之後，明、琉雙方不時有使者往來，但不詳其航程。直
至洪熙、宣德年間有使者柴山先後奉派至琉球四次（1425、1427、
1430、1433），第三次使琉時，柴山在當地建造佛寺，立有〈大安
禪寺碑〉，謂：

　　奉命遠造東夷，東夷之地離閩南數萬餘里，舟行累日，山
　　岸無分……險釁不可勝紀[95]。

　　明確提到係由閩南至琉球。到了1534年（嘉靖十三年），陳侃
出使琉球，在《使琉球錄》中詳細的記錄航行經過，使我們了解
明朝使者的航行路線：

　　至（五月）八日，出海口，方一望汪洋矣。風順而微，波濤
　　亦不洶湧；舟不動而移，與夷舟相爲先後……九日，隱隱
　　見一小山，乃小琉球也。十日，南風甚迅，舟行如飛；然
　　順流而下，亦不甚動。過平嘉山、過釣魚嶼、過黃毛嶼、
　　過赤嶼，目不暇接，一晝夜兼三日之程；夷舟帆小，不能
　　及，相失在後。十一日夕，見古米山，乃屬琉球者；夷人

95　嚴從簡輯，《殊域周咨錄》（台北：華文書局，1968），頁184。

　　鼓舞於舟，喜達於家。[96]

　　上述文字的重要性在於說明，北部台灣在中琉航線扮演的角色，即船隻從福州跨越台灣海峽後，船隻水手會見到一小山，即「小琉球」，此島是一個重要的航行指標，水手們望見小琉球，就知道航線無誤。

　　然而值得注意的是，陳侃所走航線似乎與福建民間水手與琉球人有關，陳侃在奏疏中謂：「其造船並過海事宜皆訪於耆民之家得之，至於往來之海道，……皆賴夷人為之用」[97]，換言之，船隻的建造或航線的選擇均依賴福建當地熟於海道的耆民與船上的琉球水手，所以這條航線應是福建人、琉球人往來貿易使用的航線。

　　約二十年後，1555年(嘉靖三十四年)鄭舜功奉派前往日本偵查敵情。鄭舜功自廣東出發，經琉球至日本，於1557年回國。事後，鄭舜功將這段經歷及見聞寫成《日本一鑑》，書中提及航行經過，其中「萬里長歌」描述由廣州北上，至福建沿海轉向台灣北端，再北上至日本的航程，其中有段航路是「一自回頭定小東」，作者自注云：

96　陳侃，《使琉球錄》，收於《使琉球錄三種》(文叢第287種，1970)，頁11。

97　同上註，頁49。按據《皇明象胥錄》，琉球條：「其國屆期，遣看針通事一人並水手來，與偕密室看針，即白晝燃燈，亦名十更船。」意即明朝使節船上用琉球看針通事及水手。

> 或自回頭徑取小東島，島即小琉球，彼云大惠國。按此海
> 島自閩泉永寧衛間抽一脈渡海，乃結彭湖等島，再渡諸海，
> 乃結小東之島……一脈渡東北，乃結大琉球、日本等島。

按回頭(今寫作圍頭)在漳州灣口北岸，永寧衛在泉州灣口南岸。

另一航路是「或自梅花東山麓，雞籠上開釣魚目」，作者自注云：

> 梅花，所名……自所東山外，用乙辰縫鍼或辰巽縫鍼，約
> 至十更取小東島、之雞籠嶼……自梅花渡彭湖、之小東、
> 至琉球、到日本，爲昔陳給事出使琉球時，從其從人得此
> 方程也……釣魚嶼，小東小嶼也[98]。

按梅花所在閩江口外，又乙辰縫鍼或辰巽縫鍼均指向東南方(即110度至130度之間)。由梅花所至北台灣，不須經過澎湖，陳侃所載航道亦未經澎湖。

至於其回程，鄭舜功謂「延回大、小琉球，凡四十晝夜，九死一生，乃克至廣」[99]。

1561年(嘉靖四十年)又有郭汝霖等奉命使琉，其航程爲：

98　鄭舜功，《日本一鑑》，「桴海圖經」，卷1，頁3。

99　同上註，卷9，頁2。

二十九日，至梅花，開洋。幸值西南風大旺，瞬目千里，
長史梁炫舟在後，不能及，過東湧、小琉球。三十日，過
黃茅。閏五月初一日，過釣魚嶼。初三日，至赤嶼焉。赤
嶼者，界琉球地方山也。再一日之風，即可望古米山矣[100]。

1579年(萬曆七年)，蕭崇業奉使琉球，自梅花開洋後，遇暴
風，漂流七日至琉球國境，因此其航程中並未見小琉球，但其書
中有「琉球過海圖」(見圖2-5)，即一針路圖，圖中繪有山形，並
標以針位、更數：

圖2-5　1579年蕭崇業《使琉球錄》中「過海圖」局部
　　　　船隻自福建出海，即由右下方之東沙山往圖左上走，經
　　　　小琉球、雞籠嶼及花瓶嶼，至琉球(資料來源：《使琉球
　　　　錄三種》，頁57)。

---

100 蕭崇業，《使琉球錄》，卷上「使事紀」引郭汝霖所記，收於《使
　　琉球錄三種》，頁74。

梅花頭，正南風，東沙山，單辰針六更船，又用辰巽針二
更船，小琉球頭；乙卯針四更船，彭佳山；單卯針十更船，
釣魚嶼；又用乙卯針四更船，取黃尾嶼；又用單卯針五更
船，取赤嶼……[101]

根據上述明朝遣琉使節的文獻，可以了解從明朝初期開始，
中琉兩地的朝貢使節均走福建——沖繩航線，但初期並無詳細的
航行記錄，等到十六世紀中葉的陳侃才寫下其航程，當時航行以
島嶼為指標，以下將陳侃以後的幾次貢使海途或針路圖上的相關
島嶼列表如下：

	在台灣海峽路經一島	路經台灣	經釣魚台諸島至琉球
1534年陳侃航程		小琉球	平嘉山—釣魚嶼—黃毛嶼—赤嶼—古米山
1561年郭汝霖航程	東湧	小琉球	黃茅[102]—釣魚嶼—赤嶼—古米山
1579年蕭崇業過海圖	東沙山	小琉球頭	彭佳山—釣魚嶼—黃尾嶼—赤尾嶼—姑米山

上述島嶼中，古米山屬琉球地界，置而不論，其餘山名均為
閩語命名，如平嘉山或作彭佳山、平佳山，即今之彭佳嶼。此一
命名習慣顯示這海域是福建船隻的勢力範圍，因為福建人經常來

---

101 蕭崇業，《使琉球錄》，收於《使琉球錄三種》，頁55-59。
102 按黃茅嶼又稱黃毛嶼、黃尾嶼，位在釣魚台與赤尾嶼之間，郭汝霖所載航程有誤。

往，故使用自己的語言命名。然而這些島嶼中，唯獨小琉球最特殊，因為花瓶嶼、釣魚嶼等島名應是由船夫水手所命名，但小琉球卻是由「琉球」這樣的古典文獻名稱所衍生。

根據台灣北部外海的島嶼分布，小琉球應指今台灣，更準確的說，是指雞籠、淡水一帶，有可能即指大屯火山群或基隆火山群。然而為什麼當時貢使會認為北部台灣是小琉球，可能是船隻從福建出海至沖繩島，途中最大的島嶼即台灣，若沖繩是中國文獻中的琉球國，那麼沖繩島周邊島嶼中，特別是明朝貢使航程中所經另一大島，應為小琉球。

其次，貢使船隻由福建開航，何不直接航往沖繩，反而要繞經北台？清康熙五十八年(1719)出使琉球的徐葆光謂：

> 琉球在海中，本與浙閩地勢東西相值，但其中平行無山。船行海中，全以山為準。福州往琉球，出五虎門，必取雞籠、彭家等山；諸山皆偏在南，故夏至乘西南風，參用辰、巽等鍼□繞南行，以漸折而正東。……雖彼此地勢東西相值，不能純用卯、酉鍼徑直相往來者，皆以山為準；且行船必貴占上風故也[103]。

徐葆光提到兩項因素，即航行「以山為準」與「行船必貴占上風」。在1432年(宣德七年)時，明朝官員討論何以琉球船隻往

---

[103] 徐葆光，《中山傳信錄》（文叢第292種，1972），頁24。

往至浙東、閩東海港靠泊，亦謂「蓋因風勢使然，非有意也」[104]。

四、中文有關小琉球的描寫

明初沖繩島浦添按司被稱爲「琉球國」，同時又出現「大琉球」與「小琉球」的稱呼。大琉球指沖繩本島，小琉球則轉爲大琉球周邊島嶼的稱呼，例如清代琉球群島北部之奄美大島亦稱小琉球[105]，而屏東外海之島嶼也稱小琉球[106]，不過明初之小琉球應指雞籠、淡水一帶。

曹永和認爲《明實錄》洪武二十五年(1392)五月己丑條所載，是最早有關小琉球的文獻：

> 遣琉球國民才孤那等二十八人還國……初才孤那等駕船河蘭埠採硫黃，於海洋遇大風，飄至小琉球界，取水被殺者八人，餘得脫，又遇風飄至惠州海豐，爲邏卒所獲，言語

---

104 《明宣宗實錄》，宣德七年四月條，轉引自日本史料集成編纂會編，《中國朝鮮の史籍における日本史料集成，明實錄之部一》(東京：國書刊行會，1975)，頁140。

105 米慶余，《琉球歷史研究》(天津：天津人民出版社，1998)，頁263引《江戶期琉球物方集覽》，卷一所收山崎美成於1850年所作「琉球入貢紀略」，附圖標註「從奇界至渡名喜爲十一島，乃大島支配，十一島之村數計二百六十村，土人稱之爲小琉球。」

106 如首任台灣知府蔣毓英編纂的《台灣府志》謂：「(鳳山縣)西南洋海中突出一峰，林木蓊翳，則小琉球山也(小字注：此山在鳳山西南，在海洋中。週圍約有三十餘里，埼崁巉險，並無拋泊舟隻處。上多出椰子、竹木，並無人居)」，見《台灣府志·三種》，頁37-39。

不通，以爲倭人[107]。

　　其中謂有琉球人因風漂至小琉球，在此取水，八人被殺。又明初《皇明祖訓》記載「不征諸夷」十五國，其中方位屬正南偏東有大琉球、小琉球兩國，其中小琉球條加註：「不通往來，不曾朝貢」[108]。

　　《皇明祖訓》成書於1395年(洪武二十八年)，其前身是1373年(洪武六年)完成的《祖訓錄》。在《祖訓錄》中沒有條列十五國之名，只有泛稱「如安南、占城、高麗、暹羅、琉求、西洋、東洋及南蠻諸小國」，不可無故征伐[109]，故知大小琉球的分別應是1373年以後之事。

　　另外傳聞是元末周致中撰著的《異域志》，其中載有小琉球國與大琉球國，但此書是否眞爲元末明初之著作，甚爲可疑，最多只能說是明初著作[110]。書中「小琉球國」條載：「與大琉球國

---

107 見曹永和，《台灣早期歷史研究》，頁318，原文出自《明太祖實錄》，卷217。

108 〈皇明祖訓〉(台南：莊嚴文化出版社，1996，四庫全書存目叢書，史部政書類第264冊，據北京圖書館藏明洪武禮部刻本影印)，頁264-168。

109 《祖訓錄》編纂於洪武二年(1369)，六年完成，其中謂「凡海外夷國如安南、占城、高麗、暹羅、琉求、西洋、東洋及南蠻諸小國，限山隔海，僻在一隅」，見《祖訓錄》，收於吳相湘編，《明朝開國文獻》，頁1686-1687；又參見石原道博，〈皇明祖訓の成立〉，收於清水博士追悼記念明代史論叢編纂委員會編，《清水博士追悼記念明代史論叢》(東京：大安，1962)，頁1-35。

110 陸峻嶺校注，周致中著，《異域志》(北京：中華書局，2000)，校注者前言。

同，其人粗俗，少入中國，風俗與倭夷相似」[111]。

　　到了十五世紀末，又有兩條小琉球資料。一是1490年（弘治三年）福建興化知府王弼寫〈海上點兵觀海〉一詩：「極目大東青一點，問人云是小琉球」[112]。同一時期稍後，即1500年（弘治十三年）朝鮮官員詢問琉球使者，得知一些東方海域的訊息，後來寫入《海東諸國紀》，其中謂小琉球：

　　　國之東南水路七八日程有小琉球國，無君長，人皆長大，
　　　無衣裳之制，人死則親族會而割食其肉。漆其頭，庯以金，
　　　爲飲食之器[113]。

1534年，陳侃對傳統的琉球傳說提出質疑，謂：

　　　閩中士夫常曰：『霽日登鼓山，可望琉球。』蓋所望者，
　　　小琉球也。若大琉球，則雖離婁之目，亦豈能明見萬里之
　　　遠哉[114]！

111　同上註，頁27，按周致中謂小琉球人風俗似倭夷，故此條是否指
　　　雞籠、淡水，應存疑。

112　轉引自陳漢光，〈明代清初北台武備〉，《台北文獻》直字1/2/3/4
　　　合刊（1968年7月），頁37，陳漢光認爲此處之小琉球指今「大屯
　　　火山彙」。

113　申叔舟著，田中健夫譯注，《海東諸國紀》（東京：岩波書店，
　　　1991），頁375，附錄三引文，注者田中健夫謂頭庯二字連讀，指
　　　頭蓋骨，見頁276；按應誤，此六字應斷句爲「漆其頭，庯以金」，
　　　庯作鑲字解。

114　陳侃，《使琉球錄》，收於《使琉球錄三種》，頁29-30。不過即使

圖2-6　鄭舜功所繪「雞籠山」圖局部

資料來源：《日本一鑑》，「桴海圖經」卷2

陳侃認為從福州可望見之嶼，非大琉球，而是小琉球。

1550年代鄭舜功乘船航經大、小琉球，對小琉球有進一步的了解：

1. 解釋小琉球的地理淵源：謂「自閩泉永寧間抽一脈去深瀘，東渡諸海，結彭湖等島，再渡，結小東島，一名小琉球，彼云大惠島」（見圖2-6）[115]，並謂日本人稱小琉球為大惠島。

(續)───

　　想從福州望見台灣，實際上並不可能。

115 鄭舜功，《日本一鑑》，「窮河話海」，卷6，頁18。

　　2.有海寇至小琉球：1554年（嘉靖三十三年）海寇許二「誘引番夷犯廣東」，次年到日本，回航時，「許二自會沈門於高洲，歸經小琉球，盜島木植，島夷殺之」[116]。

　　3.中國私商赴日必經：「自嘉靖初給事中陳侃出使琉球取道福建以往，其從人有識日本路程者，故閩海人因知取道於小、大琉球，沿諸海山，一路而去，……今廿有餘年，中國私商絡繹市彼，各有路經，但抵其域，市諸貨財而已」[117]。

　　1560年代末，明朝官方圍捕寇盜曾一本，傳聞他可能北遁，小琉球是其選擇之一。據明朝文獻描述，當時的小琉球「可濟水米，夷人不從，彼惟自去自來」[118]，此段文字提到小琉球有三個特點：

　　1. 可濟水米：可以提供飲水和米糧，意即可以容納外來人口停留、居住，故明朝官員懷疑曾一本可能遁逃到此。

　　2. 夷人不從：所謂「不從」應是與日本人相比較，即日本人會與中國海盜合作，而小琉球人不會與中國海盜結合。

　　3. 彼惟自去自來：小琉球的第三個特點是外人可以「自去自來」，顯示並無強大的政治權力控制此一區域，所以外人往來便利。

　　過去台灣史學者較重視漢人在澎湖的發展，認為漢人係先到澎湖居住，進而再來台灣；這樣的想法可以在澎湖的考古研究中

116　同上註，頁12。
117　同上註，「浮海圖經」，卷1，頁5。
118　涂澤民，〈與俞李二總兵書〉，收於《明經世文編選錄》，頁139-140。

得到驗證，因爲海峽兩岸的往來可以澎湖爲中間站[119]。但除了從澎湖往東發展外，漢人亦可由閩東逕至雞籠，中琉航線的形成即是一例。

總結本節所論，福建自唐宋以來，對外貿易日益興盛，福建人或福建船隻在宋元時代幾已遍及東亞各海域，但台灣離福建最近，卻不受福建商人重視，其原因可能是台灣島本身缺乏商機，使宋元福建商人寧願前往更遙遠的日韓或東南亞，而只有少數小商人才來台灣貿易。

然而「琉球國」的崛起，使得福建與沖繩島之間的航運受到重視，特別是十五世紀貢使往來極爲頻繁，甚至年年有貢船航行於明朝與琉球之間，於是雞籠、淡水成爲航線中一重要的指標點，並被賦與「小琉球」的地名。

對福建人、琉球人而言，雞籠、淡水不過是航線所經的地標，但對雞籠、淡水而言，則是首度進入東亞海域間長程貿易的體系中。換言之，唯有福建與琉球王國之間相互貿易，雞籠、淡水才會被捲入東亞的「商業貿易時代」，否則仍將停留於傳統的「島際貿易」之中。

---

119 臧振華，〈試論台灣史前史上的三個重要問題〉，《國立台灣大學考古人類學刊》45（1989），頁96，謂澎湖鎖港文化期反映了當時有較頻繁的海上活動，增加了環台灣海峽的人群、文化互動和交流的機會。

第四節　「雞籠」、「淡水」地名的形成

十六世紀中葉，北部台灣的名稱逐漸由「小琉球」轉變爲「雞籠」、「淡水」，其轉變的原因與琉球對外貿易的衰退及所謂「倭寇」動亂有關。

據日本學者小葉田淳的研究，琉球的對外貿易史，以十五世紀最盛，十六世紀前半葉開始衰退，到了下半葉進入「衰亡期」，至十六世紀末，與東南亞海域各地港市的往來中斷[120]。

十七世紀初，1607年（萬曆三十五年）琉球的中山王向明朝陳述琉球的狀況，謂琉球「斷販各港，計今陸拾多年，毫無利入，日鑠月銷，貧而若洗」[121]，此即琉球對外貿易不振的寫照。

十六世紀東亞海域的貿易相當蓬勃，但琉球對外貿易卻逐步衰退，其原因是中、日商人（私商貿易）取代琉球商人（朝貢貿易），瓜分琉球人原有的貿易利潤。

福建商人對外貿易的歷史相當久遠，明朝雖然長時期施行海禁，但私人的貿易活動從未間斷，如十五、六世紀時，透過貢使政治性的往來，福建人參與明朝的使節團，前往東亞海域各地，從事商業活動。此外，福建人民亦冒險走私通番，以《明實錄》所載爲例，1525年（嘉靖四年）浙江巡按御史潘倣謂：

120　小葉田淳，《中世南島通交貿易史の研究》（東京：刀江書院，1968），頁86。

121　沖繩縣立圖書館史料編集室編集，《歷代寶案》（那霸：沖繩縣教育委員會，1992），第一集，卷8，頁265。

漳泉府黠滑軍民私造雙桅大舡下海，名爲商販，時出剽劫，
請一切捕治。事下兵部，議行浙福二省巡按官，查海舡但
雙桅者即捕之，所載雖非番物，以番物論，俱發戍邊衛[122]。

又1533年(嘉靖十二年)《明世宗實錄》載：

浙福並海接壤，先年漳民私造雙桅大船，擅用軍器火藥，
違禁商販，因而寇劫……上曰，海賊爲患，皆由居民違禁
貿易[123]。

1552年黃湛，〈海患呈〉載：

有日本夷船數十隻，其間船主水梢多是漳州亡命，諳於土
俗，不待勾引，直來圍頭、白沙等澳灣泊。四方土產物，
如月港新線，如石尾棉布、湖絲、川芎，各處逐利商賈雲
集於市。本處無知小民，亦有乘風竊出酒肉柴米，絡繹海
沙，遂成市肆。始則兩愿交易，向後漸見侵奪。[124]

---

122 《明世宗實錄》，卷54，嘉靖四年八月甲辰條，頁1332-1333。
123 同上註，卷154，嘉靖十二年九月辛亥條，轉引自薛國中、韋洪
　　編，《明實錄類纂：福建台灣卷》(武漢：武漢出版社，1993)，
　　頁514。
124 《新編安海志》，卷12，轉引自聶德寧，〈明清之際福建的民間海
　　外貿易港口〉，《中國社會經濟史研究》1992年4期(1992年12月)，
　　頁43。

　　嘉靖倭亂爆發以來，福建沿岸亦捲入戰亂。閩南有許老、謝
策等倭寇集團在漳、泉等府活動，另有「月港二十四將」等反亂，
沿海騷動。

　　十六世紀下半葉，混合著商人與海盜角色的「倭寇」侵襲中
國東南沿海，不時攻入內地，搶奪財物、人口，等到被官軍打敗
時，則遁逃至沿海島嶼。而葡萄牙人亦於此時來到中國東南沿海
貿易，遊走於浙、閩、粵三省沿海。當時明朝官員感嘆道：

　　　　邇來搶掠之利大於交易，則倭奴之心已壞，勾引之利勝於
　　　　私通，則興販之奸益神[125]。

　　不論是勾引，還是私通，福建商人、水手或海盜在海上的活
動已遠盛於先前中琉間的朝貢往來。當時明朝官員謂倭寇入侵路
線：「隨風所之，東北風猛，則由薩摩或由五島至大小琉球」，
至小琉球後，再視風向，入寇廣東或福建[126]。顯示「小琉球」已
成為倭寇劫掠路線中的要點。

　　為了偵探這些人的行蹤，明朝於十六世紀中葉派人出海探
訪。《日本一鑑》的作者鄭舜功即是明朝的偵探，該書則是根據
1550年代前往日本探訪時的見聞寫成。

　　鄭舜功在《日本一鑑》，繪有雞籠山之圖，其旁畫有硫磺氣
噴出的圖樣，又在「萬里長歌」中謂：

125　劉燾，〈答總督胡梅林撫剿倭夷書〉，轉引自台灣銀行經濟研究室
　　編，《明經世文編選錄》（文叢第289種，1971），頁83。
126　鄭若曾輯，《籌海圖編》，頁584-60。

夫小東之域，有雞籠之山，山乃石峰，特高於眾，中有淡水出焉，而我取道雞籠等山之上，徑取七島[127]。

1560年代另一重要作者是鄭若曾，他蒐集當時代很多航海資料[128]，先後編纂《日本圖纂》、《萬里海防圖論》、《琉球圖說》、《籌海圖編》等著作，後來其子孫重新整理，將部分著作編纂為《鄭開陽雜著》。以下是有關北台的記載[129]：

1.卷一「萬里海防圖論」，在定海所的外海繪有雞籠山、彭加山、釣魚嶼等山。

2.卷二「日本入寇圖」，繪有大琉球、小琉球等島嶼，小琉球在大琉球東南方。

3.卷四「使倭針經圖說」，收有「福建使往日本針路」：「梅花東外山開船……十更船取小琉球」、「小琉球套北過船，見雞籠嶼及梅花瓶……」按套字如透字，經過的意思。又附有雞籠、小琉球山形圖。此段針路即陳侃使琉針路。

4.卷八「海防一覽」，收錄萬里海防圖，其第五幅圖將小琉球繪於彭湖嶼與蝦夷之間；第六幅圖中，雞籠山與彭加山相鄰，

---

127 鄭舜功，《日本一鑑》，「萬里長歌」，頁3。
128 據1561年鄭若曾之〈日本圖纂序〉載：「惟日本諸島，訊之長年火掌不知也，訊之擒獲倭黨不知也，訊之貢臣不知也，訊之通事不知也，訊之被擄去人不知也，歸質所疑，總督大司馬胡公謂予曰於識是也何有，鄭弟子員蔣洲、陳可願志士也，宣諭日本……奉化人宋文復持示南澳倭商秘圖，參互考訂，默有所得，乃命工重繪而綴以所聞眾說，彙成一編」，見《鄭開陽雜著》(台北：成文出版社，1971)，卷4，頁273-274。
129 鄭若曾，《鄭開陽雜著》，收於《四庫全書》，第584冊，頁443-623。

未見小琉球。

　　鄭若曾著作頗多，且勤於收集資料，如對琉球的描寫乃集《隋書》、宋代之毗舍耶等記載而成；對小琉球的描寫亦有不同的資料來源，如「海防一覽圖」中，小琉球與蝦夷相鄰，即受傳統文獻的影響；如謂霽日望見小琉球[130]，則是依循陳侃的說法；另外，小琉球也作為中琉針路的指標點而存在，詳見上述的日本入寇圖、琉球國圖、或使日針路、使琉針路。

　　在上述文獻中，小琉球的意象其實有點含混，夾雜於傳說與真實之間，另一例證是鄭若曾至少繪有三份海防圖，見於《鄭開陽雜著》卷一萬里海防圖論、卷八海防一覽及《籌海圖編》卷一，但初稿之海防一覽繪有小琉球、蝦夷等，在後來兩稿中均已刪除，顯示鄭若曾對澎湖東方是否有小琉球及蝦夷，先後態度不同。

　　小琉球是個承襲傳統文獻的地名，自隋唐以來，歷朝文獻均謂中國東方海外有「流求」國，等到明朝與「琉球」建交以後，又出現「小琉球」的地名，用來指稱琉球群島的奄美島或台灣島。但雞籠山或雞籠嶼則是一個具庶民色彩的地名，在後來的歷史發展，取代小琉球而成為北台代稱。

　　現存一本明代後期的針路簿，學者向達稱之為《順風相送》，有些學者如李約瑟、方豪等認為是十五世紀的作品[131]。但書中有佛郎船（在佳逸，即馬尼拉灣口的Cavite）、佛郎番（在長崎）的記載[132]，

130　同上註，頁612。
131　方豪，《台灣早期史綱》，頁58-59，認為此書完成於1433年（宣德八年）。
132　向達校注，《兩種海道針經》（北京：中華書局，2000），頁91、

因此目前所見版本應是1570年代以後的作品。不過針路簿不是創作，全書應流傳甚久，故可視爲是十六世紀早、中期航海人的地理知識，反映的是明朝海禁政策下，福建人在東亞的航線與交易範圍。書中有部分關於北台的記載：

1.松浦往呂宋針路：「（經五島山）過去遠用坤申放洋五十四更，若不見山，用丁未二更見小琉球雞籠頭山，巡山使上用丙午六更見北港沙馬頭大灣山……」[133]。

2.呂宋往松浦：「單癸、子癸十更取沙馬頭大灣內山。巡山使子癸六更見雞籠頭山爲準。離山有四五更放洋，艮寅五十六更見山，船身在南，見野故山」[134]。按野故山即《日本一鑑》稱野古山，今稱屋久島。

3.福建往琉球：「太武放洋，用甲寅針七更船取烏坵，用甲寅並甲卯針正南，東牆開洋，用乙辰取小琉球頭……。北風東湧開洋，用甲卯取彭家山，用甲卯及單卯取釣魚嶼；南風，東湧放洋，用乙辰發取小琉球頭，至彭家、花瓶嶼在內；正南風梅花開洋，用乙辰取小琉球，用單乙取釣魚嶼南邊……」[135]。按此段針路，有四種針法，但其實分別是閩南、閩東赴琉球針路：

(1)閩南至琉球：由太武，即九龍江海口，沿福建海岸，經烏

(續)————————

99。又頁67在香料群島有「佛郎所住之處」、「佛郎亦居此港」等語，按該文之「佛郎」應指葡萄牙人。

133 向達校注，《兩種海道針經》，頁91。按坤申約232.5度，西南向偏西；丁未約202.5度，正南偏西，丙午約172.5度，正南偏東。

134 同上註，頁91-92。又單癸約15度，子癸即7.5度，往正北稍偏東；艮寅約52.5度，即東北偏東。

135 同上註，頁95。

坵島，至平潭外海的東牆島，折向東，越台灣海峽至小琉球頭。

　　(2)閩東至琉球：依風向，北風時，由閩江口外海東北方的東湧島，向東南偏東，越海至彭佳嶼；南風則由東湧島直駛小琉球頭；正南風時，則由閩江口稍南的梅花所，越海直駛小琉球。

　　以上三項文獻，其中《日本一鑑》、《鄭開陽雜著》均與1550年代明朝派出密探至日本有關，亦即鄭舜功、蔣洲等人赴日後，帶回在日見聞與航程中所見，北台「雞籠」地名遂亦首度出現於1560年代的著作中；換言之，明朝後期倭寇侵擾中國沿海，並出現了許氏兄弟、王直等大股海寇集團，為了平亂，促使明朝官方必須了解東方海域的實況，在這樣的對抗中，雞籠遂受到明朝官員、士人的注意，而見諸文獻記載。

　　1568-1569年(隆慶二至三年)間，閩粵兩省之兵合剿曾一本，福建巡撫涂澤民謂：

> 途中訪問人言，紛紛皆說曾賊逃遁外洋之意十有八九，概聞兩省船兵既集，……又訪此賊北來圖遁之地有三：一澎湖、一小琉球、一倭國[136]。

　　曾一本屬漳潮海寇，是明朝隆慶初年閩粵最大的海寇集團，在閩粵兩省官兵會剿下，傳聞曾一本要往北逃遁，福建巡撫涂澤民據情報，指出其逃遁地點包括了小琉球。學者通常認為小琉球

---

136 涂澤民，〈與俞李二總兵書〉，收於《明經世文編選錄》，頁139-140。

即指台灣[137]，但1560年代文獻提及的「小琉球」，是以此島位於福建至琉球、日本航線上之島嶼來認知，是以涂澤民所謂的小琉球，固然是指台灣，但更準確的說，應是指台灣北部，即後來的雞籠、淡水。

根據上述討論，台灣及釣魚台列島是福建、琉球或日本人民來往於此一海域中，重要的航行指標。

水手於航行途中，為求識別，必須賦與不同島嶼、港口名稱。自1550年代以後，台灣海域出現了「雞籠山」，是航線中的要點。據清代方志載：「大雞籠山：在雞籠港東。一望巍然，日本洋船以為指南。[138]」前引《順風相送》中的幾條針路亦說明雞籠山的重要性。因為由日本至呂宋，從日本出航後，是以雞籠山為指標，而琉球群島的島嶼並不受到重視，回程亦然。而由福建至琉球的針路，自福建沿海出航後，其首要的目標亦是雞籠山。

至於雞籠何以稱為雞籠？淡水何以名為淡水？以下分別探討其名稱的起源。

一、航行指標：「雞籠山」

雞籠一名在十九世紀改稱為「基隆」，並使用至今。日本統治台灣後，日籍學者試圖解釋雞籠命名的原因，提出了凱達格蘭族語源說。

1898年伊能嘉矩謂台灣北部的住民自稱Ketaⁿgana，此語亦作

---

137 曹永和，《台灣早期歷史研究》，頁141。
138 劉良璧，《重修福建台灣府志》（文叢第74種，1971），頁64。

為地名稱呼，後來taⁿga兩個音節消失，簡稱kēnan，轉訛為kēran，亦即雞籠是由族名Ketaⁿgana轉化而來；伊能嘉矩當時認為這種說法應暫時存疑[139]，1909年出版之《大日本地名辭書續編》仍使用此一說法[140]。但是在其晚年作品《台灣文化志》中，伊能嘉矩依據日本史料中的「雞頭籠」一語，認為Kietagarang（按即前述Ketaⁿgana）之音譯字為「雞頭籠」，再省略頭字而為「雞籠」，並謂雞頭籠即日本人所稱的タカサゴ[141]。

因此，伊能嘉矩一生可謂均持此一看法，即雞籠與凱達格蘭族語言有關，只是早年對音節消失的說法尚存疑，後來則引用日本文獻中的雞頭籠一詞，斷定雞籠係由雞頭籠省略而來。

日治時代此一說法頗為流行，當時學者如移川子之藏、河井隆敏、安倍明義等均持相同看法[142]。戰後此一說法仍繼續被學者採用，如洪敏麟的《台灣舊地名之沿革》[143]。但此一說法可能有誤，雞籠或雞籠山應是中國東南沿海漁民、水手所命名，其原因

---

139 楊南郡譯，伊能嘉矩著，《平埔族調查旅行》，頁166-167，原文載〈台北及宜蘭方面に於け平埔蕃族の第一形成地及び其の分歧〉，《東京人類學會雜誌》13(148)。

140 伊能嘉矩，《大日本地名辭書續編》（東京：富山房，1909年），頁8、21。

141 伊能嘉矩著，台灣省文獻委員會譯，《台灣文化志》（台中：台灣省文獻委員會，1991），頁75。

142 見移川子之藏，〈ケタガラン族の大雞籠社〉，《科學の台灣》3:5(1935)，頁9；河井隆敏，〈基隆大沙灣の貝塚發掘記〉，《民俗台灣》4:3(1944)，頁30-31；又安倍明義，《台灣地名研究》（台北：蕃語研究會，1938年），頁109。

143 洪敏麟，《台灣舊地名之沿革》第一冊（台中：台灣省文獻委員會，1980），頁245。

如下：

1.北部平埔族是否自稱凱達格蘭(Keta^{n}gana)，尚有疑問，即使雞籠當地住民真有Keta^{n}gana一語，能否轉變成雞籠或雞頭籠等讀音，可能亦有問題，何況「雞頭籠」明顯是「雞籠頭」的誤寫。前述明代相關文獻如《順風相送》即寫作「雞籠頭」，清初琉球華裔程順則在《指南廣義》書中，亦謂福州出海後，必駛向「雞籠頭」[144]；雞籠頭乃指雞籠頂端之意，一如小琉球亦有時稱小琉球頭，這些均是針路用語，旨在強調從某島嶼邊緣經過之意。

2.十七世紀末，郁永河謂：

> 雞籠山，是臺之東北隅，有小山圓銳，去水面十里，孤懸海中；以雞籠名者，肖其形也[145]。

郁永河認為雞籠一詞可能與山形似雞籠有關，伊能嘉矩認為這是拘泥於文字而作的附會，但伊能嘉矩又認為澎湖有「雞籠嶼」，則是因形似雞籠而得名，並謂江蘇吳縣有雞籠山，也是形似[146]。如果有些區域之雞籠嶼、雞籠山係因形似而命名，何以北台之雞籠山不是形似，而是源自凱達格蘭族語？所以伊能嘉矩此一想法有矛盾之嫌[147]。

---

144 轉引自徐葆光，《中山傳信錄》，頁24。
145 郁永河，《裨海紀遊》，頁29。
146 伊能嘉矩著，台灣省文獻委員會譯，《台灣文化志》，頁76。
147 一個可能的解釋是伊能嘉矩想要強調凱達格蘭確為北台住民自稱，因此，如果雞籠一語確實源於凱達格蘭，而地名稱呼往往和族稱相同，因此即可推論出前述的結論。

其實，中國東南各省因形似而命名爲雞籠的地名甚多，除了上述幾例外，福建省長汀縣有雞籠山[148]、浙江省寧波外海有雞籠嶼[149]、台灣南部外海有雞籠嶼[150]，又東南亞的爪哇島有雞籠嶼[151]。因此，在中國東南沿海、澎湖與東南亞均出現雞籠嶼，且可能因形似而命名，但唯獨北台的雞籠不是據此原因命名，似乎過於牽強。

3.北台的大屯火山群、基隆火山群與基隆嶼均屬火山地形，山形均似雞籠，故肖形之說，就地貌角度而言，應有可能。

4.北台之雞籠應是由福建人所命名，因爲後來西班牙人亦稱北台爲quelang，西班牙語音que讀如閩南語之雞，應是受福建人影響。而雞籠附近之島嶼如平佳山、花瓶嶼、釣魚嶼應係福建人見山形而命名，因此相鄰的雞籠山若爲福建人見山形而命名，似亦合理。

二、舟船取汲飲水：「淡水洋」

學者對於「淡水」地名的解釋較少，伊能嘉矩介紹淡水河、淡水內港等，但未針對淡水二字進行解釋[152]；安倍明義則認爲淡

---

148 顧祖禹，《讀史方輿紀要》（台北：洪氏出版社，1981），卷98，長汀縣「雞籠山」條，頁4064。

149 鄭若曾，《籌海圖編》，卷5「昌國總，海中設備」條，頁584-149，謂「雞籠嶼，在壇頭山外」。

150 向達校注，《兩種海道針經》，「泉州往彭家施闌」條，頁94，謂過沙馬頭，亦有一雞籠嶼。

151 黃省曾著、謝方校著，《西洋朝貢典錄》（北京：中華書局，1982），頁18，爪哇國條有「雞籠之嶼」在勾欄山附近。

152 伊能嘉矩，《大日本地名辭書續編》，頁17-18。

水是雨水之意，因當地雨量甚多而有此名[153]。

　　1990年代周明德主張，明代之「淡水」是指淡水河流域，謂「淡」與「澹」字相通，是「水滿或播動之容態也」，並認為因為淡水河口終年盈滿澄清，在帆船時代為良好避風泊地，故與雞籠同為台灣現存最古老的地名[154]。

　　筆者認為淡水可能不是雨水之意，也不是水滿或播動之貌，而是飲用水的意思[155]。而北台稱淡水或淡水洋，不是淡水河口適於停泊，而是能提供飲水。

　　帆船航行海上，最重飲用水的補充，如宋代徐兢《宣和奉使高麗圖經》，卷33，「供水」條謂：

> 海水味劇，鹹若不可口，凡舟船將過洋，必設水櫃，廣蓄甘泉，以備食飲，蓋洋中不甚憂風，而以水之有無為生死耳。華人自西絕洋而來，既已累日，麗人(按即高麗人)料其甘泉必盡，故以大瓮載水，鼓舟來迎[156]。

　　船隻在海上航行，生活必賴淡水，因此船中均設水櫃，而且

153 安倍明義，《台灣地名研究》，頁107。

154 頁9；又周明德，〈台灣島現存最古地名——淡水〉，收於氏著，《海天雜文》(台北：台北縣立文化中心，1994)，頁1-13。

155 今台灣使用之閩南語，味淡讀為「洘」，故今基隆市有地名「洘水澳」，台南縣鹽水鎮有地名「洘水港」，不過在元明時期，與鹹水對稱的語詞則為「淡水(澹水)」。

156 徐兢，《宣和奉使高麗圖經》(漢城：亞細亞文化社，1972)，頁177-178。

當時船隻乘風而行，若無風，則往往靜滯不前。所以，船中淡水不僅供飲食，還要有餘以備不時之需，因爲這是以有無論生死。在帆船時代，船員們於航程中必時時補給，不僅怕淡水不夠，還怕水餿壞，是以「望山取汲」便成爲至急之務。在各類海道針經中，便常見記載何處有淡水可用[157]。

至於「淡水」地名亦可見於台灣南部之高屛溪，該溪舊稱「淡水溪」或「下淡水溪」；又江蘇省崇明縣有「淡水洋」，以海水皆鹹，該地獨淡，故名；廣東省海康縣東南有淡水港，爲明代之寨名[158]。

在東亞海域亦有不少「淡水」地名，如周達觀的《眞臘風土記》中謂今柬埔寨的洞里薩湖稱爲「淡水洋」或「淡洋」，故知「淡洋」乃「淡水洋」之省稱[159]。明代黃省曾在《西洋朝貢典錄》中載，阿魯國(在蘇門答臘島北部)有「淡水港」[160]；又張燮，《東西洋考》載：爪哇的泗水有「淡水港」、呂宋島西班牙之Vigan港南亦有一「淡水港」[161]。

所以「淡水」一詞乃與鹹水對稱，海水鹹不可飲用，故中國商船航行各地，必不時補充淡水。元、明時期，東亞海域各地往

---

157 如《順風相送》中謂：「美嘗港門亦有淡水」，又如《指南正法》中載：「山邊四嶼，內可寄椗討柴水」，見向達校注，《兩種海道針經》，頁139。

158 見《中國歷史地名大辭典》，頁1163。

159 周達觀著，夏鼐注，《眞臘風土記》(北京：中華書局，2000)，頁34、136、138。

160 黃省曾著、謝方校著，《西洋朝貢典錄》，頁62。

161 張燮著，謝方點校，《東西洋考》(北京：中華書局，2000)，頁45、182。

往出現「淡水」、「淡水洋」等地名，由這些地名可以推斷，當地常爲中國商船航線所經，且可停留補充淡水之地，而台灣的「淡水」地名應即此意。

小　結

在史前時代，台灣島的住民不時與外部海域往來。來台灣的人，有些是無意間漂流而來，有些人則是來台灣進行交易，此即本書所稱的「島際貿易」，只是其規模小，對當地的影響相當有限，無法吸引國際商人的目光，進入東亞海域的長程貿易體系。

到了十七世紀末，漢人對北台住民的描述仍是「飢，然後求食，不預計也」，「有金錢，無所用，故不知蓄積」[162]，生活態度如此，貨幣、商業均顯得多餘。

因此，唐宋以來中國人雖然前往東亞海域很多港口貿易，卻因台灣「產無奇貨」，缺乏商機，而只有少數的商人前來交易土產。中國各個朝代對台灣的認識相當有限，「夷洲」、「流求」地望何在，是否與台灣有關，爭訟百年，莫衷一是，亦與此有關。

但十三世紀末元朝官兵經由澎湖征「瑠球」，十四世紀下半葉中、琉雙方封貢船隻經由「小琉球」，往來福建、沖繩間，顯示官方對台灣的了解逐步加深，因爲雞籠、淡水正處在福建至琉球的航路上，文獻中開始出現「小琉球」的記載。

等到1540年代，「倭寇」在中國東南沿海造成大規模的動亂

---

162 郁永河，《裨海紀遊》，頁74。

之後，中國民間的海商、盜匪被迫離開中國東南沿岸進入離岸較遠的島嶼，此即學者張增信所謂的明季東南海寇的「巢外風氣」[163]；官方爲了平定倭亂，亦不時派哨探如陳可願、蔣洲、鄭舜功等至沿海島嶼及日本搜集情報。「雞籠、淡水」即在此一背景中，由民間航海水手的用語，轉而文字化，而被收錄在中文文獻，成爲官方對東方海域某些島嶼的地名稱呼，進而取代「小琉球」的稱呼。

因此，傳統的看法認爲台灣是作爲走私貿易據點而興起，但由雞籠、淡水的地名源起，顯示北部台灣最初是作爲中琉航線間的航行指標與淡水補給點而受重視。

只是船隻來往既多，又居北方日本、琉球，西方福建與南方菲律賓群島的往來要衝，致使台灣各地容易受到周遭海域的貿易與政治變動的影響。到了十六世紀，雞籠、淡水即在外部貿易與政治變動中，成爲台灣海域重要的貿易據點以及戰略要地。

---

163 張增信，〈明季東南海寇與巢外風氣，1567-1644〉，收於張炎憲主編，《中國海洋發展史論文集》第三輯，頁313-344。作者認爲在海寇巢外風氣下，加速了海島的興起與內附，雖然他主要討論的是1567年以後的史事，不過「雞籠、淡水」此一用語亦是在這個脈絡中出現。

第三章　強權在福爾摩沙島相遇

——東亞貿易與政治情勢的變化

目前更重要而迫切的是，儘快在福爾摩沙島占領一港口……

有一個港口位於此島的頂端，面向日本，被稱為雞籠……

有一條很窄的水道，可用砲火防禦

不受風的侵擾，是個大港口，船隻可以停泊

港口的東北方有一個住著約三百個人的島擋著……

隨同此信，呈上精確抄繪的圖，以及此港的位置與報告給國王

您。……

　　　　　　——Hernando de los Rios給西班牙國王的信，1597年

　　從十五世紀以後，對東亞海域的貿易者來說，雞籠、淡水開
始扮演著航行指標、淡水供應地等角色，只是，這兩個港口仍不
是重要的商業據點。

　　到了十六世紀中葉，東亞海域情勢逐漸複雜化，雞籠、淡水
的歷史也出現較大的變動。

　　東南亞史學家Anthony Reid認為，東南亞從1400年開始，進入
一個長期的商業景氣時期，特別是在1570年至1630年間達於景氣

高峰；他認爲商業景氣的時期，也是國家形成的時代，因爲各個王國的統治者透過掌控國內商業、參與國際貿易而獲得大量財富；在這樣的財富基礎上，統治集團吸收新的軍事技術，征服周邊勢力，建立一個具有強力王權的新國家[1]。

Reid此一對東南亞史的觀察，同樣適用於東北亞海域史，亦即商業利益的增長與集團軍事力量的強大、擴張，二者併行，而且相輔相成。但與東南亞史不同的是，在東北亞海域中，所謂的國家，應改用「集團軍事力量」的概念來取代，這些集團的成份複雜，包括海盜集團(如王直、鄭芝龍等)、傳統國家(如日本、琉球、中國東南沿海諸省)、西歐王國(如葡萄牙、西班牙等國在東亞的總部或據點)，及荷蘭東印度公司。

這些集團參與此一區域的商業往來，爭享龐大的貿易利益，因而發展出更爲強大的政治、軍事體，企圖保護、擴張或壟斷此一海域的商業利益，所以，各集團間彼此相互利用、對抗及吞併。

由於這些貿易與政治上的變化都發生在台灣島之外，但卻影響台灣的歷史走向，故本書稱之爲台灣外部(即東亞海域)的貿易與政治情勢變化。這些變化包含明朝福建官方開放海禁，使雞籠、淡水成爲明朝官方認可的貿易「番國」、日本及呂宋的西班牙當局彼此對峙與貿易往來。這些情勢的發展，使得台灣島成爲此一海域中的貿易與戰略要點，而位處台灣島北端的雞籠、淡水也籠罩在外力介入的陰影中。

1　此類國家有暹羅的Ayutaya王朝、蘇拉威西島的Makassar(望加錫)、越南的黎朝等，參見Anthony Reid, *Southeast Asia in the Age of Commerce, 1450-1680,* Vol. II, pp. 208-245.

第一節　台灣周遭海域航線的形成

　　在帆船時代，東亞海域各地的商業、軍事行動或當時人的地理概念均受航線影響，因此本節首先討論台灣周遭海域的航線——從地理位置的角度，來說明台灣島在此一時期的重要性。

　　十六世紀中葉至十七世紀初，有兩本中文書籍詳載當時航線：一是現藏於英國牛津大學的針路簿，中國學者向達稱之為《順風相送》[2]，另一著作是1617年刊行的《東西洋考》，作者張燮自稱是為「賈政」、「賈舶」而寫，因此也收錄了當時民間船舶的航海針路。

　　上述二書可以反映十六世紀下半葉，福建人在東亞的航線與交易範圍。以下即利用這兩本著作，探討台灣周遭海域的航線與港口；相關港口位置，可參見圖1-1「台灣海域圖」。

一、福建至琉球、日本的航線

　　據本書第二章第三節討論，當時航線有二：

　　1.閩南至琉球：由太武，即九龍江口，沿福建海岸北上，經烏坵島，至平潭外海的東牆島折向東，渡越台灣海峽至小琉球頭（雞籠、淡水）。

　　2.閩東至琉球：依風向，北風時，由閩江口外海東北方的東

　　2　「順風相送」其實是帆船時代慣用的祝福語，以之為書名似乎不妥，但自向達以來，學界使用已久，本書亦沿襲此一書名。

湧島(今又稱東引、東永)，向東南偏東，越海至彭佳嶼；南風則
由東湧島直駛小琉球頭；正南風時，則由閩江口稍南的梅花所，
越海直駛小琉球。

當時另有閩東經浙東外海，直航日本的航線[3]，與本書無關，
暫不討論。

至於自日本往南，據鄭若曾〈日本入寇論〉一文謂：

> 若其入寇則隨風所之，東北風猛，則由薩摩或由五島至大
> 小琉球，而視風之變遷。北多則犯廣東，東多則犯福建(小
> 字注：澎湖島分艘，或之泉州等處，或之梅花所長樂縣等
> 處)[4]。

即日本要往廣東、福建，也可經由大琉球、小琉球(台灣北
端)，到澎湖，再轉往閩北或閩南，與福建前往日本之航程略同。

二、福建至雞籠、淡水的航線

據十六世紀中葉《使琉球錄》、《鄭開陽雜著》等文獻記載，
閩東至雞籠、淡水的航線與前往琉球的航線相同，從台灣的淡水

3 　如鄭舜功，《日本一鑑》，「桴海圖經」，卷1，頁3謂有航海密訣，
　　可自烏圵、圍頭逕至日本，航程約七、八日；又如清代陳倫炯，
　　《海國聞見錄》載：「長崎與普陀，東西對峙，水程四十更」，按
　　此乃清初慣用的航路。

4 　鄭若曾，《鄭開陽雜著》，卷2，〈日本入寇論〉，收於《四庫全書》
　　第584冊，頁507。

西渡福州，水程約需七更[5]。

　　至於閩南船隻航往雞籠、淡水，有兩條路線，一條是沿福建沿岸，先至閩東，再跨海轉至雞籠、淡水。另外一條航線係由閩南出發，經澎湖、台灣西南海岸，再往北走，沿著台灣西岸，航至雞籠、淡水。據《東西洋考》載：

　　　　東番：人稱爲小東洋，從澎湖一日夜至魍港，又一日夜爲打狗；又用辰巽針，十五更取交里林，以達雞籠、淡水[6]。

　　此文記載稍嫌含混，容易被解讀爲係由澎湖至魍港、打狗，然後由打狗北上，再至交里林，最後抵雞籠、淡水；但由打狗循山北上，應用北向、東北向的針位，如艮寅，而非東南向的辰巽針位。所以《東西洋考》此段記載當不做如此解。

　　依張燮之意，船隻至澎湖後，應分爲三條路線，分別前往魍港、打狗與交里林（最終至雞籠、淡水）。其中澎湖至魍港、打狗，各需一日一夜；至於澎湖至雞籠、淡水，則用東南偏東的針位先往交里林（按交里林又作「茄哩嶼」、「加哩林」，在今台南縣佳里鎮），再北上至雞籠、淡水，張燮記載此條針路需時十五更，可能是指澎湖至雞籠、淡水的航程，而不只是澎湖至加里林。《東西洋考》曾載：「忽中國漁舟從魍港飄至（雞籠、淡水），遂往以

5　此一水程資料係據清代初期文獻，見李元春，《台灣志略》（文叢第18種，1958），卷1，頁15。

6　張燮，《東西洋考》，頁185。

爲常」[7]，文中之中國漁舟即走此航線，即沿著台灣西海岸前往雞籠、淡水。

中國商人沿著台灣西海岸航行，不純然是航行的考量，也是傳統「島際貿易」的習慣。依稍後荷蘭人的記載，在當地住民的村落「蕭壠社」裡住著很多中國人，「這些中國人就沿著海岸從一個地方航行到另外一個地方，去尋找他們的交易和利益」[8]。所以中國船隻沿著台灣西海岸航行，其目的應是到各個港口交易。故根據上述《東西洋考》的記載，顯示交里林、魍港、打狗與雞籠、淡水等港均是十六、十七世紀之際中國商人活躍的港口。

三、福建至呂宋的航線

《順風相送》一書中載有多條福建至菲律賓群島的航線，其中「太武往呂宋」針路係由太武(指太武山，在今廈門灣內)開船，朝東南東至澎湖，再向東南東至虎仔山(台灣西海岸一帶)，往南沿著海岸至沙馬歧頭(今恆春半島)。沙馬歧頭爲一航路指標點，因爲由此即跨越巴士海峽，直至菲律賓的Babuyan群島海域。

Babuyan群島中有一島稱「筆架山」，爲重要分界。船隻由筆架山往東南航行，可進入呂宋島北部最大的港口與主要聚落Aparri，華人稱爲「大港」；若由筆架山往西，沿著呂宋島西側海岸，往南至麻里荖。麻里荖亦爲重要分界點，即今稱Bolinao Cape，船隻由此向東進入Pangasinan灣，或再往南至馬尼拉灣。

7　同上註，頁106。
8　江樹生譯，〈蕭壠城記〉，《台灣風物》35:4(1985年12月)，頁86。

馬尼拉灣口有一島，中文稱「雞嶼」或「圭嶼」，西班牙人稱爲Corregidor或Mariveles島，《順風相送》一書的作者建議宜由此島東北方，駛船進入馬尼拉灣[9]。

四、日本至呂宋的航線

《順風相送》載「松浦往呂宋」針路：

> 遠用坤申放洋五十四更，若不見山，用丁未二更見小琉球雞籠頭山。巡山使上，用丙午六更見北港沙馬頭大灣山。丙午三十五更取射崑美山，丙午、單巳十更取月投門。丙午三更、坤未三更取麻里荖表崎尾邊平過，夜不可睡，仔細……上是大小藤綁山，下是呂宋港，有雞嶼，内外俱可過船，無沈礁，有流水，進從東北邊妙。南邊是佳逸，拋佛郎船，取銃城[10]。

松浦港在日本九州肥前海的平戶島，船隻自日本放洋，渡越

9　其原文爲「太武開船，辰巽七更取彭湖山，巳丙五更見虎仔山，單丙及巳丙六更取沙馬歧頭，單丙二十更取筆架山，與大港口相對及紅荳嶼。丙午七更取射崑美山。兩午及單巳十更取月投門。單丙三更、坤未三更取麻里荖，表山平長，遇夜不可貪睡，可防。丙午及單午五更取里銀大山，二港相連開勢沙表，表生在洋中，可防，表尾記之，極仔細。巳丙五更取銃巾礁，單午五更取呂宋港口，雞嶼内外俱可過船，無沈礁、有流水，其船可從東北山邊入港爲妙」見《順風相送》，收於向達編，《兩種海道針經》，頁88。

10　見《順風相送》，收於向達編，《兩種海道針經》，頁91。

琉球群島，以雞籠頭山爲航行目標；至雞籠後，沿著台灣海岸南下。此處提及北港，故知是由台灣西海岸南下，經沙馬崎頭後，再至菲律賓，其後段航程與福建至呂宋航線相同。

據同一時期日本人繪製的航海圖，如1585-1587年池田元侯所藏航海圖，有「高砂」、「ビヘウ」與「たばこ」[11]，其中高砂即指台灣，「ビヘウ」爲澎湖，「たばこ」指蘭嶼。由於日本海圖特別登錄「たばこ」，似乎他們也有沿著台灣東海岸的航線。

根據《順風相送》及《東西洋考》的記載，當時台灣周遭海域均已發展出固定的航線，並出現一些重要的航行指標，如澎湖是福建至台灣各港的分叉點；而雞籠則是日本人往南航行中的指標，船隻在此分道，往南至呂宋，往西至福建。另外，台灣南端的沙馬崎頭及呂宋島北部的大港均是航線中的指標[12]。

因此，當中國傳統的海外貿易持續發展，日本、呂宋對外貿易亦逐漸興盛，彼此間商船往來勢必變得頻繁；而台灣島正處於三地之間，遂成航行必經之地，台灣的一些重要港口亦因此興起，其中以雞籠、淡水最重要，因爲這是福建至日本、日本至呂宋間來往所必經。

11　中村拓，《御朱印船航海圖》（東京：日本學術振興會，1965），頁539；又如同書頁544「東洋諸國航海圖」（約作於1613），有高砂、ビヘウ、たばこ島；頁546「末吉孫左衛門航海圖」，有台灣、太跛古；頁551「角屋七郎兵衛圖」，作於1610年代，有タカサコ、ヒヤウ、タバコシマ。

12　十八世紀巡台御史范咸亦謂「鳳山有沙馬磯，呂宋往來船以此山爲指南」，見王瑛曾纂，《重修鳳山縣志》（文叢第146種，1962），頁402。

　　從地理位置的角度來分析，只要日本與福建、呂宋的貿易蓬勃發展，雞籠、淡水必然成為航行要點；當各國試圖壟斷航運或保護船隻不受海盜攻擊時，雞籠、淡水更會成為軍事上的戰略要地。

第二節　明朝海洋交通政策的轉變

　　唐宋以來，中國的王朝長時期抱持對外開放的政策，中外交通、貿易飛躍發展，但到了明初，卻逐漸轉變為重朝貢而輕貿易，並禁止人民出海經商，學者李東華謂明朝的貢舶制度「結束了唐宋來外商來販的私商貿易方式，海禁政策復嚴禁國人販蕃」，導致明代泉州港日趨式微[13]。

　　明成祖時鄭和下西洋被視為是中國海洋發展史上的盛事，但這是以國家的財力支助、推動朝貢制度，外國商人仍不能自由前往中國貿易，明朝官方也不斷發布海禁命令。

　　1433年（宣德八年）以後，明朝不再大張旗鼓地遣使出海，招徠番夷，同時對朝貢國的管理也日益嚴厲，緊縮招待外來使節的經費；但另一方面，海禁管理卻漸漸鬆弛，東南沿海私人貿易蓬勃發展[14]。

13　有關唐末至明初中國海上交通的發展及歷代海洋交通政策，參見
　　李東華，《泉州與我國中古的海上交通──九世紀末至十五世紀
　　初》一書；又明初海洋政策的轉變，可參見曹永和，〈試論明太
　　祖的海洋交通政策〉，收於氏著《中國海洋史論集》（台北：聯經
　　出版公司，2000），頁149-190。
14　萬明，《中國融入世界的步履：明與清前期海外政策比較研究》（北

1493年（弘治六年）《明孝宗實錄》載：

> 自弘治元年（1488）以來，番舶自廣東入貢者，惟占城、暹
> 羅各一次，意者私舶以禁弛而轉多，番舶以禁嚴而不至[15]。

此一文獻即是上述情勢變遷的寫照。當時所謂的「私舶」不
是指中國私人出海的商舶，而是外國私人船隻，《實錄》的記載
顯示十五世紀末，朝貢船隻雖少，但在中國沿海行商的船隻實際
上並未減少。而中國沿海人民「私通番舶，絡繹不絕，不待比號，
先行貨賣」，說明商業貿易的需求極爲熾烈[16]。

到了1520年代，學者張彬村認爲海上的中國私商開始「趨於
『集體化』和『組織化』，這種傾向說明走私效率和數量的提高，
同時也說明政府警力的衰退」[17]，於是，到了1540年代，就引起
中國東南沿海的大規模動亂（「嘉靖倭亂」），迫使明朝中央重視
東南沿海的治安問題。

1547年（嘉靖二十六年）明朝中央任命都御史朱紈巡撫浙江，
兼管福建福興、建寧、漳、泉等處海道[18]。由浙江巡撫兼管福建

（續）————————————————

　　京：社會科學文獻出版社，2000），頁128-129。

15　《明孝宗實錄》，卷73，弘治六年三月丁丑，頁1367-1368。

16　同上註，頁1367。

17　張彬村，〈十六世紀舟山群島的走私貿易〉，中央研究院三民主義
　　研究所編，《中國海洋發展史論文集》第一輯（台北：編者刊行，
　　1984），頁79。

18　《明世宗實錄》，卷325，嘉靖二十六年七月丁巳條，轉引自薛國
　　中、韋洪編，《明實錄類纂：福建台灣卷》，頁137。

沿海軍務，此事象徵明朝解決東南沿海倭亂的努力與決心；其後朱紈指揮明朝軍隊攻擊舟山群島重要的私商貿易港──雙嶼，開啓了以後數十年明朝與「倭寇」間的軍事對抗[19]。

　　明朝中葉以後，中國東南沿海私人貿易發達，十六世紀中葉形成一些「倭寇」集團，挑戰明朝在浙、閩、粵等省沿海的統治權威，迫使明朝必須以國家力量重建沿海秩序，這涉及官制的更動、增加沿海軍事部署、加派軍隊進駐等，強化東南沿海各省海防。

　　但在國家力量強力干預海防事務的同時，明朝官方卻允許葡萄牙人在澳門通商及閩南商船出洋貿易，使明朝海外交通政策出現重大的轉折，從早期的嚴禁，轉變爲有限度的讓商船出洋，也默許夷人在澳門通商。

一、葡萄牙人在澳門通商

　　葡萄牙人自1510年代以來，即在中國沿海活動，他們試圖進入中國貿易，但因非朝貢國，無法循官方管道進入中國貿易，故而流徙於浙、閩、粵沿海，明朝官方認爲這些「佛郎機」人與「倭寇」同爲不法之徒。

　　1554年前後，廣州官方「徇賄許之」，葡萄牙人遂能在廣州灣一帶與中國人貿易，最後在澳門建立聚落，使澳門成爲葡萄牙

19　關於十六世紀下半葉明朝對倭政策與軍事行動，論著甚多，田中健夫，《倭寇：海の歷史》（東京：株式會社ニュートンプレス，1982），頁148-160概述其事，可參看。

人在東亞的重要據點與貿易港市[20]。

學者張天澤認為廣東官方同意葡萄牙在澳門居住，其原因是葡萄牙人放棄訴諸武力的做法，改採賄賂與奉承的政策[21]，由於廣東官員可以從葡萄牙人的貿易活動中得到稅餉與賄款，而澳門的葡萄牙人也表示歸順，無危害治安之虞，因此，廣東官方默許葡萄牙人的存在[22]。

葡萄牙人入據澳門後，經營中國、日本間的絲銀貿易，繁榮一時。西班牙人和荷蘭人相當中意澳門的地理位置，日後曾多次干涉或攻擊澳門。

葡萄牙人的船隻來往澳門、日本間，必須經過台灣海域，十七世紀初荷蘭人占領大員後，澳門的葡萄牙人即畏懼葡萄牙船將受到威脅，極力呼籲西班牙人要趕走荷蘭人在大員的勢力。因此，日本——澳門貿易的發展，使位在航線中的台灣島受到重視[23]。

20　關於其過程，學者研究頗多，本書不贅述，可參看黃鴻釗，《澳門史》（福州：福建人民出版社，1999），頁100-120；湯開建，《澳門開埠初期史研究》（北京：中華書局，1999），頁82-103。

21　張天澤著，姚楠、錢江譯，《中葡早期通商史》，頁106。

22　黃鴻釗，《澳門史》，頁118-120。黃鴻釗引明代郭尚賓〈粵地可憂防澳防黎亟孔疏〉：「每年括餉金二萬于夷貨」，謂明朝官方允許葡萄牙人長期居澳，最主要的原因是葡萄牙人居澳，帶來了商業利潤。

23　澳門的葡萄牙人似乎沒有占領台灣的企圖，因為他們可以從澳門、廣州取得中國商品，而西班牙人、荷蘭人試圖占領台灣，則是希望經由台灣、福建，取得中國商品，故葡萄牙對台態度與其他兩國相異。

二、月港開港與船引制度的建立

十六世紀中葉以後，明朝中央加強東南沿海的海防管理，但沿海省分的官僚卻又各自採行因地制宜的措施，如廣東官方允許葡萄牙通商並居住澳門是一例，福建官方解除閩南海禁，又是一例。

1560年代末期閩粵官方合力平定曾一本之亂後，福建沿海局勢較爲穩定[24]，福建官方開始同意本國船隻可以由海澄縣的月港出海貿易，並施行「船引制度」，以便管理出洋船隻。

1572年(隆慶六年)漳州府開始對商船貨物「抽分」，即根據貨物的類別、重量徵收稅銀，稱之爲「商稅」。在「商稅則例」中，規定各項商品如象牙、胡椒、丁香等的稅額，如每百斤徵銀若干[25]。

1572年商稅初徵時，只是暫行事例，到了1575年時正式成爲定例，除規定「歲額」外，並指定用途──充當兵餉[26]。

當時稅收項目有引稅、水餉、陸餉與加增餉[27]，其中引稅涉及船隻的管理，可以窺見福建官方對於船隻出洋的看法，略述其變遷如下：

24　羅青霄纂，《漳州府志》(台北：台灣學生書局，1965)，卷5，頁217謂曾一本被平定後，「邊境始安」。

25　羅青霄纂，《漳州府志》，卷5，頁101。

26　張燮，《東西洋考》，頁132。

27　按張燮謂：「陸餉：係貨物稅，不論東西洋均相同，按重量計稅。加增餉：則係針對往呂宋之船，除水、陸餉外，每船加徵一百五十兩」，見張燮，《東西洋考》，頁132-133、140-147。

　　船引最初發放的時間不詳，但至少到了1575(萬曆三年)年時已徵收引稅，因爲據《東西洋考》載：

> 於時商引俱海防官管給，每引徵稅有差，名曰引稅(東西洋
> 每引稅銀三兩，雞籠、淡水稅一兩，其後加增東西洋稅銀
> 六兩，雞籠、淡水稅銀二兩)。每請引百張爲率，盡即請繼，
> 原未定其地而限其船[28]。

　　此段資料有兩點值得重視：

　　1.當時海防同知給引並無限額，即商引只是作爲憑證，而未針對商船出口數量進行管制。

　　2.1575年時雞籠、淡水之引稅只有東西洋引稅之三分之一，顯示整船的載重或貿易額不如東西洋的船隻。

　　1578年(萬曆六年)11月，明朝兵部題：

> 　　……而航海商販盡由漳、泉，止于道府告給引文爲據，
> 此皆沿海居民，富者出資，貧者出力，懋遷居利，積久弊
> 滋，緣爲奸盜者已非一日。
> 　　今總督凌雲翼議，將下番船舶，一一由海道掛號，驗其
> 丈尺，審其貨物，當出海回籍之候，俱欲照數盤驗，不許
> 夾帶違禁貨物。
> 　　巡撫福建劉忠問疏，一謂漳州漁船須令赴官告給船由文

28　見張燮，《東西洋考》，頁132。

引，辨將貨物登記。二謂泉漳商船無可辨查，要行該有司
將大小船隻編刻字號，每船十隻，立一甲長，給文為驗。……
臣竊謂近日劇賊林道乾、林鳳等遁逃島外，尚漏天誅，更
有點猾豪富托名服賈，勾通引誘，偽造引文，收買禁物[29]。

此一文件顯示，船引制度施行後，漸生弊端，出現偽造引文、
收買禁物等現象，因此官府針對漳州出海船隻增立規定，如福建
巡撫劉忠問要求漳州漁船亦要告給文引，辦理貨物登記，而商船
要建立編組，「給文為驗」。原本未設限額的商船文引，亦開始
限制引數，據1589年（萬曆十七年），福建巡撫周寀謂：

漳州沿海居民往販各番，大者勾引倭夷，窺伺沿海，小者
導引各番，劫掠商船。今列二款，一，定限船之法。查海
禁原議給引以五十張為率，每國限船二三隻。今照原禁，
勢所不能，宜為定限。如，東洋呂宋一國，水路稍近，今
酌量以十六隻……一，薄稅銀之征……除船稅照舊，其貨
物以見在時價衰衰益劑量。兵部覆，東、西二洋各限船四
十四隻[30]。

據此可知，在1589年之前，原本將商船文引由無限數額改為

29　《明神宗實錄》，卷81，萬曆六年十一月辛亥條，轉引自薛國中、
　　韋洪編，《明實錄類纂：福建台灣卷》，頁515-516。
30　同上註，卷210，萬曆十七年四月丙申條。轉引自李國祥、楊昶
　　主編，《明實錄經濟史料》，頁676。

只限五十張，但因很多船隻前往呂宋島貿易，僅此一港即需十六張文引，因此，兵部最後同意東、西洋各四十四張，而且貨物稅(即陸餉)中各項貨品稅額亦可根據時價調整。

總之，福建官方在1570年代初期開放人民出洋貿易，其目的是爲了從貿易商船抽取各種稅金以充兵餉；開放之初，尚不限船數，後來爲了便於管理，開始限定出海船隻的數量與交易地，避免商人勾引倭夷或至日本貿易。

月港開港後，閩南人民可以公開出海貿易，官府亦能抽取人民的貿易利潤以養兵，軍事力量的維持與貿易的開放兩者間巧妙的結合，使得福建成爲中國商品輸出、外國白銀與商品輸入的另一重要管道。

十六世紀下半葉，明朝並無向外擴張的企圖，沿海的軍事行動只是想維護地方治安，但因當時中國進出口貿易具有極大的利潤，吸引中、日商人違法走私，終致釀成嘉靖倭亂，亦讓葡萄牙人徘徊中國沿海數十年不願離去。

明朝既不同意外國人在中國自由貿易，但又開放福建商人出海貿易；此一演變，使得距離福建相當近的澎湖群島、台灣島，成爲荷蘭人、西班牙人及日本人前往中國貿易的踏板或取得中國商品的據點。

第三節　西班牙人的北向政策

西班牙人自美洲向太平洋擴張，最初是想和葡萄牙人爭奪香料群島(即摩鹿加群島)，但在1529年Zaragoza條約簽訂後，香料

群島歸葡萄牙人所有[31]。此後，西班牙仍不時派船隊到東亞海域探查。

　　1564年Miguel Lopez de Legazpi率領的探險船隊來到菲律賓群島南部，在Cebu(宿務)島被葡萄牙人攻擊，加上缺乏補給，情況頗為狼狽；不過Miguel Lopez de Legazpi接觸到在此一海域活動的海商，特別是來自呂宋島的回教徒、中國人、日本人，於是Legazpi船隊在這些商人的導引下，逐漸將據點北移[32]。

　　1571年Legazpi正式將據點移至馬尼拉，並宣布成立馬尼拉市。此地是呂宋海域的主要商業中心，後來也成為西班牙人在東亞海域擴張政經勢力的據點。

一、馬尼拉—中國貿易的發展

　　有關馬尼拉與中國間的貿易與中國商人對馬尼拉經濟發展的貢獻，學界研究甚多，可以參看全漢昇、陳荊和、吳玉英及錢江等人的著作[33]，不贅述。

31　此約於1529年4月22日由西、葡兩國代表在西班牙的Zaragoza簽定，葡萄牙王室付出一筆款項給西班牙王室，而西班牙國王放棄香料群島的主權，雙方以東經143度又3分為界線，分畫勢力範圍，見陳荊和，《十六世紀之菲律賓華僑》(香港：新亞研究所東南亞研究室，1963)，頁11-12。

32　Legazpi率領的探險隊在菲律賓群島的遭遇及其北邊的過程，可參見陳荊和，《十六世紀之菲律賓華僑》，頁19-25。

33　如全漢昇，〈明季中國與菲律賓間的貿易〉、〈明清間美洲白銀的輸入中國〉、〈自明季至清中葉西屬美洲的中國絲貨貿易〉，均收於氏著，《中國經濟史論叢》(香港：中文大學新亞研究所，1972)，頁417-450；陳荊和，《十六世紀之菲律賓華僑》，頁55-82；吳玉英，〈西班牙統治菲律賓時期的中、菲貿易〉(香港：私立新亞研

由於西班牙人從美洲運來的白銀具有強大的購買力，使得馬尼拉從區域性的貿易港市，迅速轉變成東亞海域中重要的港市。

明朝何喬遠在《閩書》中，追述福建商人初至馬尼拉的情形，謂：

> 比歲人民往往入番，商呂宋國矣。其稅則在漳之海澄，海防同知掌之。民初販呂宋，得利數倍，其後四方賈客叢集，不得厚利，然往者不絕也[34]。

文中提及西班牙人初至馬尼拉時，福建商人前往貿易，可獲利數倍，其後利潤稍減，但往者不絕。

何喬遠提及「四方賈客叢集」於馬尼拉，西班牙人亦有類似的記載，1590年代馬尼拉官員Antonio de Morga博士謂：

> 商人和貿易者是菲律賓群島西班牙住民的大部分，很多的商品(除了菲律賓所產外)來自中國、日本、摩鹿加群島、麻六甲、暹羅、柬埔寨、婆羅洲與其他地域，他們從事這些交易，每年由前往新西班牙的船隻載著商品離開，可能也前往日本，因為生絲有很好的利潤，等到帶著收入回馬

究所史學組博士論文，1992，未刊)，頁1-157；錢江，〈1570-1760年中國和呂宋貿易的發展及貿易額的估算〉，《中國社會經濟史研究》1986年3期(1986年9月)，頁69-78。

34 何喬遠，《閩書》(台南：莊嚴文化出版社，1996)，卷39「版籍志」，頁745。

尼拉時，就成爲很多且誘人的利潤[35]。

東亞海域各地的商人群集馬尼拉，其目的是以商品換取美洲來的白銀。對馬尼拉的西班牙人而言，與中國之間的貿易則是馬尼拉經濟命脈所繫，每年至馬尼拉的商船，以中國船最多，繳交的進口稅亦最多（見表3-1）。

表3-1　1586-1620年間馬尼拉港的年平均進口稅額

年度	1586-90	1591-95	1596-00	1601-05	1606-10	1611-15	1616-20
總額 （peso）	13383	36155.5	43104.5	42982.9	59066	70355	51337
中國船隻稅額 （peso）	4909	22065	24155	30304.2	46390.6	64482	37843
中國船隻所占比率 （%）	36.68	61	56.04	70.50	78.52	91.5	73.5

資料來源：Pierre Chaunu, *Les Philippines et le Pacifique des Iberiques*, pp. 200-202.

早在1569年，宿務島的西班牙官員Andres de Mirandaola寫信給國王Felipe II，即謂他自航海者得知，葡萄牙人在中國沿海和日

35　Antonio de Morga, *Sucesos de las Islas Filipinas*（Manila: Comisión Nacional del Centenario de José Rizal, 1961）, p. 349.

本經營的貿易，「是目前所知規模最大、利潤最厚的貿易」[36]。所以，西班牙人一直有往北擴張的企圖，其動機即是中國與日本似乎有著廣大的貿易市場與傳教機會。

二、向北擴張的企圖

西班牙人想與中國建立貿易關係，鄰近中國的島嶼遂成為西班牙擴張的目標，其中包含所謂的「Lequios(琉球群島)」。

1570年一位Augustine會士Diego de Herrea寫信給國王，提到在宿務附近有中國、琉球、爪哇、日本等地，都非常大且富裕，但因菲律賓的西班牙人缺乏船隻，未能前往探查，希望國王能重視這些地方，而不是只停留在菲律賓群島而已[37]。1574年代理總督Guido de Lavezaris給國王的信件謂：如果有足夠的人和船，他想派人去日本那邊的琉球群島(Lequios)，因為這是甚為重要的事[38]。

這類記載顯示1570年代初，馬尼拉的西班牙人持續向外擴張的企圖[39]，並且已得知中國、日本之間有琉球群島，不過，此時馬尼拉的西班牙人尚未有大小琉球或福爾摩沙島等概念[40]。

---

36 *The Philippine Islands*, Vol. 3, pp. 40-42, "Letter from Andres de Mirandaola to Felipe II"，此信寫於1569年6月8日。

37 Ibid., Vol. 3, pp. 70-73.

38 Ibid., p. 275.

39 甚至還有征服中國的言論，如1574年1月政府公證人Hernando Riequel在 "Relation of the News Written from the Islands of the Western Islands"一文中即謂有六十名西班牙士兵即可征服中國，見*The Philippine Islands*, Vol. 3, p. 247，諸如此類見解在西班牙人占領馬尼拉初期頗為常見。

40 此一時期，葡萄牙人已有大、小琉球的概念，但馬尼拉的西班牙

　　西班牙人爲了保護馬尼拉市，1570年代初期的軍事行動尚局限於呂宋島，如1573年派兵攻打呂宋島東部（Los Camarines），1574年派兵至馬尼拉北方的Yloco地方，在Bigan（即當時中文所稱密雁）河岸建立Fernandina據點[41]。但到了1575年前後，Juan Pacheco Maldonado船長在給國王的信中，要求國王增派四、五十名神職人員及五百名士兵；除了對呂宋住民傳教、征服呂宋各地外，並派兵至距中國最近的地域如日本、琉球探險[42]。

　　1574-1575年間，林鳳船隊襲擊馬尼拉[43]，亦使得西班牙人無暇外侵。故此一時期，西班牙官員或傳教士雖不斷有征服各地的企圖與呼籲，特別是對於中國、日本的富裕，物產豐富頗爲注意，不斷有人要求前往探查、征服，但實際上，並無能力執行。

　　到了1580年代初，西班牙人又熱衷於向北擴張。1580與1581年日本海盜船前來菲律賓群島，1582年西班牙人又接獲警報，謂有日本海盜船十艘預備前來呂宋島，菲律賓總督Gonzalo Ronquillo de Peñalosa認爲日本人是此一區域最好戰的民族[44]，他派西班牙士兵攻打Cagayan（在呂宋島北部），驅除當地的日本人勢力，建立Nueva Segovia據點。

<hr>

（續）

　　　人只有「琉球」的概念。

41　*The Philippine Islands*, Vol. 3, pp. 272-276, "Letter from Guido de Lavezaris to Felipe II".

42　Ibid., Vol. 3, p. 302, "Letter from Juan Pacheco Maldonado to Felipe II".

43　陳荊和，《十六世紀之菲律賓華僑》，頁31-40。

44　*The Philippine Islands*, Vol. 5, p. 27, "Letter to Felipe II. Gonzalo Ronquillo de Penalosa".

　　菲律賓總督認為Cagayan位於中國的邊緣，那裡有很好的港口，港內水深，適合美洲來的船隻停泊，而且前往中國只要三天航程[45]。因此，西班牙人雖在Cagayan建立殖民地，但心中想的是Cagayan離中國很近，可以從該地往北發展。

　　Cagayan與台灣島僅有一水之隔，西班牙勢力既到達Cagayan，他們自然會注意到台灣島，甚至有占領的意圖。

三、首度提議占領Isla Hermosa

　　1586年四月，菲律賓總督Santiago de Vera在馬尼拉召開一次重要的會議，參加者是在馬尼拉居住的西班牙人，包括宗教、軍事、官員等領導者，會後有一份陳情書呈交給國王，表述他們的需求，此一文件頗可反映當時情勢，其中有幾個重點：

　　1.西班牙人自謂面臨五種人帶來的危機，一是菲律賓當地居民；其次是中國人，有四或五千人住於馬尼拉，且來往於家鄉與馬尼拉之間；第三是日本人，幾乎年年入侵，據說他們想要殖民呂宋；第四是香料群島和婆羅洲住民；第五是英國人(按第四、第五是來自南方的威脅)。而為了防衛北方的華人和日本人，建議於Ylocos或Cagayan設立堡壘防範日本和中國海盜。

　　2.設置海防艦隊：因為日本海盜會搶奪、殺害當地住民，奪取中國商船，阻礙貿易，使中國人離開馬尼拉回國，不再走中菲航線經商。

　　3.占領Cagayan的好處：此處距離中國有兩天的航程，且離日

45　Ibid., Vol. 5, pp. 26-27.

本、福爾摩沙島和琉球很近。在中國與Cagayan之間有許多島嶼，乘坐小船即可航行；有很多動物如牛、鹿，生產豐富的米、魚；亦有很多布料，有土產的或中國生產的；另有很多木材及中國運來的鐵釘。

4.除了征服馬尼拉周圍省份，有一些較遠的島嶼，爲了他們以及西班牙人的安全，必須征服他們，時機再遲延，將難以處理。「這些provincia有Babuyanes, Isla Hermosa , Isla de Cavallos, Lequios, Isla de Ayuno, Jabas, Burney, Para Juan, ...Mindanao, Siao, Maluco, and many others」[46]。

此一陳情書的內容相當龐雜，其中有關呂宋與台灣(Isla Hermosa)一帶海域的事務，如上所述，可再歸納爲兩個重點：

一、防範日本及中國海盜：因此要強化Cagayan的防務，當時的財政官員Gaspar de Ayala在給國王的信中表示，Cagayan是群島中最接近日本且離中國沿岸50 legua(約278公里)以內，希望國王增派兵力至Cagayan省，雖然西班牙人在此財政耗費甚多而缺少利益，但卻是進入中國的踏腳石[47]。

Gaspar de Ayala的意見再一次說明此時期Cagayan的重要性，它是西班牙人在呂宋北方的據點。

二、向外擴張領土：主要爲征服中國，其次則是呂宋周邊島嶼，其中包含台灣島。對台灣島而言，這是西班牙人首度表明想要占領，不過這只是一長串征服名單中的一個島嶼，尚難認定西

---

46 Ibid., Vol. 6, pp. 183、185-186, 205, "Memorial to the Council".

47 Ibid., Vol. 7, pp. 123-124, "Letter from Gaspar de Ayala to Felipe II".

班牙人已準備攻打台灣，或特別對台灣有興趣。

此一陳情書由耶穌會士Alonso Sanchez帶至馬德里，Sanchez曾於1582年從馬尼拉至澳門，通知當地的葡萄牙人，有關西班牙國王兼任葡萄牙國王之事，後由澳門至日本時，因船難漂至台灣，隔年回到馬尼拉。1586年馬尼拉各界一致推舉Alonso Sanchez帶著有關占領台灣的陳情書回西班牙[48]。

幾年後，1589年8月西班牙國王Felipe II發出指令給新任的菲律賓總督Gómez Pérez Dasmariñas，並回覆1586年馬尼拉各界的陳情書。國王大多同意陳情書所寫內容，如在Cagayan建立堡壘，以便與日本和中國盜徒對抗，並建立適當的船隊巡邏，防備日本人，因為他們捉拿帶著食物和貨品到呂宋的中國船隻。同時國王也同意，一些島嶼如Babuyanes、福爾摩沙島、琉球島等，涉及西班牙人的安危，要求總督視情況，征服這些島嶼[49]。

Gómez P. Dasmariñas於1590年抵馬尼拉接任總督，直至1593年因華人叛亂而被殺，任期三年多的時間內，並沒有執行征台的指令，似乎並不重視此一問題。不過其子Luiz Pérez Dasmariñas曾一度代理菲律賓總督，在1590年代極力提倡征台。L. P. Dasmariñas鼓吹征台，是否係因其父曾自國王得到指令，不得而知，但在1589年西班牙國王給菲律賓總督數十頁的冗長指令中，雖然征服台灣只是其中的一個段落，卻不可小看其對未來的影響，畢竟這是西班牙國王同意的事。

48　Ibid., Vol. 6, p. 231.
49　Ibid., Vol. 7, pp. 141, 164-168.

第四節 日本向南擴張的企圖

如上節所述，十六世紀時，日本人在台灣、菲律賓一帶海域，亦甚活躍。

根據西班牙人的記載，在西班牙人來到菲律賓群島之前，日本人已在呂宋島貿易，如前述1567年6月西班牙遠征隊司令Legaspi即在呂宋等島，見到中國與日本人進行貿易，1570年西班牙人攻擊馬尼拉時，記載有四十名已婚華人和二十名日本人居住於該地[50]。

1573年西班牙船長Diego de Artieda從呂宋的回教徒得知，在呂宋北方有日本，擁有銀礦，由中國運到日本的絲和其他物品係用銀交易；又聽葡萄牙人說，日本人是好戰的民族[51]。前文曾提及，1575年前後，西班牙船長Juan Pacheco Maldonado謂日本船隻每年帶著商品來馬尼拉，最主要的貿易是以銀換金。

因此，日本人至晚於1560年代已來到菲律賓群島，而且日本人是用銀來交易中國的絲貨以及菲律賓的金。

到了1580年代初，西班牙人攻擊日本人在呂宋島北部的據點，與數百名日本人激戰，最後將日本勢力趕出Cagayan區域。但1580年代呂宋島的西班牙人和明朝一樣，時時面臨日本海盜的侵襲。

1584年，一艘船從馬尼拉航向澳門，因風暴漂至日本平戶，

50　Ibid., Vol. 3, pp. 101-102, "Relation of the voyage to Luzon".

51　Ibid., Vol. 3, p. 204, "Diego de Artieda, Relation of the Western Islands".

肥前守松浦隆信託船送書信、禮物給菲律賓總督，此後雙方展開和平的貿易[52]。1587年菲律賓總督Santigo de Vera稱，有日本船載著麵粉、馬等慣常販賣的貨，來到Cagayan貿易，結果遇難，被西班牙人救助，事後他們再度來到呂宋，帶著商品與武器來賣。日本船長告訴菲律賓總督說，日本正陷於混戰，並攜來平戶領主松浦隆信及其弟Gaspar的信，而且在交談時，這位船長不建議呂宋當局征服中國或其他國家[53]。

根據上述文獻記載可知，日本人在十六世紀中葉以後，與呂宋島的關係相當密切，先是有日本商人在菲律賓群島各地行商，又有海盜集團聚居在Cagayan，這些日本人恐怕亦經營商業貿易。1580年代西班牙人開始與日本平戶的肥前守建立關係，雙方書信往返；此一時期，日本有一些著名的貿易商，如呂宋助左衛門[54]、原田喜右衛門等與呂宋貿易有關[55]。日後豐臣秀吉威脅呂宋入貢，貿易商人原田喜右衛門即扮演關鍵角色。

52　岡本良知，《十六世紀日歐交通史の研究》（東京：弘文莊，1936），頁447-451。

53　*The Philippine Islands*, Vol. 6, pp. 304-305, 308-310.

54　出身於堺，曾商販呂宋、柬埔寨，其傳記可參見川島元次郎，《朱印船貿易史》，頁187-194。

55　岩生成一，《南洋日本町の研究》（東京：岩波書店，1966），頁223-224，根據西班牙文獻，謂1587年與菲律賓主教Domingo de Salazar會見的日本人中有一Pablo Fananda Ziemon，疑即原田喜右衛門，又謂1590年原田喜右衛門與孫七郎、米七郎等至菲律賓，要求Salazar主教派傳教士至日本。1591年原田喜右衛門再至馬尼拉，隔年即發生豐臣秀吉要求馬尼拉當局歸降的事件，另可參見Antonio de Morga著，神吉敬三、箭內健次譯注，《フィリピン諸島誌》（東京：岩波書店，1966），頁428-429。

　　1587年馬尼拉主教Domingo de Salazar召集在馬尼拉的日本人十一名，聽取有關日本的情報，其中包含了原田喜右衛門，此時他可能是屬於平戶松浦氏的商人[56]。原田氏連年至馬尼拉貿易，熟悉日本——呂宋航路及馬尼拉的況狀，後來透過長谷川宗仁[57]，鼓動豐臣秀吉向南擴張。當時日本出征朝鮮的主將加藤清正亦與原田喜右衛門合作，將自己在肥後領內征收的小麥輸出，換取呂宋的鉛硝等軍需品[58]。

　　這些發展均顯示日本與其南方島國的關係，日益密切。

一、豐臣秀吉招諭呂宋與高山國

　　十六世紀時，日本群島經歷長久的群雄割據、混戰後，織田信長、豐臣秀吉逐步統一日本，建立新興的中央政府。此一時期，日本國內孤立的小區域市場逐漸整合為全國性的市場，國內商品流通增加，資本的累積與運作的規模增大，朱印船貿易即是此一時期日本國內社會、經濟發展的表徵。日本人大量輸出日本銀，並進口來自中國及東南亞的物產，如生絲、絲織品、棉布、蘇木、砂糖、皮革等[59]。

56　Antonio de Morga著，神吉敬三, 箭內健次譯注，《フィリピン諸島誌》，頁428補注第七「原田喜右衛門」條。

57　本為商人，後為織田信長臣屬，本能寺之變後轉投效豐臣秀吉，1590年任法眼一職。

58　森山恆雄，〈豐臣期海外貿易の一形態續論〉，收於箭內健次編，《鎖國日本と國際交流》（東京：吉川弘文館，1988），頁203-235。

59　岩生成一，《朱印船貿易史の研究》（東京：弘文堂，1958），頁9-30論朱印船貿易發達的社會背景。

　　這股中央集權的新興勢力，亦使中、日兩地的海盜商人在日本海域的活動受到壓抑，如豐臣秀吉於1588年發布海賊停止令，逐步掌握對海的控制。日本沿岸海賊被轉化為水軍，在日本的中國海商亦因政權統一而轉型為和平的貿易商人[60]。因日本國內統一、安定，對外貿易盛行，在東南亞各主要商港紛紛出現日本人的聚居地，即所謂的「日本町」。

　　政權統一、社會安定以及經濟發展，使日本國力增強，而豐臣秀吉在建立獨霸的武力後，亦有向外擴張的企圖，遂使日本與呂宋之間的貿易關係變為軍事威脅。

　　1591年有西班牙傳教士自日本長崎寫信到馬尼拉，謂日本商人原田喜右衛門，係天主教徒，此人建議豐臣秀吉遣使至菲律賓，要求西班牙人臣服[61]。1592年豐臣秀吉的使節果然來到馬尼拉，攜來語帶威脅的書信，書信中，豐臣秀吉自謂：

　　　自壯歲領國家，不歷十年而不遺彈丸黑子之地，域中悉統一也，由之三韓、琉球、遠邦異域款塞來享，今欲征大明國，蓋非吾所為，天所授也，如其國者(按指呂宋)，未通

60　佐伯弘次，〈海賊論〉，收於荒野泰典、石井正敏、村井章介編，《アジアのなかの日本史》(東京：東京大學，1992)，頁57-58。

61　Pablo Pastells著、松田毅一譯，《16-17世紀日本・スペイン交涉史》(東京：大修館，1994)，頁48-50；又見Bernardino de Avila Girón著、佐久間正等譯注，《日本王國記(*Relación del Reino de Nippon a qeu Llaman Corruptamente Jappon*)》(東京：岩波書店，1965)，頁208-209。

聘禮……若葡萄膝行於遲延者，速可加征伐者，必矣[62]。

　　日本使節來到馬尼拉後，當地的西班牙人高度戒備，除了屯積食糧、武器，管制人員、船隻進出外，並隔離、監視在馬尼拉的日本人[63]。另一方面，菲律賓總督Gómez Pérez Dasmariñas則派道明會士Juan Cobo出使日本，探問敵情。

　　當時居住在日本的西班牙商人Bernardino de Avila Girón認為此次事件是原田喜右衛門背叛其信仰的天主教，透過豐臣秀吉的家臣，誘使豐臣秀吉威嚇馬尼拉當局[64]。但事實上，這並非單一、偶發事件，而應視為是豐臣秀吉征服東亞企圖的一部分。

　　1587年豐臣秀吉征服九州後，即透過對馬之宗氏要求朝鮮臣服入貢，並作為征明的嚮導；1590年給琉球王國的文書，謂有天下一統的天命，要求琉球入貢[65]；1591年7月，給葡萄牙在臥亞的總督書信，謂：

　　予也壯歲之日……而天下混一，如安磐石，及異邦退陬亦

62　村上直次郎，〈呂宋の入貢を促したる秀吉の書翰について〉，《史學雜誌》36：5(1925年5月)，頁384-388引用此信的三個譯本，可參看。

63　*The Philippine Islands*, Vol. 8, pp. 284-297.

64　見Bernardino de Avila Girón著、佐久間正等譯注，《日本王國記》，頁208-209。

65　參見田中健夫編著，《世界歷史と國際交流，東アジアと日本》(東京：放送大學教育振興會，1989)，頁113-142，按此部分內容之作者為北島萬次。早期著作可見辻善之助，《海外交通史話》(東京：東亞堂，1917)，頁385-400、410-449。

> 莫不來享……雖然，一有欲治大明國之志，不日泛樓船到
> 中華者，如指掌矣，以其便路，可赴其地，何作遠近異同
> 之隔乎？[66]

同年九月給菲律賓總督的信亦是要求入貢，此信於次年送達
馬尼拉當局，引起前述西班牙人的恐慌與戒備。

自1580年代中期豐臣秀吉勢力崛起，到了1590年時已統一日
本各地，豐臣秀吉抱持「日輪の子」、「一統天下」等想法，不
只想統一日本，還想統一天下，所以出兵朝鮮，企圖征服大明，
並威嚇呂宋、臥亞。這一系列出兵、威嚇的舉動，蘊含著壓制天
主教、擴大通商等想法，但就豐臣秀吉而言，應是統一天下的概
念促使他發動戰爭，威嚇鄰國[67]。

當時台灣島尚無強大的政權，豐臣秀吉卻也要求台灣臣服。
1593年11月，為了結束朝鮮戰事，日本與明朝雙方使節預備談和，
豐臣秀吉此時致書高山國，要求歸順，其內容強調：豐臣秀吉自
身係日輪之子，故不出十年，「平定海內，異邦遐陬嚮風者……
爭先服從矣」，目前正征討朝鮮、大明，且彼等已遣使求和，而
南蠻、琉球早已獻土宜歸順，至於高山國「未入幕中，不庭之罪
彌天……故原田氏奉使命而發船，若是不來朝，可令諸將征伐之」

66　轉引自辻善之助，《海外交通史話》，頁423-424。
67　學者鄭樑生亦有類似看法，即豐臣秀吉發動對外戰爭，主要還是
　　為征服慾所驅使，參見鄭樑生，《明代中日關係研究：以明史日
　　本傳所見幾個問題為中心》，頁543-550。

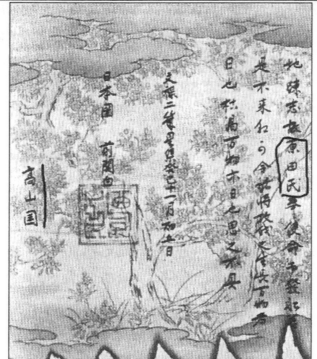

圖3-1　豐臣秀吉致高山國書

圖上是書信全文，圖下則是局部放大，書信中提及「原
田氏」與「高山國」（資料來源：幣原坦，《南方文化の
建設へ》附圖）。

（見圖3-1）[68]。

此信內容與豐臣秀吉致葡萄牙人、西班牙人之信大致相同，均強調日本一統以後，各國若不稱臣納貢，必將如朝鮮、中國，受到日本征討。學者岩生成一先後撰寫兩文來討論所謂「豐臣秀吉的台灣島招諭計畫」，他認為這不單是豐臣秀吉漫然的、誇大妄想的政策，而是對東亞大勢有相當的認識[69]。

豐臣秀吉於1590年代招諭呂宋、高山國的舉動，主要係受到日本商人如原田喜右衛門等的誘引，這些商人的想法和林鳳打馬尼拉一樣，同是覬覦馬尼拉的財富。但對日本的統治者豐臣秀吉來說，一統天下才是他追求的目標，而正是在此一脈絡下，台灣島首次成為日本人想要侵占或控制的地域。

雖然當時豐臣秀吉只有出兵朝鮮，且於1598年過世，但等到新的統治者德川家康掌控日本局勢後，台灣又將面臨日本的威脅，而雞籠、淡水面向北方的日本，勢將首當其衝。

二、1590年代福建官方的回應

1591年豐臣秀吉下令造船，並命令各地軍隊須於1592年集中於大阪一帶，此消息很快即透過在日華商、琉球及朝鮮等管道傳

68　同上註，頁442-443。

69　岩生成一，〈豐臣秀吉の台灣征伐計畫ついて〉，《史學雜誌》38: 8(1927)，頁4-37與〈豐臣秀吉の台灣招諭計畫〉，《台北帝國大學文政學部史學科史學研究科年報》7(1941)，頁82-83。不過，亦不能太過高估豐臣秀吉及其家臣對東亞局勢的了解，試圖招諭高山國即是一例。

回明朝[70]。在福建方面，巡撫許孚遠奉中央之命，遣偵探史世用、許豫等至日本，史世用等人回報謂「關白造船千餘……欲亂入大明等處」，許孚遠認為「我沿海舟師以主待客，勝算在我」[71]。十七世紀初徐光啟謂當時只是「東南稍戒嚴」[72]。

　　不過日本學者岩生成一為了解釋豐臣秀吉招諭高山國的書信何以仍留在日本，以及長谷川宗仁、原田喜右衛門何以未征伐台灣等問題，認為其原因是明朝得知日本要出兵雞籠，遂於澎湖設防，導致日本中止征台或遣使來台。岩生成一的看法主要依據十七世紀初福建巡撫徐學聚所謂：

> 關白時，倭將欽門墩統舟二百，欲襲雞籠，據澎湖，窺我閩粵，幸先事設防，謀遂沮[73]。

以及稍後的福建巡撫黃承玄亦謂：

> 往年平酋作難，有謀犯雞籠、淡水之耗，當事者始建議戍之（按指駐兵澎湖），鎮以二遊、列以四十艘、屯以千六百餘兵；而今裁其大半矣[74]。

70　鄭樑生，《明代中日關係研究：以明史日本傳所見幾個問題為中心》，頁557-574論豐臣秀吉之侵略準備與明朝之哨報。

71　許孚遠，〈請計處倭酋疏〉，收於氏著，《敬和堂集》，卷4，頁79。

72　徐光啟，〈海防迂說〉，轉引自《明經世文編選錄》，頁215。

73　徐學聚，〈初報紅毛番疏〉，轉引自《明經世文編選錄》，頁191。

74　黃承玄，〈條議海防事宜疏〉，轉引自《明經世文編選錄》，頁205。

只是衡諸史實，上述岩生成一的論斷稍嫌不妥，其原因是：

1.1590年代的中文史料並未明確提到日本有征台企圖，當時福建官員重視的是日本是否進攻福建沿海，認爲澎湖與南澳、海壇並峙爲三，爲倭夷所必經，因此於1597年(萬曆二十五年)設立「彭湖遊兵」，規定春、冬兩季前往巡哨[75]。

2.最早提及日本人有「犯雞籠、淡水之耗」是徐學聚、黃承玄等人，但年代較晚，屬追述性質，故其眞實性存疑。

3.即使明朝於澎湖設防，是否會導致日本停止出兵或招諭台灣，亦屬疑問。

因此，豐臣秀吉的高山國書尙保留在日本和豐臣秀吉未出兵台灣兩事，與明朝駐防澎湖似無關連；要探討其原因恐怕仍必須從日本方面著手，即上述兩事和豐臣秀吉招諭呂宋一樣，威嚇的成份居多。

另外，1590年代明朝福建官員雖已認知到雞籠、淡水的存在，但只是視爲商貿地點，而非必爭之地，故明朝派兵巡哨澎湖，主要爲防範中國東南沿海倭亂，似非聽聞日本要攻雞籠、淡水，才有此軍事部署。

總之，1550年代以後，日本人在中國沿海與菲律賓海域一帶活動，台灣、呂宋兩島均有日本人經商或居住。等到日本出現新的、有力的政權後，開始參與、控制日本對外貿易，並試圖向外擴張，於是朝鮮、琉球、台灣或呂宋等地，遂成爲日本人欲征服的目標。

75　曹永和，《台灣早期歷史研究》，頁151-153。

第五節　台灣島戰略地位的確立

　　十六世紀下半葉，日本與呂宋的西班牙人是台灣周遭海域的兩股新興政治勢力，他們均關心貿易事務，試圖向外擴張勢力。台灣島的地理位置正位於日本、呂宋與明朝之間，對日本與西班牙人而言，台灣島具有戰略價值，故在1590年代均出現征台的傳聞與軍事行動，以下即探討此一情勢的變化。

一、日本南侵的傳聞

　　1592年6月菲律賓總督Gómez Pérez Dasmariñas派出道明會士Juan Cobo到日本，探訪敵情，隨行帶著一位通譯Antonio Lopez，此人係一位Sangley(即中國生意人)[76]，亦隨使節前往日本拜見豐臣秀吉。

　　到了1592年底，Juan Cobo乘船回馬尼拉，在途中因船難失蹤[77]，而一同前往日本的Lopez並未與Juan Cobo同船，而是搭乘原田喜右衛門之船，在1593年4月23日安抵馬尼拉港。由於Juan Cobo行

76　Sangley係呂宋島的西班牙人對中國商人、移民的稱呼，可能是閩南語「生理」之音譯，至今閩南語、客語尚使用「生理人」稱呼做買賣之人，參見淵脇英雄，〈支那比律賓通商上のサングレイに就いて〉，《歷史と地理》33:4(1944)，頁336-347。

77　詳細失蹤地點不詳，當時呂宋島之西班牙人認為Juan Cobo可能漂至台灣島，遭住民殺死，參見Jose E. Borao , "The Catholic Dominican Missionaries in Taiwan, 1626-1642," 收於林治平主編，《台灣基督教史：史料與研究回顧國際學術研討會論文集》(台北：宇宙光出版社，1998)，頁36-37。

蹤不明，Dasmariñas總督爲了瞭解日本的情況，遂召開調查會，詢問Juan Cobo的隨從。

1593年6月1日Lopez接受詢問，他敘述Juan Cobo至日本受到豐臣秀吉歡迎的經過，以及在日本聽到的一些傳聞，如他聽說豐臣秀吉命令Kunquyn征服菲律賓群島，且聽Kunquyn的士兵說，他們想來此群島，而且這些士兵曾詢問Lopez，Cagayan的人是否順從西班牙人。

Lopez又聽說日本國王已命令一位日本人征服台灣島，這個人將逐島(按應指自琉球群島南下)而行，且他們已經出發。這些島嶼間的距離最遠大約爲海路兩天，再加上一或二夜。當日本人聽說菲律賓群島有四或五千西班牙人，這些日本人大笑，認爲一百個日本人可以抵擋兩至三百人，因此征服菲律賓群島並不困難。

Lopez曾多次聽日本人說將到Ciuteui(按指琉球群島)，再到Cagayan。而日本國王要求Liutai(按琉球群島的另一拼法)不得再臣服於中國[78]。

由於Lopez描述的是他在日本的見聞，其內容可能是眞實，也可能只是道聽途說。但他強調日本人可能結合Cagayan人來攻擊馬尼拉西班牙人，卻是一個合理的傳聞，因爲日本人早在1580年代以前即常至Cagayan貿易，而Cagayan人於1590年前後不斷反抗西班牙的統治。

其次，他提到豐臣秀吉已同意某一日本人占領台灣島。岩生

78　Lopez的敘述中，多次提到Ciuteui、Liutai、Liutue、Luiteui與Liuteui，此一地名顯然是琉球的閩南語音，經西班牙人轉寫，故拼法參差，見*The Philippine Islands*, Vol. 9, pp. 39-40, 52.

成一認爲Lopez接受詢問的時間約在豐臣秀吉招諭高山國之書信前六個月，且如果Lopez在離開日本時已得知此傳聞，則此段談話至少發生在寫作招諭高山國書信的前一年，亦即1592年日本已有占領台灣島的傳聞[79]。

第三，Lopez提到日本人將經由琉球、台灣，來攻打菲律賓，且豐臣秀吉要求琉球不得臣服於中國。再比對日本史的記載，如1582年豐臣秀吉將琉球賜與龜井茲矩[80]，1588年以後又屢次要求琉球入貢稱臣[81]，可見Lopez此一說法頗爲可信。

此外，Lopez又說豐臣秀吉命令一位日本人負責攻打菲律賓，其名稱拼音爲Kunquyn或Hunquin[82]，岩生成一認爲是長谷川宗仁，此人在本能寺之變後，爲豐臣秀吉寵臣，任刑部卿法眼，原田孫七郎、原田喜右衛門先後出使呂宋，以及招諭高山國等事均與他有關[83]。

79　岩生成一，〈豐臣秀吉の台灣招諭計畫〉，《台北帝國大學文政學部史學科史學研究科年報》7(1941)，頁90-91。按原田之船於1592年11月離開日本，而招諭高山國之書信寫於1593年11月，因此Lopez應於1592年11月以前已聽聞此事。

80　按這只是名義上的賜與，龜井茲矩據說有征琉的準備，但豐臣秀吉諭以征韓，參見辻善之助，《海外交通史話》，頁415-417。

81　參見小葉田淳，《中世南島通交貿易史の研究》，頁76-77。

82　*The Philippine Islands*, Vol. 9, pp. 39, 45.

83　岩生成一，〈豐臣秀吉の台灣招諭計畫〉，《台北帝國大學文政學部史學科史學研究科年報》7(1941)，頁91-95。岩生成一舉出Foguen、Hunguen等拼法，係指長谷川宗仁。

二、西班牙攻打台灣的爭議

豐臣秀吉要求呂宋臣服的舉動引起馬尼拉當局的緊張。最初，西班牙人著眼於防衛馬尼拉，但日本並未派兵攻打馬尼拉，只是不斷有傳聞說日本人要經由琉球、台灣，再入侵呂宋島。此一情勢的發展使得馬尼拉當局不得不考慮其北方的防衛策略。台灣島就在這種戰爭氣氛中，顯露其戰略上的重要性。

1596年7月8日，Luiz Pérez Dasmariñas致西班牙國王的信中，提出從馬尼拉派出軍事探險隊至台灣島的適當性與重要性。

Luiz Pérez Dasmariñas 是前菲律賓總督 Gómez Pérez Dasmariñas的兒子，其父因華人叛變被殺後，於1593-1596年間代理總督職位。他積極鼓吹占領台灣，認爲此種軍事探險是有利的，除了可以取得台灣島的資源外，在地理上，台灣島比馬尼拉更爲接近中國和日本。如果中國人或日本人占領台灣島，他們會進而侵犯呂宋島，影響Cagayan的安全，傷害西班牙人；但如果西班牙人占領台灣，則可進而與日本和好結交[84]。

Luiz Pérez Dasmariñas是位積極的擴張主義者，在其代理總督期間，曾派兵至柬埔寨，協助柬埔寨對抗暹羅，因此他主張占領台灣島，應是出於同樣的想法，在下文亦可見到Luiz Pérez Dasmariñas在卸任總督職位之後，仍持續鼓吹出兵台灣與柬埔寨。

1596年底，一件偶發的意外逼使馬尼拉的西班牙人不得不重視Luiz Pérez Dasmariñas的看法，並爲此先後召開兩次戰爭會議來

---

84 *Spaniards in Taiwan*, Vol. I , pp. 18-20.

討論是否征台。

1596年有艘馬尼拉開往美洲的西班牙大帆船（galleon）San Felipe號因風暴，於10月中漂流至日本土佐。日本地方官府呈報中央後，豐臣秀吉下令沒收船貨，並一度擬處死所有船員；至年底，豐臣秀吉又下令逮捕二十六名傳教士與信徒，並於1597年2月將他們處死[85]，此即「San Felipe號事件」及所謂「二十六聖人殉教事件」。在事件發展過程中，居住在日本的西班牙傳教士分別寫信到馬尼拉、墨西哥，傳達情勢的發展，使得西班牙人感覺到日本的敵意與威脅，促使官員們思考日菲關係及台灣的重要性。

根據當時在馬尼拉任官的Antonio de Morga博士描述，在1597年5月，馬尼拉的西班牙人知道了此一事件。

San Felipe號上的西班牙人在日本人和葡萄牙人的協助下，回到馬尼拉，帶回傳教士殉教的消息。馬尼拉的西班牙人為此感到悲傷，他們喪失了San Felipe號的船貨（估計一百萬pesos以上），並且對日菲關係深覺不安[86]。

在前述事件中殉教的Martin de la Ascencion，曾在被處決之前發出一信至馬尼拉，此信亦帶給馬尼拉的西班牙人極大震撼。這

85　有關此兩件事的研究可參見松田毅一，〈サン・フェリ-ベ號事件に就いて〉、〈日本二十六聖人の人名に就いて〉，均收於氏著，《近世初期日本關係南蠻史料の研究》（東京：風間書房，1981），頁853-908。松田毅一提出豐臣秀吉之所以下令沒收San Felipe號船貨，可能受到與明朝使者沈惟敬談判破裂的影響，使得豐臣秀吉採取較強硬的外交政策，於1596年10月底，先下令再度出兵朝鮮，又下令沒收San Felipe號船貨，到了12月，下令逮捕傳教士，後來將他們處死，即所謂「二十六聖人殉教事件」。

86　Antonio de Morga, *Sucesos de las Islas Filipinas*, pp. 82-83。

位殉教者是方濟會士，1596年被派至日本大阪傳教，於同年底被逮捕，時年約三十歲。

他在1597年1月28日從獄中寫信給在馬尼拉的Antonio de Morga，信中謂豐臣秀吉已因盜取San Felipe號的財物，而變得更加貪婪，據說今年(1597)忙於朝鮮戰事，明年(1598)將到呂宋。豐臣秀吉為了達成他的目標，企圖占領琉球及台灣島，進而再派兵至Cagayan，從Cagayan攻擊馬尼拉[87]。

(一)第一次戰爭會議

新任菲律賓總督Francisco Tello de Guzmán於1597年4月24日就職，不久即面對此一變局。他在5月18日召開戰爭會議(Consejo de Guerra)，諮問軍事首長及其他有經驗的人士。由於在日本的傳教士謂豐臣秀吉取得San Felipe號的財貨後，正秘密地派出士兵、船隻，於10月份占領台灣島或Cagayan。

在會議中，總督提議占領台灣島，但因馬尼拉兵員有限，會中成員的決議是目前不適合派兵[88]。

前任代理總督Luiz Pérez Dasmariñas也寫信給總督，討論是否應征台以保衛馬尼拉，他提出下列兩點理由：

1.從殉道者Martin Aguirre de la Ascension等自日本傳來的消

87　*The Philippine Islands*, Vol. 15, p. 125。

88　*Spaniards in Taiwan*, Vol. I, pp. 24-26，總督Francisco T. de Guzmán 在寫給國王的信中，報告會議結論，並要求國王增派兵員及資金，以便支付士兵薪水及造船費用。至於兵員不足，指的是當時1200名西班牙士兵，有些派往民答那峨島、柬埔寨，其餘即用來保衛馬尼拉與Cagayan等地。按此信寫於5月19日，即戰爭會議召開的次日。

息，明年原田喜右衛門將占領台灣，果眞如此，西班牙遭受的損失是：中國將停止與馬尼拉市貿易，因台灣靠近中國，中國船隻來馬尼拉必須經過該島，台灣若被日本占領，日本人將在台灣等待中國船到來而劫掠，致使中國人不再冒險前來馬尼拉；而馬尼拉將無法維持繁榮的商業貿易。而且日本人占台，將威脅菲律賓群島，特別是Cagayan和Iloco兩地區，將因此而必須加強武裝，如此將使馬尼拉耗損經費，而無法向外發展。

2.目前馬尼拉兵員充足，且又有新的士兵將從新西班牙(墨西哥)抵達馬尼拉市，爲了西班牙的榮耀，應阻止和警告日本；而且台灣海域是最危險的航道，當地住民會殺害、搶劫漂上岸的船員，他們經常如此，如出使日本的道明會士Juan Cobo即因此被殺[89]。

(二)第二次戰爭會議

1597年5月份召開的戰爭會議並不贊成立即征台，但情勢到了6月份又有變化。

6月19日，一位道明會士自日本回到馬尼拉，他先前是San Felipe號的乘員，帶來日本人欲占領台灣島的消息。當時身在馬尼拉的Antonio de Morga寫道：日本人原田喜右衛門尋求與馬尼拉作戰，豐臣秀吉的寵臣亦請求豐臣秀吉不要失去得到馬尼拉的機會，「這是容易的，因爲只有一些西班牙人在那裡(按指馬尼拉)」，只要趕緊派一隻艦隊隨同原田喜右衛門前往，即可征服該地。因爲原田喜右衛門了解當地情況與軍力。

Antonio de Morga又載：豐臣秀吉已同意原田喜右衛門的計

89　*Spaniards in Taiwan*, Vol. I , pp. 21-23，此信未載年月。

畫，並給與補助，但原田喜右衛門能力不足，家臣反對，征呂宋的準備拖延至豐臣秀吉過世而取消。但是「日本已準備好一隻由原田喜右衛門率領的艦隊，這樣的傳聞每天傳入馬尼拉」[90]。

　　在這種戰爭氣氛中，總督Francisco T. de Guzmán寫信給國王，在信中他重新提及占領台灣島的主張，並表明五月時的戰爭會議並不同意他的構想，致使總督只有任命Captain Juan Zamudio為海岸司令，派船於群島海域巡邏，並增派資金和人員以加強Cagayan的防衛，防止日本人的攻擊[91]。

　　極力主張征台的Luiz Pérez Dasmariñas此時提出另一份memorial(報告)給總督。首先他強調征服台灣島的正義性，即為傳教士Juan Cobo及船長Llanos報仇。其次，他駁斥反對征台者的意見，反對者認為出兵台灣，將引起明朝和日本的干涉，但Dasmariñas認為出兵台灣島，可以帶給西班牙榮耀，且使其他國家占領台灣島的難度增加，因為他們勢必面對土著和西班牙人。而且現在日本正用兵朝鮮，使西班牙人此時可以較少兵力占領台灣。

　　他並提出實際的出兵做法，即此時應派軍隊及補給至Cagayan，那裡距離較近且可安全抵達台灣島。應派出三百士兵，試圖去占領一港口，該港被堅強而安全的地形圍繞，將來可以進而征服當地住民；港口並可抵抗任何敵人如日本人、當地住民和其他人的進攻；同時，給與駐軍的援助必須充足，使他們可以等

90　Antonio de Morga, *Sucesos de las Islas Filipinas*, p. 86

91　*Spaniards in Taiwan,* Vol. I , p. 26，按此信寫於1597年6月19日。

到下一次的補給，避免駐軍因補給不足而侵犯住民。另外，要拉攏住民來對抗日本人，他們也可提供補給與西班牙駐軍。

Dasmariñas在這份建議書中，又提到Sangley（中國生意人）亦在台灣島活動。他說Sangley在台灣島捕魚、貿易，如果西班牙人占領台灣，將對他們有利；如果日本占台則會對他們不利，所以他們應會歡迎西班牙人占領。最後他建議派一專家去繪圖與確認港口、據點的條件。

Dasmariñas似乎想強調他對福爾摩沙的了解，是得自可靠的消息，故在建議書的末尾，特別強調「Capitan Gregorio de Vargas曾告訴我，他曾見過此島很多地點，一名Sangley幾天前在馬尼拉也提到該島」[92]。

在Dasmariñas的要求下，總督Francisco T. de GuzmánTello於6月21日又召開戰爭會議來討論其征台建議，Antonio de Morga在會中主張，西班牙人有占領台灣島的武力，亦有關於台灣島及其港口、住民的情報；處理對日問題，實行征台是合適的，但兵員難以調配，故應先調查在馬尼拉的兵員及糧食補給[93]。

此次會議最後決定出兵台灣島，故總督隔天寫給國王的信中強調，將等待從新西班牙派來的兵員和資金，「因為沒有這些無法發動戰爭」[94]。

92　Ibid., pp. 27-31，此建議書未載寫作時間，但應是針對第一次戰爭會議的反對意見而寫。

93　Pablo Pastells著、松田毅一譯，《16-17世紀日本・スペイン交涉史》，頁150-151。

94　*Spaniards in Taiwan*, Vol. I, pp. 32-33.

6月份的戰爭會議召開時，菲律賓當局面臨的局勢似較5月份時還糟，因爲派至民答那峨島的遠征隊因Sangley叛變而死傷慘重；但對於是否征台，態度上卻有轉折，可能如Dasmariñas所說，日本於此年發動第二次朝鮮戰役，即所謂的丁酉之役，促使西班牙人想藉此一機會遠征台灣島。

爲了說服國王派兵征台，Dasmariñas鼓勵Hernando de los Rios 寫作一份有關航海與征服的報告給國王，Hernando在馬尼拉居住九年，擅長天文、數學。在報告中，他提出征服呂宋周邊國家的重要性，建議在東南亞大陸部分建立據點，如出兵暹羅、Chanpa(由此進入交趾支那，並出兵交趾支那)，結交柬埔寨，因爲這些地區是很容易擴張王權與宗教勢力[95]。按這些言論亦與Dasmariñas的主張相同。

而Hernando更強調征服台灣島的必要性，他認爲要確保菲律賓群島的安全，是占領雞籠港的最重要原因，日本人將很快的占領那裡，那麼西班牙人將失去菲律賓群島。其次，來自中國的商船將因日本的占領而不敢通過，以致中止與馬尼拉的貿易，使馬尼拉毀滅。因爲1596年San Felipe號事件日本人獲得龐大的財富，使他們想要占領台灣，進而占領菲律賓群島，Hernando謂：「容許野蠻人占領福爾摩沙而不展現軍力，對我們而言是不光榮的」[96]。

95　*The Philippine Islands*, Vol. 9, p. 303, "Memorial on Navigation and Conquest by Hernando de los Rios Coronel".

96　*Spaniards in Taiwan*, Vol. I, pp. 34-36.

三、西班牙對台軍事行動受挫

馬尼拉的官員們原本期待美洲的援軍抵達後，即可出兵台灣，不過，1597年年中以後的時局變化，使得這項構想並未實現。一方面是美洲官方派來的援軍於1598年上半年到達，但總督Francisco T. de Guzmán於1598年六月寫信給國王，抱怨美洲來的援軍是無用的，大部分的人沒有武裝；其次是在民答那峨島的戰爭尚未結束，而1597-1598年間Cagayan出現動亂，Zamboanga亦然[97]。呂宋官方似乎沒有能力派軍遠征台灣島，而更關鍵的是，總督認為日本人雖然意圖占領馬尼拉，但總督認為他們難以乘船進行此項攻擊[98]。

因此，雖然沒有明確的文獻說明西班牙人最後有無執行征台的決議，但從1598年總督Francisco T. de Guzmán給國王的軍情報告中，不僅隻字未提征台事，而且他似乎亦無能力派兵征台。

不過同時期的官員Antonio de Morga在其著作中卻提到總督Francisco T. de Guzmán曾派軍至台灣勘查：

> （敘述豐臣秀吉擬占領台灣島，進而以此為據點，對馬尼拉發動攻擊）……總督派遣兩艘軍船，在Juan de Zamudio的指揮下，調查福爾摩沙島及其所有的港口、島上實況，以便能先占領福爾摩沙島，或者如果準備和時間不允許，至少

97　Zamboanga（三寶顏）位於民答那峨島的西部，介於西斯伯里海（Celebes Sea）與蘇祿海之間，菲律賓群島南部的戰略要地。

98　*The Philippine Islands*, Vol. 10, pp. 168-173.

可通知中國的廣州和漳州兩省的長官，因他們是日本以前
的敵人，他們也許會阻止日本人進入福爾摩沙島，因爲這
將危害大家。

由於努力進行與準備，使此事拖延了一些日子，但此次遠
征福爾摩沙島，沒有達成什麼目標，除了通知中國有關日
本的意圖[99]。

Morga沒有記載Zamudio出發的時間，1636年過世的道明會士
Diego Aduarte在其著作中亦記載此事：

西班牙國王是第一個派兵征服台灣的人，在國王的命令
下，有兩艘中等的船隻載著兩百名士兵及船員，由1593年
來到菲律賓群島的Juan de Zamudio領導，他選擇的航行時
機不適宜，被吹回到Batan的海岸[100]。

Aduarte所載與Morga相近，但認爲Zamudio船隊因風被吹返，
並未至台灣島，不過兩者均未記載航行的日期。

學者村上直次郎認爲此事發生在1598年[101]，中村孝志認爲是
在1598年的夏天出兵台灣[102]，不過Zamudio在1598年7月之前幾個

---

99 Antonio de Morga, *Sucesos de las Islas Filipinas*, p. 87.

100 *The Philippine Islands*, Vol. 32, pp. 154-155.

101 村上直次郎著，許賢瑤中譯，〈基隆的紅毛城址〉，《台北文獻》
117(1996年9月)，頁128。

102 轉引自賴永祥，《台灣史研究初集》，頁114。中村孝志自謂其根
據Morga及Concepcion之著作，不過Morga並未有如中村孝志描述

月前往廣東，在廣州一帶停留至12月底，所以他不可能於夏天帶隊來台；而且他到廣東貿易是用自己的船和經費，而非總督派遣之船，故不太可能先來台，再航往廣東。

　　Zamudio船隊出發的時間可能是1597年的夏天，因爲在這年6月中旬Francisco T. de Guzmán總督給國王的信中寫道他任命Capitán Juan de Zamudio爲海岸司令，派船於群島海域巡邏[103]。雖然信中敍述的文字相當簡短，但如Morga所言，Zamudio曾率船至台勘查，時間應在此時。不過Morga說此行並無收獲，只是通知中國有關日本出兵台灣的企圖[104]，Aduarte則說他們遇風而返[105]。總之，此次船隊並未至台灣，而且應只是勘查性質。

　　一般的說法認爲，1598年9月豐臣秀吉過世，日本自朝鮮撤軍，對馬尼拉的威脅亦告解除，不過如同前文引述1598年6月菲律賓總督致國王的軍情報告，在豐臣秀吉過世前，馬尼拉當局已不認爲日本人眞的會出兵攻打馬尼拉；而前一兩年主張征台最力的Luiz Pérez Dasmariñas和Hernando de los Rios已轉到柬埔寨、廣州

（續）────────────

　　　　之文字，至於Juan de la Concepcion於十八世紀撰寫*Historia General de Filipinas*，將此事繫於1593年Zamudio任海防司令與1598年前往廣東二事之間，亦未敍明詳細時間，但似與1598年無關。Juan de la Concepcion之文轉引自村上直次郎譯注、中村孝志校注，《バタヴィア城日誌》，頁417。

103　*Spaniards in Taiwan*, Vol. I, p. 26.

104　1597年正值明朝萬曆二十五年，不過筆者未見到有關西班牙人通知明朝官方的文獻，不知Zamudio有否與明朝官方接觸。

105　Juan de la Concepcion承襲Aduarte的說法，謂Zamudio率領的兩艘船在馬尼拉灣內即已因氣候變化，受到巨浪襲擊，遂放棄來台。參見村上直次郎譯注、中村孝志校注，《バタヴィア城日誌》，頁417。

去發展。

因此，喧嚷一時的征台計劃，突然間在日本、呂宋兩地冷卻下來；日本內部正陷於政權重組，而馬尼拉的西班牙人則熱衷於到廣州通商，對日本、呂宋的西班牙當局而言，台灣島暫時失去重要性。

小　結

十四、五世紀時，華商帶著銅珠、青珠、青白花碗、小花印布、青布、鐵塊、漆器、鍋鼎等商品到菲律賓群島貿易[106]，這種「島際貿易」同樣存在於台灣沿岸，如年代在四、五百年前的台灣考古遺址常可發現中國的陶瓷破片、錢幣，與來自台灣南方的珠貝、琉璃球。

但自十五世紀以來，東亞海域貿易日益蓬勃，各個沿海地域商業的發展，引發了所謂的「倭寇」問題。

明朝長時期施行海禁，但十六世紀中葉以後，允許葡萄牙居住在澳門，使得廣州的商品可以透過葡萄牙人轉運各地，其中最重要的一條航線是澳門到日本；明朝又在閩南開放海禁，同意當地商人出海貿易，不論中國商人航行到菲律賓群島各港或走私到日本，台灣均是商船必經的島嶼。

單以民間商船的航線而論，台灣島正處呂宋、日本、澳門與福建之間，航隻以台灣南北兩端的雞籠頭、沙馬崎頭作為航行指

106　汪大淵，《島夷志略》，頁17、23及33。

標，同時亦到島上取水，均使台灣島的地位逐漸突顯。

　　到了十六世紀下半葉，東亞海域上有兩股勢力逐漸成長、茁
壯，一是日本國經歷群雄爭戰的動亂，在十六世紀下半葉趨於統
一，並且在豐臣秀吉時代向外擴張其勢力；另一股力量是來自南
方的呂宋島，西班牙人於1570年代占據此島，並以呂宋島爲向外
征服、貿易與傳教的據點。

　　台灣周遭海域的商業貿易活動蓬勃發展，使日本與西班牙政
府想要接近、參與或介入其中，台灣島成爲這兩股政治勢力的交
會地[107]，致使1590年代日本與菲律賓當局均有出兵台灣的計畫。

　　商業利益的追求與供養，促使十六世紀中葉以後東亞海域出
現百餘年的繁榮與動盪，東亞海域貿易與政治情勢的變化，也使
台灣島成爲戰略要地。

107　這是地理格局的必然性，1670年英國商人亦謂「萬丹分公司久欲
　　與中國、日本及馬尼剌通商，故希望台灣能成爲該三處之市場」，
　　見岩生成一抄輯、周學普譯，《十七世紀台灣英國貿易史料》（台
　　北：台灣銀行經濟研究室，1959），頁5。對英國人而言，台灣也
　　是居於中國、日本與呂宋三者之間。

第四章 雞籠、淡水的興盛與危機

淡水人貧，然售易平直

雞籠人差富而慳

每攜貨易物，次日必來言售價不準，索物補償

後日復至，欲以元物還之，則言物已雜，不肯受也

必疊捐少許，以塞所請；不，則誶讟不肯歸

至商人上山，諸所嘗識面者，輒踴躍延致彼家，以酒食待我

絕島好客，亦自疏莽有韻

——張燮《東西洋考》，1617年

　　十六世紀下半葉，台灣周遭海域貿易日漸熱絡，中國人、日本人、呂宋的西班牙人及澳門的葡萄牙人積極拓展各自的商業網絡，但彼此也面臨海盜或敵對勢力的威脅。為了脅制對手，保護自己的航運路線與海防安全，競相加強軍事建設，如造軍船、建堡壘及編組軍隊，商業策略與軍事手段交相支援。

　　東亞海域各種政經勢力彼此競爭，台灣島的戰略地位逐漸顯現，而以當時台灣島內各個地域來說，又以雞籠、淡水最為各方重視。換言之，雞籠、淡水出現於歷史舞台，其背景如上章所述，

是東亞海域多元勢力競逐於台灣周遭海域的結果。

因此，在前面兩章的敘述下，本章將轉而探討雞籠、淡水自身歷史的發展，即1570年以後商業貿易的發展，以及1600年至1626年之間，各國進占雞籠、淡水的傳聞與行動。

其次，探討「北港」的崛起及其對雞籠、淡水的影響。因為十七世紀初期雞籠、淡水的商業貿易固然有所發展，但台灣西南海岸的交易活動也在短期間內興起、繁榮。荷蘭人占領大員島（今台南的安平），雖然有荷蘭東印度公司自身的考量，但也是當時台灣島貿易形勢南盛北衰的反映，只是荷蘭東印度公司占領大員後，對台灣南北差異帶來更深遠的影響，使得雞籠、淡水面臨失去貿易與戰略地位的危機。

第一節　1570年以後雞籠、淡水的興盛

本書第二章提及，亞洲傳統的貿易型態，除了島際貿易外，尚有高價商品的長程貿易體系，如中國唐宋以來的泉州港即是此一貿易體系中的要港，而與泉州港僅一水之隔的台灣島卻因某些原因，如缺乏貴重商品，長期處於此貿易體系之外，中國傳統海外文獻對東方海域的記載相當模糊，即是此一現象的反映。

近代中外學者考證《臨海水土異物志》、《隋書・流求傳》等文獻，有些記載被認為與雞籠、淡水有關，如中國學者張崇根輯校《臨海水土異物志》，認為三國時孫吳軍隊登陸地點「應以

台灣北部地區為宜」[1]；再如「流求」地望的爭議中，沖繩論者如梁嘉彬謂隋朝軍隊渡海經過的「高華嶼」應是台灣島北方的彭佳嶼列島，如今之棉花嶼或花瓶嶼[2]；而漢學家Friedrich Hirth 和W. W. Rockhill則謂《隋書》之流求是北部台灣(Northern Formosa)[3]。但上述說法雖值得參考，但多屬臆想，難以遽信。

等到十五世紀明朝與琉球間朝貢往返，隨之興起的貿易活動日益熱絡，使雞籠、淡水捲入了東亞海域的長程貿易體系中，中國文獻對雞籠、淡水的記載才逐漸明確。十六世紀下半葉，東亞的貿易與政治情勢變化，使得雞籠、淡水從船隻航行指標或飲水供應地，進一步變成台灣海域裡重要的貿易港。本節即討論前述東亞貿易與政治勢力的變動，對雞籠、淡水歷史的影響。

一、福建船引制度的影響

1570年代福建沿海的月港開放船隻出洋貿易，當時福建官方規定船隻出海，必先繳稅以取得「商引」，此稅稱之為「引稅」。

1　張崇根，〈三國孫吳經營台灣考〉，收於施聯朱、許良國編，《台灣民族歷史與文化》(北京：中央民族學院出版社，1987)，頁407-411。

2　梁嘉彬，〈論隋書「流求」與台灣、琉球、日本海行記錄〉，收於氏著，《琉球及東南諸海島與中國》(台中：東海大學，1965)，頁306-310。

3　Friedrich Hirth and W. W. Rockhill, *Chau Ju-kua, His Work on the Chinese and Arab Trade in the Twelfth and Thirteenth Centuries* (St. Petersburg: Imperial Academy of Sciences, 1911), pp. 162-166謂流求乃北部台灣(Northern Formosa)，毗舍耶為南部台灣(Southern Formosa)，注者們認為何蠻等人可以望見的地方應是北台，且流求傳的描述均屬北台。

1575年(萬曆三年)前往東、西洋各港之船，每引稅銀三兩，其中亦提及雞籠、淡水，凡到雞籠、淡水的船隻，須繳一兩引稅。其後引稅加倍，東、西洋稅銀六兩，雞籠、淡水稅銀二兩[4]。

根據引稅的徵收及其數額可知，月港開放初期，中國船隻即已前往雞籠、淡水貿易，其時間不晚於1575年，可能早在1550、1560年代中國船隻即已前往雞籠、淡水貿易。而中國船隻前往雞籠、淡水的引稅較東、西洋各港少三分之一，可能是船型較小，獲利較少之故。

又據《東西洋考》載，1575年(萬曆三年)福建巡撫劉堯晦詳允「東西洋船水餉等第規則」，其中有關水、陸餉的規定：

> 船闊一丈六尺以上，每尺抽稅銀五兩，一船該銀八十兩，一丈七尺以上闊船，每尺抽稅銀五兩五錢……二丈六尺以上闊船，每尺抽稅銀十兩，一船該銀二百六十兩。販東洋船每船照西洋船丈尺稅則，量抽十分之七[5]。

又：

> 雞籠、淡水地近船小，每船面闊一尺，徵水餉銀五錢，陸餉亦如東西二洋之例[6]。

4　張燮，《東西洋考》，頁132。

5　同上註，頁140-141。

6　同上註，頁132。

按水餉的徵收以船的寬度計算，前往西洋之中國帆船以一丈六尺為準，每尺收五兩，共徵銀八十兩，由船商支付。當時往西洋的船隻較大，東洋線帆船的載量可能只有西洋線船隻的十分之七，至於前往雞籠、淡水的船，則因「地近船小」，徵收的稅額更少。

不過，《東西洋考》有關雞籠、淡水的水餉記載，似乎有訛誤，船闊一尺不太可能只徵五錢。因為西洋船有一基本稅額（即五兩銀），此外每增一尺，加增五錢，若雞籠、淡水之船每尺只徵五錢，似乎餉額過低，此處「五錢」可能是「五兩」之誤。但不論如何，「地近、船小」是可以確定的。

雞籠、淡水與明朝之間並無任何朝貢關係，但因貿易的發展，使得明朝將雞籠、淡水列入貿易港市之列。

1590年代許孚遠《敬和堂集》卷七收錄的〈海禁條約行分守漳南道〉一文載明，當時東西洋各港口分配到的文引數，並引述前任巡撫周寀之議，謂：

> ……東西二洋共八十八隻，又有小番，名雞籠、淡水，地鄰北港捕魚之處，產無奇貨，水程最近，與廣東、福寧州、浙江、北港船引，一例原無限數，歲有四、五隻，或七、八隻不等[7]。

文中提及雞籠、淡水是小番，鄰近北港，產無奇貨，水程最

7　見許孚遠《敬和堂集》，卷7，〈海禁條約行分守漳南道〉，頁10。

近。其中所謂「水程最近」指的是，在東、西洋各港中，雞籠、淡水距離福建最近，而每年前來貿易的中國帆船不到十艘。

根據許孚遠的記載，1590年以前，雞籠、淡水已成為福建船隻商販的港口，但此等港口若果真產無奇貨，福建人何以至此貿易？

1593年巡撫許孚遠依巡海道呈請，同意增加「占坡、高址州十二處，姑各准船一隻，共湊百隻之數」，而雞籠、淡水文引以十船為準，全部文引增加為一百一十引[8]。此次引數增加，主要有兩個重點：一是月港開放後，通商口岸日益增加，故從八十八張文引，又增十二張。其次，雞籠、淡水原本是不限引數，此次規定發放十張文引。

1590年代，明朝福建官方一方面認為雞籠、淡水產無奇貨，另一方面又視為商販地點，並限制前往經商的船數，其原因可能與呂宋——日本間的貿易興盛有關。

首先，當時明朝官員認為雞籠、淡水「近倭」，如福建巡撫許孚遠在〈疏通海禁疏〉中提到：

> 臣又訪得同安、海澄、龍溪、漳浦、詔安等處姦徒，每年於四、五月間告給文引，駕使烏船稱往福寧載鐵、北港捕魚及販雞籠、淡水者，往往私裝鉛、硝等貨潛去倭國；徂秋及冬，或來春方回。亦有藉言潮、惠、廣、高等處糴買

8　按此即《東西洋考》所謂：「後以引數有限，而私販者多，增至百一十引矣。」見張燮，《東西洋考》，頁132。

糧食，徑從大洋入倭；無販番之名，有通倭之實，此皆所
應嚴禁[9]。

所謂「鳥船」係福建水手使用的一種遠洋商船，其特點是「頭
小身肥，船身長直……船行水上，有如飛鳥」，屬尖圓底的南方
船系[10]。許孚遠認為福建人假稱到北港捕魚或到雞籠、淡水商販，
卻「潛去倭國」，「有通倭之實」。

許孚遠的說法暗示了雞籠、淡水既是商販之地，也是通倭的
途徑。

1610年前後出任福建巡撫的黃承玄亦謂「越販奸民往往托引
東番，輸貨日本」[11]，看法亦與許孚遠相同，所謂通倭，其實包
含了輸貨日本的可能性。

事實上，就當時雞籠、淡水住民的生活情態而言，不大可能
需要中國商船每年帶來十艘船的貨物，雞籠、淡水當時即使可以
提供硫黃、鹿皮，但自身市場規模似乎無法吸引十艘船前來交易；

9　許孚遠，〈疏通海禁疏〉，收於氏著，《敬和堂集》，卷4，頁27；
　　許孚遠類似的看法另可見〈海禁條約行分守漳南道〉一文，謂：
　　「番舶往來海上，不過順風駕使，去在各春之際，故以十一、十
　　二、正月為期，夏必回至之候，故以五、六月為限，此乃時不可
　　易者，及查日本地居東北，去利南風，回利北風，往返之期與東
　　西二洋不同。今後嚴禁商人過二月不許給引，過三月不許開駕，
　　仍行沿海縣分管給浙江、福寧州及北港捕魚船，時當夏至，不得
　　輕給，俱遵原議，俟立秋後填發，庶通倭之徒無所用其姦等」，
　　見氏著，《敬和堂集》，卷7，頁11。

10　陳希育，《中國帆船與海外貿易》（廈門：廈門大學出版社，1991），
　　頁140-141。

11　黃承玄，〈條議海防事宜疏〉，收於《明經世文編選錄》，頁206。

因此，另一個可能是，雞籠、淡水很早就扮演轉運站的角色，華商、日商在此交易，或華商假託來此，卻直接到日本去。

另有一旁證值得注意。1592年豐臣秀吉遣原田孫七郎帶信給菲律賓總督，同行的尚有淺野長吉，此人另帶著日本肥前守松浦隆信給馬尼拉總督的信，但此信簽署的地點卻是「小琉球」，西班牙人翻譯爲Siaulyuquiu[12]。

此一小琉球究指何處，日、美學者有不同見解，分別有呂宋說、台灣說與琉球說三種[13]。筆者認爲松浦隆信之信翻譯成西班牙文後，其地名、人名之譯音均係閩南語音[14]，地名的指稱應該也是承襲福建人的習慣用語。換言之，此一時期「小琉球」對福建人而言，可能指的是北部台灣，特別是雞籠、淡水。該信如發自小琉球，似乎說明日本人在1590年代已往來雞籠、淡水。

因此，雞籠、淡水文引之發放，可能與中國商人、日本商人在福建、日本及呂宋之間的轉口貿易有關，顯示雞籠、淡水在此一海域的重要性日增，而此時亦是豐臣秀吉想要招諭高山國，而

12　*The Philippine Islands,* Vol. 8, pp. 262-263, "Letter from the Chamberlain, Tiau Kit".

13　村上直次郎依據豐臣秀吉與馬尼拉總督間的書信有小琉球一語，認爲小琉球指台灣南部，惟在此一書信則指菲律賓群島，參見村上直次郎譯，《異國往復書翰集增訂異國日記抄》（東京：駿南社，1929），頁40；*The Philippine Islands*, Vol. 8, p. 263譯者注語指小琉球爲沖繩之首里，按應誤；又奈良靜馬認爲指台灣，見氏著，《西班牙古文書を通して見たる日本と比律賓》（東京：大日本雄辯會講談社，1942），頁4。

14　如小琉球寫爲Siaulyuquiu，關白寫爲Quanpec、原田寫爲Guantien，又日本年號天正寫爲Tienchen，均係閩南語譯音。

呂宋的西班牙人欲征服台灣島的年代。

二、西班牙人有關雞籠的認識與圖繪

在1590年代，不僅明朝對雞籠、淡水有較多的文獻記載，在呂宋的西班牙人亦注意到雞籠、淡水，出現了雞籠、淡水早期史中，最詳盡的文字描述與圖繪。

西班牙人最初到菲律賓群島時，對台灣島並不了解。以下探討十六世紀西班牙有關台灣島的認識，特別是對雞籠、淡水的記載。

1542年西班牙派出Ruy López de Villalobos遠征隊，在菲律賓群島南部受到葡萄牙人攻擊而投降，遠征隊包含了García de Escalante Alvarado[15]，此人自葡萄牙人Diego de Freitas得知有關「Lequios」的地理知識，如琉球人的外貌、習俗及在東南亞販賣的商品(金和銀)，並且知道琉球群島大部分是小島，位置在日本島南方，向中國沿岸延伸，其中與日本相近的是大琉球，靠近中國的是小琉球(Lequio Menor)[16]。這是西班牙人首度注意到台灣島。

1554年葡萄牙製圖師Lopo Homem所繪的世界地圖中，出現I.

15　或拼為García Descalante Alvarado，見*The Philippine Islands*, Vol. 2, p. 67.

16　"Relacion de Diego de Freitas"，後來收於1570年代西班牙官方編纂的*Geografía y Dscripción Universal de las Indias*，後者為十六世紀西班牙人對東方的權威性記載，本書轉引自岸野久，《西歐人の日本發見：ザビエル來日前日本情報の研究》(東京：吉川弘文館，1989)，頁25-27、90。

fermosa的記載[17]。1564年7月6日有艘葡萄牙船Santa Cruz號自中國至日本：「⋯⋯駛往漳州附近，再沿著isla Fermosa, o Liquio pequeno航行」[18]。此時葡萄牙人認為台灣海域有福爾摩沙島與小琉球島，但各自的位置並不固定。

　　1570年代初期西班牙人占據呂宋島時，對台灣的認識反而倒退，既不知福爾摩沙島，又沒有分別大、小琉球，只是通稱其北方海域有「琉球群島(Lequios)」，位於呂宋與日本之間。顯然直至1580年，西班牙人對台灣島的認識仍相當粗略。

（一）最早描述北台住民的文獻

　　1582年有艘葡萄牙船自澳門開往日本，7月16日觸礁，人員漂至一島嶼，全船將近三百人，只有九十餘人生還，返回澳門。西

17　曹永和，〈歐洲古地圖上的台灣〉，收於氏著，《台灣早期歷史研究》，頁300-301。按此圖在東亞部分畫一連串島嶼，在北回歸線以北，由中國海岸向日本方向延伸，其中島名由南向北，分別為I. formosa、I. dos reis magos、I. dos lequios、lequios、I. do fogo等。Homem此圖畫法與Vallicelliana圖書館所藏之圖相似，但Homem試圖標出島名，其中Formosa一名首見採用，又出現I. dos reis magos、I. dos lequios、lequios等島名，似乎說明Homem採錄了新的地理知識，但對此區域的認識仍有限，如I. dos lequios與lequios並列，又與Formosa之間加上I. dos reis magos，均屬突兀。不過值得重視的是，Formosa島的位置在Lailo(料羅)灣以東，兩者緯度約略相等，似是指北部台灣，可能是葡萄牙人於航行過程中見到北部台灣，命名為Formosa，再轉為地圖師所收錄。

18　原文出自1598年出版之《耶穌會書翰集(1549－1589)》(Carta que os Padres e Irmaos da Companhia da Jesus Escreverao)，係葡萄牙貴紳寄信給澳門的Francisco Perez神父，報告有關Captain major Dom Pedro D'Almeida的航行情況，本書轉引自曹永和，〈歐洲古地圖上的台灣〉，收於氏著，《台灣早期歷史研究》，頁320。

班牙學者José Eugenio Borao認爲船難的地點是在台灣北海岸[19]。事後三位傳教士分別記載其親身經歷，可以視爲是西班牙人最早和北台灣住民接觸的文獻。

　　根據西班牙籍耶穌會士Pedro Gomez描述，當他們棄船上岸後，有大約二十個住民接近他們，這些人赤裸上身，僅圍著一條腰布，頭髮披散，長及耳，部分人頭上插著白紙條，像頂皇冠。所有的人帶著弓及有著長鋒刃的箭，他們不發一語，開始收集所有的白布。遭難的船員則試圖以殘餘的貨品與住民交易糧食[20]。

　　另一位葡萄牙籍的耶穌會士Francisco Pirez回憶道：此地住民住在森林中，男人和女人使用弓和箭，同行人員中有一年輕的呂宋人，由Alonso Sanchez帶來。這位呂宋人與當地住民溝通，並和他們同至村莊。Pirez說他的同伴曾見到當地住民捕鹿的情形，且說有兩三個村落彼此相距三leguas(約十七公里)，彼此之間互相敵對。他又聽說在此島南端有一港口(按可能指台灣西南海岸)，那裡有二或三艘中國船在捕魚和購買獸皮[21]。

　　至於西班牙籍的耶穌會士Alonso Sanchez只有簡短的的記載，描述船難過程，並認爲當地住民會吃人肉(comían carne humana)[22]。

19　José Eugenio Borao著，林娟卉譯，〈關於台灣的首份西方文獻〉，《北縣文化》58(1998年11月)，頁42-47。

20　*Spaniards in Taiwan*, Vol. I, p. 5.

21　Ibid., pp. 13, 15.

22　Ibid., p. 11.

(二)1584年有關台灣住民的描述

1580年代初期，有位Francisco Gualle船長奉派調查菲律賓與墨西哥之間的北太平洋航路。F. Gualle於1582年3月自墨西哥港口Acapulco至馬尼拉、澳門，1584年7月由澳門回返墨西哥。F. Gualle曾途經「琉球群島」，記錄途中見聞，據中村孝志的看法，似與北部台灣有關，以下先介紹航行記錄中的相關記載：

F. Gualle的航行記錄後來衍生出不同的抄本，日本學者岡本良知搜集了三個版本，本書引述與台灣住民有關者如下：

1.1646年抄寫本：「(船隻)由澳門出發，……據一漳州人piloto(可譯為舵手或伙長)所說，這些島嶼在北緯二十二度弱，水深三十尋，雖無法望見諸島，但由緯度及水深，可知業已經過。航經福爾摩沙島時，方向為向東及東北四分之一，行走二百六十legua(約1450公里)，據那漳州伙長對我說，這群島有很多良港，住民如同菲律賓的Bisaya人在臉及身體描畫，並穿著風格特殊的衣服，產金，住民載著鍍金的皮革及金粉到中國及日本。我相信這位伙長所說，因為他對我說的其他事情也很實在。」

2. Couto著作所收與上述相似，不贅述。

3. Linschoten之著作：「自澳門出發……根據漳州稱為Sandy的中國人所說，這群島有很多的良港，住民與呂宋群島的Bisaya人有同樣的衣著和同樣的臉面及身體描畫。又說在此發現金礦，住民載著獸皮、金、穀物、小手工藝品的小船到中國沿岸通商，這個中國人斷言這是確實的事，他曾九次航行到這群島，載著如前記的商品到中國。我也在澳門及中國沿海得到同樣的消息，故

相信他的話。[23]」

　　以上三文獻均源自F. Gualle的航海記錄，但彼此之間有詳略，甚至不同。如福爾摩沙島的寫法有單數、複數的不同，其位置分別寫爲21度、22度弱或21度四分之三。由於台灣南端恆春半島的緯度約爲北緯22度，故三者記載雖略有差異，但福爾摩沙島的開端，對南方駛來的船隻而言，確實始於北緯22度左右。

　　根據F. Gualle的記錄，船隻離開澳門後，向東北方行駛，似乎自澎湖群島（即當時所稱的漁夫群島）及福爾摩沙島之間經過，而F. Gualle認爲福爾摩沙島或福爾摩沙群島屬於琉球群島。更值得重視的是，F. Gualle認爲琉球群島的住民服飾、身體紋飾與菲律賓的Bisaya人相似。

　　西班牙人占領菲律賓群島後，稱呂宋島南方的Bisaya（Visaya）人爲Pintados，意即文身者，似乎Bisaya人的身體紋飾讓西班牙人印象深刻，故特別稱之爲Pintados，而F. Gualle以此比擬琉球群島之住民。

　　小葉田淳認爲漳州piloto所述位置即大琉球，但內容混入台灣島的記載，故此一文獻反映的是漳州人與琉球來往頻繁[24]；在另一篇文章中，小葉田淳認爲漳州piloto所說金與皮革輸往中國的消息，大概指的是台灣的住民——而且是指雞籠、淡水而言，因爲明末漳泉海商每年至雞籠、淡水貿易[25]。

23　以上三文獻參見岡本良知，《十六世紀日歐交通史の研究》，頁454-457。

24　小葉田淳，《中世南島通交貿易史の研究》，頁371-372。

25　見小葉田淳，〈台灣古名隨想〉，收於氏著，《隨筆新南土》，頁52，

　　中村孝志接受小葉田淳的看法，認為琉球人不會與中國交換鹿皮，而台灣當時有產金的傳聞，故認為漳州piloto所描述的地點應是北部台灣[26]。上述學者們的推論，不無可能，不過本書持較保留、慎重的態度；因為依中村孝志的看法，勢必會推演出雞籠、淡水之人也會駕駛小船，載著鹿皮、黃金到中國和日本販賣，但這似與史實不符。

　　因此，漳州piloto的某些見聞也許得自雞籠、淡水，但F. Gualle描寫的琉球群島應包含現今的台灣與沖繩，故駕船到中國或日本買賣的人應指沖繩人，而根據住民的衣著、文身習俗及產金、皮革等現象，可以判斷是指台灣而言，但是否即指台灣北部的雞籠、淡水而言，可能是個疑問。台灣南部亦產鹿皮，也有產金傳聞，且漳泉海商此時活動的範圍包含北部的雞籠、淡水，和南部的北港、沙馬崎頭等地。所以F. Gualle航海記錄描寫的文字，應是雜揉了航海者在沖繩、台灣各地的見聞，但卻難以認定專指雞籠、淡水。

（三）Hernando de los Rios有關雞籠、淡水的報告

　　最明確記載雞籠、淡水的文獻應屬1597年Hernando de los Rios的報告，他為了說服西班牙國王和菲律賓總督占領福爾摩沙島，特別敘述台灣島的地理位置，概述其報告如下：

（續）────────────────────────

　　　　轉引自中村孝志，《荷蘭時代台灣史研究 上卷概說‧產業》（台北：稻香出版社，1997），頁171；又小葉田淳在〈日本と金銀島との關係形態の發展〉，《台北帝國大學文政學部史學科史學研究科年報》1（1934），頁76，謂鹿皮貿易乃台灣所有，產金則是當時西、葡人對琉球的看法。

26　中村孝志，《荷蘭時代台灣史研究 上卷概說‧產業》，頁171。

目前更重要而迫切的是在福爾摩沙島占領一港口。此島周圍有二百leguas（約1114公里），位於呂宋島最邊緣的Cagayen東北方三十六leguas（約200公里）。此島位於二十二度至二十五之間的東北方向，離中國大陸不超過二十leguas[27]。

據某些到過該地的人說，此島很肥沃，居民像菲律賓群島的住民。他們會搶劫和殺死船難漂來的水手。位於中國到本市（按指馬尼拉市）、日本到本市和其他區域的交通路線上，此島充滿了糧食。

此段文字有幾個重點值得注意：

1.台灣的住民很像菲律賓人。

2.台灣的住民會搶劫和殺死船難漂來的水手。對西班牙人或歐洲人而言，此一看法和台灣住民吃人肉、獵首等傳聞加總起來，成為台灣住民原始、野蠻的證據。

3.台灣位於中國到馬尼拉、日本到馬尼拉和東南亞各地的交通路線。此一地理認識是1590年代呂宋的西班牙人重視台灣島的主要原因。

其次，Hernando de los Rios特別提到雞籠港，這也是西班牙文獻中首度記載雞籠一名，其文字謂：

---

27 按二十leguas約合111公里，不過實際上台灣海峽最狹處約一百三十公里，最寬處二百五十公里，見王鑫，《台灣特殊地理景觀》（台北：交通部觀光局，1997），頁5。

福爾摩沙島有一些港口，但有一個港口位於此島的頂端，面向日本，非常合適(acomodado)、堅固(fuerte)，被稱爲Keilang(雞籠)，目前此港並無防禦工事，如駐守三百士兵和建一堡壘，此區域的各股勢力將無法攻擊。有一條很窄的水道，可用砲火防禦，不受風的侵擾，是個大港口，船隻隨時可以停泊。港口的東北方有一個住著約三百個人的島擋著。

……在福爾摩沙島的雞籠港，國王您派來的軍隊在此會很安全且受到良好供養，因爲此地肥沃，可供應米、肉和魚，魚多到每年可以裝滿兩百艘船到中國。他們主要來自很近的中國沿岸，在那裡大量的魚是用來交換錢幣，在日本也有銀供應[28]。

這份報告可以說是目前中外文獻中，最早且最詳細描述雞籠、淡水的史料。西班牙人已注意到雞籠港地理形勢上的優越：可以蔽風，有一島嶼(即今社寮島)可以設險據守，島上有住民三百人；此外，有中國船來雞籠港交易。不過值得注意的是，Hernando沒有提到是否有日本人在此居住或交易，但雞籠似乎與日本有貿易關係。

Hernando在報告中附有地圖，保存至今(見圖4-1)。地圖中描繪福爾摩沙島、呂宋島及福建、廣東沿岸。在福爾摩沙島部分，註明有雞籠港(Puerto de Keilang)與淡水港(Puerto Tamchuy)，雞

28　*Spaniards in Taiwan*, Vol. I, pp. 34-36.

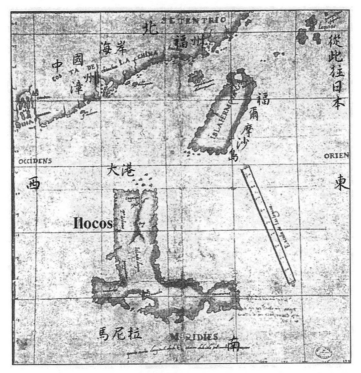

圖4-1　1597年Hernando de los Rios繪製呂宋、台灣與
中國沿海圖
在台灣島僅註記「淡水港」與「雞籠港」兩地，顯示雞
籠、淡水此時較受重視。右上方琉球群島旁，註記「從
此前往日本」。（資料來源：*Spaniards in Taiwan*, p. 41.）

籠港被畫成幾乎被陸地圍繞的水域，淡水港則像一長形河道口；
漁夫群島（即澎湖群島）則註明無人居住，但有好的港口（複數），
唯圖上所繪位置較實際偏北。中國沿岸則標出廣州、澳門、漳州
及福州等四個城市。

圖4-2　1597年Hernando de los Rios繪製之雞籠、淡水
　　　　圖局部
此圖可謂是最早且正確描繪雞籠港、淡水港的作品，圖
中之中文乃西班牙文標註的譯文(資料來源：*Spaniards in
Taiwan*, p. 41.)。

　　Hernando對雞籠港的圖繪，是中外文獻中最早、最準確者。其描畫（見圖4-2）及文字敘述相當眞實及明確，事實上，Luiz Pérez Dasmariñas亦提到有西班牙人及馬尼拉的華人到過福爾摩沙島，所以1597年前後可能已有西班牙人來過雞籠港探勘。不過他們應是循著華商的交易網絡而認識北部台灣，因爲Keilang、Tamchuy這兩個地名的拼法，顯然是根據閩南人的語音，換言之，很可能有漳泉海商伴隨他們到雞籠、淡水。

　　Luiz Pérez Dasmariñas與Hernando de los Rios當時極力呼籲西班牙應占領台灣，而他們的報告又特別強調雞籠港的重要性，由此應可推論，如果西班牙出兵台灣，雞籠港必然是他們攻占的首要目標，只是當時Juan de Zamudio領導的艦隊並沒有來到台灣，所以無從證實。三十年後，西班牙人果眞來到雞籠、淡水，不過時過境遷，已是在不同的情境下做出的選擇。

第二節　十七世紀初日本的覬覦與雞籠、淡水貿易的發展

　　十七世紀初，東亞海域間流傳著攻占雞籠、淡水的傳聞；傳聞未必是眞實，但即使是捕風捉影，傳聞亦有些依據，反映的仍是台灣周遭海域強權對雞籠、淡水的高度興趣。

　　日本是傳聞中的主角。1590年代日本對外擴張的力量並沒有因豐臣秀吉過世而減弱，1600年關原戰役後，德川家康成爲日本霸主，朱印船貿易興盛而持續地發展著，琉球、台灣也受到武士、商人的覬覦，成爲日本征服的目標。日本學者岩生成一解釋十七

世紀上半葉日本的幾次征台行動，認爲是當時明朝拒絕日本朝貢，亦不准中國人民至日本貿易，迫使日本人往南方島嶼發展，尋求與中國人進行貿易[29]。但對日本統治者而言，應該不僅僅只是尋求與中國貿易的轉運站而已，征服的動機應與貿易的想望並存。

一、日本征台的傳聞

1590年代豐臣秀吉威脅征服呂宋，雖然並無實際軍事行動，但呂宋的西班牙人不斷謠傳日本人要出兵福爾摩沙島或呂宋島，即使豐臣秀吉死後，這樣的傳聞也沒有中斷過。

1599年2月25日耶穌會士Pedro de la Cluz從日本長崎發信給耶穌會總會長，他認爲豐臣秀吉殺傳教士，奪取西班牙San Felipe號的船貨，並想進占菲律賓，危害西班牙人。Pedro de la Cluz主張，西班牙人應征服日本，以武力占領日本的港口，作爲傳教、貿易與征服之基地，並進而成爲征服中國的根據地。在信中，他又提到一項訊息：

> 傳說西班牙將來想進行(按即征福爾摩沙島)或者已經進行，我並不知詳情，但如果在福爾摩沙島建立基地的話(原文按語：因日本人抱持征服計畫，爲防守菲律賓，對西班牙人而言是重要的)，可以從這裡(按即福爾摩沙島)使他們

29　岩生成一，〈松倉重政の呂宋島遠征計畫〉，《史學雜誌》45:9(1934年9月)，頁143。

的船隊或艦隊適時渡來(按指日本)[30]。

Pedro de la Cluz是西班牙人，他在信中用了非常多的篇幅闡述征日的主張，亦讓我們了解1599年在日本長崎的傳教士，或者在日本的傳教士間流傳的一些傳聞：即呂宋的西班牙人可能會征服福爾摩沙島，並且日本人可能出兵呂宋。

同一時期，中國沿海亦流傳日本人攻擊雞籠的說法。

1604年8月，荷蘭東印度公司派出的艦隊航抵澎湖，艦隊司令韋麻郎(Wybrandt van Waerwyck)透過華商，請求與明朝通商貿易，當時福建稅監高寀主張與荷蘭人互市，地方官員如福建巡撫徐學聚則反對荷蘭人在澎湖占地設市，徐學聚在〈初報紅毛番疏〉中曾提及一項傳聞：

> 關白時倭將欽門墩統舟二百欲襲雞籠、據彭湖，窺我閩、粵；幸先事設防，謀遂沮。年來倭夷屢窺此島，不得志意，豈一日忘彭湖耶[31]！

本書第三章第四節已討論此疏，所謂關白欲襲雞籠之事，應係東亞海域間航海者傳言，如呂宋的閩南人Lopez隨呂宋使節至日本時所聞，而非真有此事，但十七世紀初的明朝官員則認為豐臣

30　岸野久、高瀨弘一郎譯注，《イエズス會と日本》(東京：岩波書店，1981)，頁199-248。原文件出自 Archivum Romanum Societatis Jesus, Jap. Sin. 9-II, ff. 167-169.

31　徐學聚，〈初報紅毛番疏〉，收於《明經世文編選錄》，頁191。

秀吉時曾想攻擊雞籠、占據澎湖，似乎想藉此強調日本對明朝福
建沿海的威脅。

《明神宗實錄》萬曆三十五年（1607）十一月，敘述高寀被彈
劾，並追記當時福建巡撫徐學聚以「卻紅夷事有功」，但受高寀
打壓之事，其中謂：

> 自寀壞海禁，而諸夷益輕中國；以故呂宋戕殺我二萬餘人，
> 日本聲言襲雞籠、淡水：門庭騷動，皆寀之爲也[32]。

「呂宋戕殺」之事應指1603年馬尼拉發生的暴動，當地華人
被殺二萬多人[33]，至於日本「聲言」襲擊雞籠、淡水，則是傳聞
之事。

1607年3月1日，在日本長崎的耶穌會士Luiz Sequeira寫信給耶
穌會總會長，謂：

> 依據日本全土支配者將軍的命令，1607年3月日本人爲了遠
> 征福爾摩沙島，正作戰爭的準備……但這準備被將軍中
> 止……如果眞的發生，將給澳門市、東印度各領域與日本
> 之間的貿易帶來重大損害[34]。

---

32 《明神宗實錄》，萬曆三十五年（1607）十一月戊午條，轉引自《明
　　實錄閩海關係史料》，頁101。

33 *The Philippine Islands*, Vol. 6, pp. 292-296, "Conquest of the
　　Malucas Islands".

34 岸野久、高瀨弘一郎譯注，《イエズス會と日本》，頁342，原文
　　件出自Archivum Romanum Societatis Jesus, Jap. Sin. 21-I, ff.

　　與此類似的傳聞又見於1610年2月17日葡萄牙國王Felipe II給
印度總督Luiz Laurenço de Tavora的訓令，其中謂：

> 根據總督給我的報告，現在統治日本全國的國王為航渡至
> 鄰近漳州的福爾摩沙島，他們稱之為高砂，而整修軍備。
> 其企圖是先征服福爾摩沙島，然後再到葡萄牙人的澳門及
> 西班牙人的馬尼拉。在福爾摩沙島招引中國人，買入葡萄
> 牙人及西班牙人自澳門及馬尼拉運來日本的絲及其他商
> 品……如征服該島成功，將給澳門及全印度領土損害甚
> 大，據在日本教士的意見，因中國人反對，本計畫未照日
> 本國王希望進行[35]。

　　按葡萄牙人認為日本人想占領台灣，招徠中國商人貿易，如
此將危及澳門與日本間的貿易。
　　岩生成一認為此傳聞是指有馬晴信派船來台之事，因在日本
的傳教士得知後，向印度臥亞(Goa)總督報告，總督再寫信報告國
王[36]。但有馬晴信是在1609年初下令臣下來台，而葡萄牙國王於
1610年二月即得到消息並發出訓令，時間相隔只有一年，似乎不
合情理；因為，當時消息的傳遞不會如此快速。但不論如何，這

（續）

135-137v.
35　筆者未見原文，此處轉引自岩生成一，〈有馬晴信の台灣島視察
　　船派遣〉，收於阪上福一編，《台灣總督府博物館創立三十年記念
　　論文集》（台北：台灣總督府博物館，1939），頁290-291。
36　同上註。

又是一件傳聞，而且葡萄牙人相信，日本人可以在台灣與中國商人進行交易。

綜上所述，十七世紀的最初十年，台灣周遭海域間，不論是西班牙人、日本人或中國人均流傳著日本要征台或征雞籠的訊息，說明台灣或雞籠在此一海域的重要性並未因豐臣秀吉的過世而消失。到了1610年代，攻擊傳聞逐漸轉為實際行動。

二、島津氏出兵琉球及有馬晴信派船來台

1609年，日本發生了幾件事：一是島津義久征伐琉球，二是有馬晴信派船到台探察，三是荷蘭人在平戶設立商館的開始。上述事件看似與雞籠、淡水不相干，然而事實上卻影響了雞籠、淡水當時以及後來的情勢發展。

早在豐臣秀吉時，即視琉球為藩屬，要求琉球派兵征韓。到了德川幕府時，薩摩的島津氏取得德川家康的同意，於1609年出兵琉球。此年4月琉球投降，5月時，琉球國中山王尚寧派員轉遞咨文給福建布政使，詳述琉球被日本襲擊與割土獻降的經過，其中提到：

> 舉國官民無奈，議割北隅葉壁一島，拯民塗炭，詎彼狡奴得隴望蜀，又挾制助兵劫取雞籠，卑職看其雞籠雖是萍島野夷，其咽喉毗連閩海居地。藉令雞籠殄虐，則省之濱海居民焉能安堵，故而不為之驚懼也……[37]。

---

[37] 沖繩縣立圖書館史料編集室編集，《歷代寶案》第一輯，卷18，

不過次年又有一咨文，說明日本不會攻擊雞籠，其文謂：

> 琉球與倭國相去僅二千餘里，今不講禮，後世必有患……
> 熟視彼國之風俗，外勇猛而內慈哀也，深睦講好，又恤弱
> 小，割地盡行退復，雞籠聽諫罷止，約相和好[38]。

日本學者小葉田淳認為，1609年（萬曆三十七年）是琉球朝貢的年度，故琉球國先後發出兩件咨文，主要是希望明朝能寬宥「緩貢之罪」[39]，但值得注意的是，兩件咨文中提及日本意欲或不欲出征雞籠之事。

根據現代學者的研究，島津氏出兵琉球，只是希望能掌控中山國政局，進而介入其對明朝貢事務，壟斷對明貿易[40]，應無攻擊雞籠、為患中國沿海的意圖。但是，中山國的咨文詳述被攻擊的慘狀後，卻特別強調日本人會攘奪雞籠，進而使閩省沿海居民遭害。這種說法應是希望明朝官方能介入琉球戰事，故而聲稱島

（續）──────────────

　　頁571，文字略有缺，據頁576補。

38　同上註，卷18，頁573-574；同時另一咨文亦謂「並前割地盡行退復，要取雞籠，聽諫罷止」，見沖繩縣立圖書館史料編集室編集，《歷代寶案》第一輯，卷18，頁578文字約略相同。

39　小葉田淳，〈近世初期の琉明關〉，收錄於氏著，《中世南島通交貿易史の研究》附錄，頁6。

40　參見宮城榮昌，《琉球の歷史》（東京：吉川弘文堂，1977），頁106-107，謂薩摩侵略琉球以支配異國，係向諸國大名誇耀薩摩的權威，並壟斷對明貿易利益；又米慶余，《琉球歷史研究》，頁65-67，謂豐臣秀吉已有征服琉球之想法，等朝鮮戰役失敗，明朝嚴禁對日貿易，島津氏為求對明貿易而在幕府支持下攻擊琉球，係為了壟斷對明貿易以彌補自身財政困境才入侵。

津氏有此企圖。

等到1609年底至隔年初，中山國確認無立即亡國危機，其策略轉而期盼維持與明之朝貢慣例，故改稱日本人其實是「外勇猛而內慈哀」，關於征雞籠之事亦已「聽諫罷止」。由於中山國才剛被征服，卻能諫止島津氏罷征雞籠，似乎於理不合，顯然琉球人把前一年的情勢說的太嚴重，懼怕明朝官方信以為眞，加緊防範倭人入侵，故於次年轉咨明朝，謂倭人已聽諫罷止；換言之，日本既然不征雞籠，自然也不威脅明朝[41]。

此一事件實際上與雞籠無關，純粹是琉球國的外交策略與說辭，但卻顯示了十七世紀初琉球人對雞籠的兩個看法：一是雞籠尙是萍島野夷，二是雞籠位於琉球與明朝福建省之間，是閩省的「咽喉」之地。

中山王的咨文引起當時明朝官員重視，如顧炎武纂輯《天下郡國利病書》即謂：

> 況今琉球告急，屬國爲俘，而沿海姦民提帆無忌，萬一倭奴竊據，窺及雞籠、淡水，此輩或從而勾引之，門庭之寇不爲大憂乎[42]。

---

41 1616年琉球國再報知倭欲侵雞籠，福建巡撫黃承玄在奏疏中載：「或謂琉球警報，徒借倭事以相恐嚇，且溫貢道以示款誠，而不必有是情實。」收於《明經世文編選錄》，頁227，顯然當時福建官員對所謂琉球情報的眞偽，是頗有保留。

42 顧炎武纂輯，《天下郡國利病書》，原編第26冊，「洋稅考」條，頁1298。

在島津氏出兵琉球的同時，有馬晴信受日本幕府之命，派人至台灣招諭勸降。據有馬晴信家族流傳的文獻，有馬晴信要求部下要偵察台灣的港灣與物產，製作地圖，招諭當地住民，促成中日商人於此進行貿易。岩生成一引耶穌會神父Giovani Rodrigues Giran的報告，認為此行僅俘虜幾位台灣的住民，並奪取數艘在當地的中國船，即返回日本[43]。

明朝董應舉曾記載一段日本人攻打雞籠的傳聞。董應舉係福建閩縣人，1598年（萬曆二十六年）進士，在1616年所寫的〈籌倭管見〉一文中，記述：

> 倭垂涎雞籠久矣，數年前曾掠漁船往攻，一月不能下，則髡漁人為質於雞籠請盟，雞籠人出即挾以歸[44]。

此文與前述耶穌會士所記有點相似，因為董應舉所說時間是在1616年的前幾年，兩者時間相近；董應舉描述日本人劫持明朝的漁船，攻打雞籠與挾雞籠人回日本，亦與上述耶穌會神父所載相似，但不論二者是否同指有馬晴信派船來台之事，卻可視為1610年代日本有攻打雞籠的行動。

三、村山等安派船征台與明朝的應對

1615年7月24日，日本長崎代官村山等安獲得前往「高砂國」

43　岩生成一，〈有馬晴信の台灣島視察船派遣〉，收於阪上福一編，《台灣總督府博物館創立三十年記念論文集》，頁291-292。
44　董應舉，《崇相集選錄》，頁11。

貿易的朱印狀。朱印狀由幕府發給，其上寫明准許前往的港口名稱，其地點通常是當時東亞海域主要港口，如呂宋、安南、暹羅、「太泥」(又作北大年、Patani，馬來半島東岸中部港口)等，但村山等安取得的是高砂國朱印狀，卻顯得十分特殊，因為這是第一張前往高砂國貿易的朱印狀，岩生成一認為此狀蘊藏著幕府要村山等安遠征台灣的使命[45]。

1616年3月村山等安任命次子村山秋安帶領十三隻船由長崎出發，前往高砂島(即台灣島)，但途中遭遇暴風雨，只有一艘船抵達台灣島，其餘分別漂至中國沿海及交趾。據當時在日本平戶的英國商館長Richard Cocks所得消息：

> 那艘抵達台灣的船來到一小灣(creek)，船員們想要再往內陸探查，卻在還未察覺住民之前，即被襲擊。日本人看到不能逃脫，又不願落入敵人手中而切腹自殺[46]。

R. Cocks並未說明小灣所指何處，而且說這只是他聽來的傳聞，所以無法確知船隊預定要在台灣那個地方登陸，也不知他們是否到了台灣何處；但在琉球和福建兩地卻傳說日本人是到了雞籠、淡水，甚至清代的文獻亦謂「萬曆四十四年(按即1616年)倭

---

45 岩生成一，〈長崎代官村山等安の台灣遠征と遣明使〉，《台灣大學文政學部史學部史學研究科年報》1(1934)，頁301-302。

46 東京大學史料編纂所編纂，《イギリス商館長日記 原文編之上》(東京：東京大學史料編纂所，1978)，頁260。

夷脅取其地，久之(雞籠)始復國」[47]。

　　村山秋安出兵的消息是透過不同管道，迅速地傳到福建、浙江官方，當時福建巡撫黃承玄在〈題琉球咨報倭情疏〉中，報告此事，並載明其消息來源：

　　一、琉球國王尙寧遣通事蔡廛至福建通報，謂：

　　　　遍聞倭寇造戰船五百餘隻，本年三月內協取雞籠山等處，
　　　　竊思雞籠山雖是外島野夷，其咽喉門戶，有關閩海居地，
　　　　藉令肆虐雞籠，則福省之濱海居民焉能安堵如故[48]。

　　琉球使節船於1616年6月6日(農曆四月二十三日)抵達福建，報告三月份日本船「協(脅)取」雞籠山等處。

　　二、明朝軍隊搜集的情報：銅山寨把總汪伯泓報稱，有「倭王造船二十餘，挑選倭眾奪占東番山，意在互市等情。[49]」

　　琉球的通報與銅山寨的報告應同指一事。琉球人報告有戰船五百餘隻，顯係誇大之詞，又謂日本脅取之地是「雞籠山」，但銅山寨的報告卻說「東番山」，雙方指稱地名的差異應是彼此對台灣的稱呼不同；琉球人著重的是北部台灣，故稱雞籠山，而銅山寨在閩南漳浦、詔安海岸，近南部台灣，而且1601年(萬曆二十九年)底，沈有容攻擊台灣西南部海岸的倭寇，即稱該島為「東

47　顧祖禹，《讀史方輿紀要》，卷99，頁4143，「琉球」條。
48　黃承玄，〈題琉球咨報倭情疏〉，收於《明經世文編選錄》，頁226。
49　同上註，頁225-226。

番」[50]，故銅山寨亦報稱是「東番山」。

1616年6月中，浙江沿岸官員亦回報有夷船或大夷船出現，大船每隻載百餘人，小船約載五十餘人。福建巡海道副使韓仲雍在6月28日(農曆五月十五日)遣把總董伯起等人往東湧一帶偵探[51]，1月1日與村山秋安失散的船隊接觸，據載：

> 大倭船二隻，各載壯倭一百三、四十人；又白艕大船一隻。船內器銃精利、銀錢滿載，欲往雞籠；因風不便，暫泊東湧，以候浙境九船合艘齊發。……言奉彼國王差往東番商貨，並不干擾唐人。風候羈誤，實出無奈。隨聽本總勸諭，將擄繫漁船放回。但欲邀伯起送至彼國，回報國王免罪[52]。

朱國禎有〈東湧偵倭〉一文，即描寫董伯起率船偵察，與被日本船劫持的經過，謂：

> (日本船上)通事曰：他琅砂磯國王差往雞籠，風既不便，歸去恐得罪，卻將你首車一人去，回報國王免罪[53]。

---

50 見陳第，〈舟師客問〉，收於沈有容編，《閩海贈言》，頁28-32。
51 據曹學佺所載：「巡撫黃承玄懸賞招人偵探，時有閩縣人董伯起者應募，奉文往東湧外洋」，意即董伯起原非把總，只是應募者，見曹學佺，《湘西紀行》，下卷，頁44，收於氏著，《曹能始先生石倉全集》(東京：高橋情報，1993)。
52 黃承玄，〈類報倭情疏〉，收於《明經世文編選錄》，頁230。
53 朱國禎，〈東湧偵倭〉，收於《崇相集選錄》，頁122。

　　按「他琅砂磯」應爲日語「長崎」之中文譯字，他琅砂磯國王即指長崎代官村山等安，文中通事爲一漳州人，被僱在日本船任通譯。

　　村山等安下令部屬到高砂國，但不論琉球的情報或明朝軍方的報告，均稱日本人欲往雞籠、淡水或東番。由於村山秋安的船隊主要目標乃前往雞籠、淡水，船上並載銀錢、兵器，兼有征服與貿易兩種企圖，但並非要侵寇中國沿海，因此讓福建官員感到困惑，似乎與過去所謂的倭寇不同，如福建巡撫黃承玄即形容這次倭寇的行動是：「似馴似暴，情態靡常；倏去倏來，蹤跡叵測。大抵以雞籠、淡水爲名，而以觀望窺探爲實。[54]」

　　連續兩年（1616、1617年），福建官兵與日本人遭遇、對打或會談，引起明朝官員對海上防務的憂慮，以下引述三位在職或不在職的官員對此事的評論：

　　1.福建巡撫黃承玄懷疑日本有南侵企圖

　　黃承玄歸結上述情報，又連繫十餘年前豐臣秀吉攻打朝鮮之事，認爲日本相當桀黠，自北面則借徑對馬島，可以窺伺朝鮮，南面則經歷薩摩、博多，渡航大琉球國，並於近年逼迫大琉球國歸順。

　　他擔心如果此次日本船隊果眞南侵，「以下琉球之餘勁，撫而有之，偵我有備則講市爭利，乘我隙瑕則闌入攻剽閩及浙、廣之交，終一歲中得暫僕其枹燧乎？」黃承玄在疏中又有一段文字描述雞籠、淡水之人，及雞籠、淡水的重要性，謂：

――――――――――

54　黃承玄，〈題報倭情疏〉，收於《明經世文編選錄》，頁234。

夫倭豈眞有利於雞籠哉，其地荒落，其人鹿豕。夫寧有子
女玉帛可中倭之欲也者，而顧耽耽伺之也……今雞籠實逼
我東鄙，距汛地僅數更水程。倭若得此而益旁收東番諸山，
雞籠在琉球之南、東番諸山在雞籠之南……及查倭之入
閩，必借徑水於南麂，而後分艘南發。西北風，則徑指雞
籠諸島；東北風，則應右突福寧[55]。

2.董應舉認為日本有可能侵襲閩浙

董應舉本在朝中任官，此時告歸在里，他認為近二、三十年
來，日本是有意地向外擴張，如謂「前殘朝鮮，又收琉球，又志
雞籠」，又謂「垂涎雞籠，志不在小，或收雞籠以迫我，或借雞
籠以襲我，無但曰彼志通商，逆風假息而已」。因此董應舉判斷，
閩浙沿海勢必成為下一目標[56]。他在〈籌倭管見〉一文中亦謂「雞
籠去閩僅三日，倭得雞籠，則閩患不可測」[57]。

3.徐光啓呼籲直接與日本互市

徐光啓〈海防迂說〉一文亦謂「雞籠、淡水，彼圖之久矣；
累年伐木，不以造舟，何所用之？度必且多為營壘守望之具」，
徐光啓認為雞籠乃「彈丸黑子之地，其人雖習刀鏢諸技，以當火
器必不敵……已而漸圖東番以迫彭湖，我門庭之外，遍海皆倭矣。」
又謂，如果此時同意日本人占據雞籠，則：

---

55 黃承玄，〈題琉球咨報倭情疏〉，收於《明經世文編選錄》，頁
    225-228。

56 董應舉，〈答韓璧老海道〉，收於《崇相集選錄》，頁17-18。

57 董應舉，〈籌倭管見〉，收於《崇相集選錄》，頁11。

扼我吭、拊我背，凡商於海者，私市之亦可、截而奪之亦
可；若盡海商禁之，即彼度衣帶之水而入犯我，無所不可。
故北求之朝鮮，我或可無許；而南圖諸雞籠、淡水，則無
待我許之矣。或曰：「彼既虞內難，何能舉雞籠、淡水乎」？
曰：此無難也。贏然孤島，我復置之度外；彼委諸薩摩足
辦矣[58]。

徐光啟認為，如果不許明朝與日本貿易，勢必逼迫日本出兵
朝鮮或雞籠、淡水；若日本占據雞籠、淡水，勢將影響明朝海防
安全；但若明朝據守雞籠、淡水，卻無法禁止日本人另據其他島
嶼或直接進犯東南沿海府縣。因此，他主張直接與日本互市，商
人可以自由往返中日兩地之間貿易，日本人將不再出兵朝鮮或雞
籠、淡水，而海防壓力可以稍解[59]。

由上述討論可知，此時明朝並不想占領雞籠、淡水，因為當
地是彈丸黑子之地；但另一方面，也不願雞籠、淡水被日本人占
領，因為這是明朝的門外要地，如被占領，必危及東南沿海治安。
解決之途，因人而異，如徐光啟主張對日開市，黃承玄認為應加
強軍備。

四、十七世紀初的雞籠與淡水

日本幾次軍事行動引起了明朝對雞籠、淡水的關注。前文引

58　徐光啟，〈海防迂說〉，收於《明經世文編選錄》，頁219。
59　徐光啟謂「惟市而後可以靖倭，惟市而後可以知倭，惟市而後可
　　以制倭，惟市而後可以謀倭。」，同上註，頁221。

述1616年福建巡撫黃承玄之奏疏，顯示福建官員對雞籠、淡水已
有初步的認識，如謂雞籠、淡水「皆盛聚落而無君長，習鏢弩而
少舟楫」、「其地荒落，其人鹿豕」等；但中央官員對該地情勢
較隔閡，如兵部收到福建巡撫黃承玄的奏疏後，謂「雞籠、淡水
二島正對南麂」，錯將雞籠、淡水二港誤爲兩個島嶼[60]。

以下探討當時代人對雞籠、淡水的認識。

1617年，日本遣明石道友送回被擄的董伯起，明朝將領韓仲
雍、沈有容與明石道友有一番對談。福建巡撫黃承玄在〈題報倭
船疏〉中引述此次會談，其中與雞籠、淡水有關者如下：

> 卑職(按指韓仲雍)又恐狡情巨測，詰以「曾先發有船欲據
> 雞籠，爲乘機合艘突入之舉？」倭稱：『先年發船呂宋，
> 被雞籠番鏢死；實爲報怨。今無發船情由』……
> 問渠何故侵擾雞籠、淡水？稟稱：『自平酋物故以來，國
> 人亦甚厭兵守分。惟常年發遣十數船眾，挾帶貲本通販呂
> 宋、西洋諸國；而經過雞籠嶕頭，頻有遭風破船之患。番
> 人恃其鏢弩，不相救援，反刃我人而掠我財；故乘便欲報
> 舊怨，非有隔遠吞占之志也』[61]。

明石道友謂日本人通販呂宋諸國，經過雞籠，若遇風遭難，

60　見《明神宗實錄》，萬曆四十四年十一月癸酉條，轉引自《明實
　　錄閩海關係史料》，頁118。

61　黃承玄，〈題報倭船疏〉，收於《明經世文編選錄》，頁252-254。
　　《東西洋考》亦有引述，文字略異，但大意相同，見頁250。

雞籠人往往以鏢弩殺死日本人並劫取物財，故爲報仇而攻雞籠；換言之，村山等安是爲了征服與貿易而派兵來雞籠，但對明朝軍官則假稱爲報仇而來，顯係遁詞。但雞籠、淡水住民似乎會劫掠遭難的船隻，所以日本人才會以此爲藉口。

另一方面，雞籠、淡水亦是商販之地，故日本人三番兩次想派兵征服。前引董應舉寫給海道副使韓仲雍的書信中，曾提到「彼志通商，逆風假息」，又謂「彼志雞籠，以便於通商爲聲」等語亦是一例證[62]。董應舉得到的訊息是日本人想在雞籠、淡水停泊（即逆風假息），藉以與中國通商，但他不相信此一說法，認爲村山秋安的船隊如同以往倭寇，有侵襲東南沿海之虞。但就雞籠、淡水貿易的發展而言，自1570年代以來當地即是通倭要道，如果十七世紀初日本人想要前來駐紮泊船，與中國人交易應屬可信。

只是以前是私人船隻，此次村山秋安前來則是率領官方船隊，且多數船隻又漂至浙閩沿海，才會引起明朝官員警戒。

此一時期雞籠、淡水商販的發展，在張燮《東西洋考》書中有更詳細的記載。此書完成於1617年。該書在「東洋列國考」有一附錄「東番考」，記載中國船隻到東番商販的地點是「雞籠、淡水」。

張燮整理中國海商自1570年以來有關北港、雞籠、淡水等幾個港口的見聞，加以系統化，寫成「東番考」，但卻誤以爲東番只有一個港口——「雞籠、淡水」，故此文首謂：「雞籠山、淡

---

62 董應舉，〈答韓璧老海道〉，收於《崇相集選錄》，頁17-18。

水洋，在彭湖嶼之東北，故名北港，又名東番云」[63]。事實上，
北港指台灣西南海岸，雞籠、淡水與北港有別；不過張燮將雞籠、
淡水解讀為「雞籠山、淡水洋」則相當正確。

張燮又謂「其地去漳最近，故倭每委涎；閩中偵探之使，亦
歲一再往」[64]，則反映了十七世紀初期雞籠、淡水一帶海域的緊
張局勢，已見上文討論。

此外，雞籠、淡水的形勝有「璜山：琉璜氣每作，火光沿山
躲鑠」；物產則有「鹿」。顯示十六、十七世紀之際雞籠、淡水
已有硫磺、鹿皮等商品輸出，所以張燮才知道雞籠、淡水有這些
物產。另外，更值得重視的是在「交易」條中謂：

> 夷人至舟，無長幼皆索微贈。淡水人貧，然售易平直，雞
> 籠人差富而慳，每攜貨易物，次日必來言售價不準，索物
> 補償；後日復至，欲以元物還之，則言物已雜，不肯受也。
> 必疊捐少許，以塞所請；不，則詬誶不肯歸。
> 至商人上山，諸所嘗識面者，輒踴躍延致彼家，以酒食待
> 我。絕島好客，亦自疏莽有韻[65]。

張燮認為淡水人較貧，買賣較公道，雞籠人則較富有，但買
賣糾紛較多。不過雞籠人未必是奸商，可能是相異文化間對買賣
或物品價格的看法不同。文中又謂「商人上山」，上山乃登陸之

63　張燮，《東西洋考》，頁104。
64　同上註，頁106。
65　同上註，頁107。

義，即商人在買賣完成後，會登岸拜訪，與商人相識的雞籠、淡水住民則踴躍延致中國商人，以酒食待客。

張燮在「東番考」一文的結語是「雞籠雖未稱國，自門外要地」。此處之「國」並非現代人所謂的「民族國家」之國，其涵義較接近當時東南亞之「港市國家」，即雞籠、淡水缺乏明顯的統治者，故「未稱國」，但卻是「門外要地」。

十七世紀初期，中國人對台灣有一些稱呼，如雞籠、淡水、北港及東番，前二者指北台灣港口，後二者指台灣西南海岸的港口或住民，各有不同的來源。但張燮將四個名稱疊壓在一起，完成「東番考」一文，而此文中，雞籠、淡水成為東番的代稱，顯示1610年代，雞籠、淡水在福建的聲名較大。

另一個例子是1603年陳第撰寫的〈東番記〉一文，記載他隨沈有容出征東番(台灣西南海岸)的經過，文中稱「始皆聚居濱海；嘉靖末，遭倭焚掠，迺避居山」[66]，陳第原意是指台灣西南海岸曾遭倭焚掠，但張燮將此傳聞改寫成是雞籠、淡水遭倭焚掠[67]，顯示張燮無法分別東番與雞籠、淡水的不同，也說明雞籠、淡水可能較為繁榮，所以張燮獨稱雞籠、淡水，而忽視「北港」。

總之，雞籠、淡水此時期的繁榮主要有兩個因素，一是它位於日本與呂宋的貿易路線上，日本商人往返兩地，必經雞籠。其次，雞籠、淡水是明朝官方認可的貿易港口。

1607年(萬曆三十五年)，琉球國的中山王懇求明朝能「給引

66　陳第，〈東番記〉，收於沈有容編，《閩海贈言》，卷2，頁24。
67　張燮，《東西洋考》，頁106，此後不少清代著作承襲此一說法。

商販，每年定以壹貳隻爲率，例比東洋充餉」，但明朝以琉球有通倭之嫌而拒絕，顯見文引制度對港口的限定，使得中國商人的貿易活動受到一定的影響，所以琉球國才會要求明朝給引通商，期盼中國商船前往琉球。而台灣、琉球至日本海域之間，只有雞籠、淡水是明朝准許的通商港口，這應是此一時期雞籠、淡水商業貿易日益繁盛的原因之一。

第三節　「北港」的崛起

十七世紀初，日本幾次對南方島嶼用兵，成功地征服琉球王國，卻未能在台灣島建立軍事據點，不論這些舉動是否成功，已引起明朝福建官員對日本人侵襲的疑慮，認爲這是「門庭之寇、腹心之疾」[68]。

到了1622年，福建官員面臨更嚴酷的挑戰，該年七月「紅夷」（按指荷蘭人）船隻來到澎湖島。福建官員早已認定澎湖島位於「門庭」之內，必然不容紅夷占據，但此次的紅夷卻與從前之倭夷大不相同；當時荷蘭東印度公司巴達維亞總督Jan Pietersz. Coen是武力政策的倡導者，1622年派出艦隊前往中國時，即訓令以武力迫使中國同意通商[69]。

---

68 葉向高，〈答韓辟哉〉，收於《明經世文編選錄》，頁200。按葉向高，字進卿，福建福清人，曾任禮部尚書兼東閣大學士，此時致仕在鄉。

69 參見江樹生，〈梅花鹿與台灣早期歷史關係之研究〉，收於王穎主持《台灣梅花鹿復育之研究七十三年度報告》，頁14-15。

　　所以，荷蘭東印度公司占領澎湖後，與福建官方談判時的態度十分強硬，雙方展開了超過兩年的談判、對抗，直到荷蘭人退出澎湖，遷往大員島。

　　翁佳音近年有一專文闡明雞籠、淡水在「十六、七世紀時是重要交易港口，國際勢力競來之地」；同時，他檢討1624年荷蘭人選擇大員作爲貿易根據地的原因，認爲雞籠、淡水作爲商業交易地點的條件不輸大員，而有些學者提出所謂港口、腹地與「凶番」等因素，都不是荷蘭人選擇放棄雞籠、淡水的主因。

　　翁佳音主張荷蘭人選擇大員而非雞籠、淡水，主要是「有某一個中、日商業勢力在背後運作」，即當時李旦、Hongtieuson等人不願荷蘭人染指「北台可獲暴利的硫磺等走私貿易」，故誘使荷蘭人選擇大員；再加上荷蘭人緊急自澎湖撤出，「匆忙之間選擇了距離澎湖較近的大員」[70]。

　　翁佳音提出了一個很好的問題，即荷蘭人何以選擇大員而非雞籠、淡水？以下探討北港（台灣西南海岸）與雞籠、淡水之間商業地位的比較。

一、「北港」的漁業活動

　　台灣西南海岸隔著台灣海峽，與福建南部對峙，由於此一海域爲烏魚南游路徑所經[71]，很早即是中國漁民重要的漁場。根據

70　翁佳音，〈近世初期北部台灣的貿易與原住民〉，收於黃富三、翁佳音主編，《台灣商業傳統論文集》（台北：中央研究院台灣史研究所籌備處，1999），頁55-58。

71　烏魚群係經過澎湖海域，游至台灣西南沿海，與另一群從新竹、

曹永和的研究，福建漁民前來捕魚的歷史非常早，至少元代文獻即已提及福建漁民在此一海域活動[72]。

十六世紀下半葉，台灣西南海域出現了一個新的地名「北港」，據同一時期成書的《順風相送》載，在「松浦往呂宋」針路中謂：

> 用丁未二更，見小琉球雞籠頭山，巡山使上，用丙午六更，見北港沙馬頭大灣山[73]。

亦即從日本前往呂宋島的航程中，船隻經過雞籠後，沿著台灣海岸南走(即巡山使上)，會見到「北港沙馬頭大灣山」，此時台灣島北部稱小琉球，南部即稱北港。

《順風相送》係航海人使用的針路簿，書中述及西班牙人占領馬尼拉以後的資料，所以北港一名至晚出現於1570年代，且已是民間航海人的慣用語。

1590年代初福建巡撫許孚遠在〈疏通海禁疏〉中提到北港，謂同安等處「姦徒」，每年在四、五月間向官方申請船引：

> 駕使鳥船稱往福寧卸載、北港捕魚，及販雞籠、淡水者，

台中沿岸南游的烏魚群會合，見胡興華，《拓漁台灣》(台北：台灣省漁業局，1996)，頁104-111。

72　曹永和，〈明代台灣漁業誌略〉，收於氏著，《台灣早期歷史研究》，頁173，

73　向達編，《兩種海道針經》，頁91。

往往私裝鉛硝等貨，潛去倭國，徂秋及冬，或來春方回[74]。

許孚遠在另一公文〈海禁條約行分守漳南道〉引前福建巡撫周寀之議，謂：

> 又有小番，名雞籠、淡水，地鄰北港捕魚之處……與廣東、福寧州、浙江、北港船引，一例原無限數[75]。

又顧炎武纂輯的《天下郡國利病書》謂：

> 于時凡販東西二洋、雞籠、淡水諸番，及廣東高雷州、北港等處商漁船引，俱海防官為管給，每引納稅銀多寡有差，名曰「引稅」[76]。

上述資料表明，在十六世紀下半葉，「北港」是福建沿海人民重要捕魚處所，漁民前往北港捕魚，須向官方申請漁船文引，但雞籠、淡水則是商販之地。

到了十七世紀初，北港海域依舊是福建漁民重要漁場，如1616年(萬曆四十四年)福建巡撫黃承玄〈條議海防事宜疏〉謂：「至

---

74 許孚遠，〈疏通海禁疏〉，收於氏著，《敬和堂集》，卷4，頁27。

75 許孚遠，〈海禁條約行分守漳南道〉，收於氏著，《敬和堂集》，卷7，頁10。

76 顧炎武纂輯，《天下郡國利病書》，原編第26冊，福建「洋稅考」條，頁1296。

於瀕海之民，其採捕於彭湖、北港之間者，歲無慮數十百艘」[77]。
又1625年福建巡撫南居益謂福建「捕魚舴艋，村村戶戶，不可以
數計。雖曰禁其雙桅巨艦，編甲連坐，不許出洋遠涉，而東番諸
島，乃其從來採捕之所，操之急則謂斷絕生路，有挺而走險耳」[78]。
均是很好的例證。

　　曹永和根據荷蘭文獻所載，估計十七世紀中葉來台漁民每年
有數千人，漁船數百艘[79]。所以在十六世紀下半葉之時，雞籠、
淡水是台灣主要商販交易地點，北港則是福建漁戶的主要漁場；
但到了十七世紀初，北港逐漸成為重要的貿易港口，地位漸超過
雞籠、淡水，這是台灣南北商業貿易地位盛衰的轉折點。

二、台灣西南海岸貿易的興盛

　　十六世紀下半葉，中國東南沿海有海盜流竄，他們會到台灣
西南海岸活動，這些海盜包含了中國人與日本人。

　　1602年(萬曆三十年)有日本船七艘「住據東番，橫行三省，
所過無忌……三月有餘，漁民不得安生樂業……倭據外澳，東番
諸夷不敢射雉捕鹿」，於是沈有容率兵渡海來台，焚毀六船，斬
首日本人十五名。陳第當時隨舟師來台，「收泊大員」，根據他
的描述，已有中國人、日本人來此貿易，如〈東番記〉中謂：

77　黃承玄，〈條議海防事宜疏〉，收於《明經世文編選錄》，頁206。
　　按此文北港與澎湖並稱，暗示北港似指與澎湖相對的台灣西南海
　　岸。

78　〈兵部題行「條陳彭湖善後事宜」殘稿〉，收於《明季荷蘭人侵
　　據彭湖殘檔》(文叢第154種，1962)，頁25-26。

79　曹永和，《台灣早期歷史研究》，頁10。

今則日盛，漳、泉之惠民、充龍、烈嶼諸澳往往譯其語，
與貿易，以瑪瑙、磁器、布、鹽、銅簪環之類易其鹿脯皮
角[80]。

另外，沈有容擊敗日本海盜後，「東番破賊，所得金、布、
蘇木、鹿麑皮、米、麻、苧、椒、烏魚、溫魚之類，不下數百
金」[81]，可見此時台灣西南海岸不再只是漁場，而是有中國、日
本雙方人民前來貿易，其中鹿皮已成主要貿易品。

到了1610年代，北港貿易相當繁盛，1616年時福建巡撫黃承
玄謂：

本道治兵泉州，曾結正私度東番捕採葉德等一獄，而因知
倭有烏尾數船，時時收買鹿獐、錦魴等皮於番中[82]。

黃承玄審理「葉德等一獄」，得知當時日本人前來收買獸皮、
魚等。

1617年明朝將領韓仲雍、沈有容與明石道友對談，亦謂：

問渠何故謀據北港？稟稱：『即係常年通販船經由彼地駐
泊，收買鹿皮等物則有之，並無登山久住意。或是漁捕唐

80　陳第，〈東番記〉，收於沈有容編，《閩海贈言》，頁28-32。
81　陳第，〈舟師客問〉，收於沈有容編，《閩海贈言》，頁31。
82　黃承玄，〈題琉球咨報倭情疏〉，收於《明經世文編選錄》，頁227。

人，見影妄猜；或是讎忌別島，生端唆害』[83]。

明石道友稱，日本人曾至北港收買鹿皮，同時，此地也有捕魚的中國人。另外，北港一地亦有絲的買賣，因為韓仲雍在會談最後稱：

> 又各遠嶼窮棍，挾微貲、涉大洋，走死鶩利於汝地者，弘網闊目，尚未盡絕。而汝若一旦戀住東番，則我寸板不許下海、寸絲難望過番，兵交之利鈍未分，市販之得喪可睹矣！歸示汝主，自擇處之[84]。

韓仲雍語帶威脅，卻也透露了當時有很多中國人冒險與日本人交易，而且明朝官員也知道日本人到北港，是希望取得中國的絲，所以才會以此相脅。

曾任福建布政使的沈演亦謂：「挾倭貲販北港者，實繁有徒」[85]。又謂：

> 海上賊勢雖劇，倏聚倏散，勢難持久，猶易撲滅。而大患乃在林錦吾北港之互市，引倭入近地，奸民日往如鶩，安能無生得失。……倭銀若至北港，雖日殺數人，接濟終不

83　黃承玄，〈題報倭船疏〉，收於《明經世文編選錄》，頁254。

84　同上註，頁256。

85　沈演，〈論閩事〉，收於氏著，《止止齋集》，卷55，頁20。按沈演，曾任閩省左右布政使，湖北烏程人，萬曆戊戌(1598)進士。

能杜，何者，利重也[86]。

　　日本的史料亦反映此時日本人前往澎湖、北港一帶貿易，如1610年(慶長十五年)有馬晴信令谷川角兵衛赴台灣，找尋優良港口，收購鹿皮[87]；1612年幕府發出一張從日本到「毗耶宇」的朱印狀，岩生成一認為是指澎湖[88]；1620年有位中國人鄭心寬向日本人末次彥兵衛借銀，由二官駛船「往北港經紀」；1626年又有中國人黃三官向中野彥兵衛借銀，由日本船長「往北港經紀」[89]。1618年日本平戶的英國商館長Richard Cocks亦得知北港貿易的消息，在寫給英國東印度公司的信中載：

> 最近兩三年，中國人開始與某些他們稱為高砂，而我們海圖上稱作Formosa的中國近海島嶼進行貿易。當地僅容小船經由澎湖群島進入，而且只與中國人進行交易。據說該島距離中國大陸約三十leguas(約170公里)，以致於每次季風來臨時，中國利用小船從事二到三次的航行。

86　沈演又謂「此革不可勦，不可撫，急且合倭以逞六十年前故事」，俱見〈答海澄〉一文，收於氏著，《止止齋集》，卷56，頁32-33。

87　東京大學史料編纂所編纂，《大日本史料》(東京：東京大學，1952-)第十二編之六，頁135-136。

88　岩生成一，《朱印船貿易史の研究》，頁139-140。

89　岩生成一引用這些史料，認為原始史料誤將北港寫為比港，見岩生成一，〈海外貿易家平野藤次郎〉，《歷史地理》48: 4(1926)，頁527-530。曹永和老師告訴筆者，曾於1965年見到上述史料，認為原始文件仍作「北港」，只是「北」字是草寫，易錯認為「比」字。

Andrea Dittis(按即李旦)與他的弟弟Capitan Whow(按即歐
華宇)是在當地最大的冒險者。去年他們派了兩艘小的平底
駁船，買到的絲只有他們在交趾或萬丹付出價格的一半，
理由是該年運來的絲很多，但很少的資金被帶到此地，所
以有一半以上的絲被帶回中國，因為他們說當地都是野蠻
的土著，還沒有使用白銀[90]。

Cocks謂李旦等人是在高砂島貿易，而值得注意的是，中國人
是經由澎湖進入此一貿易地點，因此，高砂島的貿易應是在台灣
西南海岸進行，這區域離澎湖最近，可能的地點即在大員、魍港
一帶。Cocks信中提到李旦與歐華宇二人在台灣購買來自中國的
絲，並特別提到絲多銀少的現象，導致絲價偏低[91]。

同年3月，Cocks亦給李旦一些銀，請李旦到高砂島買絲[92]，
但7月份時，收到李旦兩次來信表示，到高砂的三艘船只帶回一
些獸皮、蘇木，並沒有絲，李旦謂該年沒有絲從中國運至那裡，
因為沒有被允許帶出中國，而他們已從高砂送很多錢到中國去
買絲[93]。

---

90 E. M. Thompson, ed., *Diary of Richard Cocks: Cape-merchant in the English Factory in Japan, 1615-1622* (New York: B. Franklin, 1964), p. 298.

91 有關李旦生平及其與台灣貿易的關係，參見岩生成一，〈明末日本僑寓支那甲必丹考〉，《東洋學報》23: 3(1936)，頁63-119。

92 E. M. Thompson, ed., *Diary of Richard Cocks: Cape-merchant in the English Factory in Japan, 1615-1622*, p. 23.

93 Ibid., pp. 53, 56.

　　Cocks書信所載可與中文文獻相印證，即台灣西南海岸已出現相當規模的貿易，日本人與在日的華商如李旦等在此取得絲及獸皮，而中國人則以絲交易白銀。

　　荷蘭人於1622年七月底到大員勘查，亦謂：

　　　　日本人每年有兩、三艘船前來貿易。據中國人說此地多鹿
　　　　皮，日本人向住民購買。中國人每年也有三、四艘船載著
　　　　絲織品與日本人交易[94]。

　　另一荷蘭文獻亦謂，在他們前來大員的兩三年前，日本人與航行來大員的中國商人及海盜貿易，常以有限的資本買得大量的中國貨，運回日本販賣，得到很大的利潤[95]。而1618年時可能有三艘荷蘭船到北港與日本、中國商人交易[96]。

　　1619年有位西班牙籍的道明會士Bartolomé Martínez奉派至中國，但不幸漂至台灣島，回到馬尼拉後，他寫了一個報告討論占領台灣島的利益，在報告中，他提到：

94　村上直次郎譯注、中村孝志校注，《バタヴィア城日誌》第一冊
　　〈序說〉，頁14。
95　Oskar Nachod著，富永牧太譯，《十七世紀日蘭交涉史》（東京：
　　奈良天理大學出版部，1956），頁390，附錄41，1633年1月17日
　　平戶商館商務員J. Schouten致巴達維亞總督H. Brouwer有關日荷
　　紛爭的報告書。
96　根據1621年荷蘭人擄獲自葡萄牙船上的西班牙文文件，見
　　Spaniards in Taiwan, Vol. I, p. 53.

應在福爾摩沙島上一處叫Pacan的地方建立堡壘，在該地，
據說已有一個港口。

Martínez謂有中國的sampan（舢板）船來往於福建與台灣海
域，來台捕魚和載運柴薪，「日本人們正在此地建立龐大的交易
（gran trato）」[97]。明朝文獻亦有類似記載，如周嬰，〈東番記〉謂：

> 其人畏舟楫，故不交關諸夷。……麋鹿決驟，千百成群……
> 於是從華人而求貨，共入山而舉，番人珍其腸草，華人貴
> 其筋鞭。……泉漳間民，漁其海者什七，薪其嶺者什三，
> 言語漸同，嗜欲漸一[98]。

以上引述明朝、荷蘭、英國、日本與西班牙的文獻，顯示1610
年代台灣西南海岸已成為日本、福建兩地商人的交易地點，除了
漁獲之外，絲銀的轉運與鹿皮、鹿脯的輸出成為交易重點

此一時期台灣島貿易地位急速提昇，得利的似乎是台灣西南
海岸的港口，而非雞籠、淡水；亦即中、日兩地商人主要是到「北
港」貿易[99]，因此，沈演、Richard Cocks或Bartolomé Martínez等
人雖分居福建、日本、呂宋三地，但均認識到北港（台灣西南海岸）

97　Ibid., pp. 40, 41, 45.
98　周嬰，〈東番記〉，轉引自施聯朱、許良國編，《台灣民族歷史與
　　文化》，頁316-318。
99　岩生成一，〈明末日本僑寓支那甲必丹考〉，《東洋學報》23:
　　3(1936)，頁63-119。

貿易的重要性，以及中國商人、日本商人在此的商業活動[100]。

第四節　貿易自雞籠、淡水南移的危機

北港或者大員的商業優勢建立於十七世紀初，當時日本商人攜帶銀到東南亞各地交易絲、鹿皮或蘇木等，亦會到北港採買鹿皮或中國的絲，1610年代台灣的西南海岸逐漸成為中、日商人重要的貿易地。據岩生成一統計，在日本鎖國前的二十八年間（1607-1635），日本共發出三百五十三張朱印狀，其中呂宋有五十四張，居第三位，而高砂（台灣西南海岸）有三十六張，居第六位[101]。

在這一波台灣對外貿易急速成長中，雞籠、淡水並沒有分潤到太多的好處，反而是北港或者後來的大員成為貿易的主要港口，因此，在十六世紀下半葉，雞籠、淡水是台灣島最重要的貿易地點，但到了十七世紀，其地位漸遜於北港。

十七世紀初，荷蘭人積極前來東亞海域發展貿易。1604年，荷蘭東印度公司成立，同年派出韋麻郎率領的船隊，前往澎湖，要求與明朝互市貿易。福建浯嶼把總沈有容率舟師前往交涉，據荷蘭人的記載，沈有容要求荷蘭人離開澎湖，並同意派船帶領荷蘭人到台灣西南海岸勘查有無合適港口，但當時荷蘭人決議回到

---

100 完整的論述，參見陳宗仁，〈「北港」與「Pacan」地名考釋：兼論十六、七世紀之際台灣西南海域貿易情勢的變遷〉，《漢學研究》21: 2（2003年12月），頁249-278。

101 岩生成一，《朱印船貿易史の研究》，頁148-149。

北大泥，等待華商前去貿易[102]。

此後十餘年，荷蘭人著重於香料群島的貿易，以及在東亞海域與西班牙人抗衡；1619年征服雅加達，建立了巴達維亞城，成為東印度公司在東亞的總部。1620代初期，荷蘭東印度公司評估，如欲維繫與中國的貿易，不是在巴達維亞等待中國商船，而是必須到中國沿岸找尋駐紮地，就近與中國人貿易，進而迫使中國人放棄到馬尼拉經商。

為了執行上述政策，Jan Pietersz. Coen總督於1622年派出船隊至中國。荷蘭人最初想要占領的據點是澳門，其次則在澳門與漳州一帶找尋合適港口，因為他們想在此一區域巡邏，截擊中國商船；總督建議澎湖與Lequeo Pequeño兩個地點，顯示荷蘭人此時對台灣港口的了解相當粗略，故僅概稱台灣為小琉球[103]。

荷蘭人占據澎湖群島後，開始派人調查台灣島各地的港口，評估雞籠、淡水及大員等港的優劣，最後選擇大員。由於荷蘭東印度公司係東亞海域新興的貿易與政治勢力，荷蘭人建立巴達維亞市，以此為貿易據點，曾使麻六甲的貿易趨於衰敗，荷蘭人此時占領大員，對雞籠、淡水而言是很大的危機。

以下探討荷蘭人從澎湖移至大員的決策過程，以及為何未占領雞籠、淡水的原因。

1622年7月，荷蘭艦隊攻擊澳門失敗後，即來到澎湖，並決定

---

102 參見江樹生，〈梅花鹿與台灣早期歷史關係之研究〉，收於王穎主持，《台灣梅花鹿復育之研究七十三年度報告》，頁14。

103 1622年3月26日〈東印度事務報告〉，收於《荷蘭人在福爾摩莎》，頁6-9。

在此海域找尋一據點[104]。荷蘭人占領澎湖引起福建官員的重視，7月中明朝水師來到澎湖，要求荷蘭人離開，並願派人帶荷蘭人前往台灣島，說那裡有一合適的港口，但不久明朝官員失約而從澎湖返回福建。此時荷蘭人自行勘查澎湖各島，尋找良好的停泊港，同時又遇到一個曾在大員捕魚的中國漁民，打聽到大員有良好的港灣，遂於7月底前往台灣西南海岸勘查、測量[105]，這是Reyersz.船隊首度至台灣勘查。

　　8月1日Reyersz.司令召開評議會，討論7月份在澎湖群島與台灣西南海岸的勘查成果，結果認為大員灣是他們在台灣島找到的最優良海灣，但水深不足，遂決定於澎湖本島西南端建城，設立據點[106]。

　　明朝官員面臨「紅夷」占據澎湖，其處理的模式與1604年韋麻郎占領澎湖時相同，即要求荷蘭人離開，但願意協助荷蘭人至台灣找尋合適港口[107]。10月份明朝派守備王夢熊來見Reyersz.司

104　1622年9月6日〈東印度事務報告〉，收於《荷蘭人在福爾摩莎》，頁10。

105　江樹生，〈梅花鹿與台灣早期歷史關係之研究〉，收於王穎主持，《台灣梅花鹿復育之研究七十三年度報告》，頁16；又林偉盛，〈荷蘭時期東印度公司在台灣的貿易（1622-1662)〉（台灣大學歷史研究所博士論文，1998年，未刊），頁15-16。

106　村上直次郎譯注、中村孝志校注，《バタヴィア城日誌》第一冊〈序說〉，頁9-15。又1623年6月20日〈東印度事務報告〉，收於《荷蘭人在福爾摩莎》，頁15。

107　按此一處理模式亦見於1616年，當時村山等安派出之艦隊漂至閩浙外海，當時官員主張日本人可以至其他島嶼，如黃承玄〈題報倭船疏〉即謂「汝來西販先經浙境，乃天朝之首藩也。迤南而為臺山……皆是我閩門庭之內；豈容汝涉一跡！此外溟渤，華夷所

令，要求荷蘭人退出澎湖，並建議荷蘭人到淡水(Tamswi)去，並謂此地位置在北緯27-28度，有大量黃金，食糧豐富，又可停泊大船[108]。按今淡水河口緯度約25度10分，故知荷蘭人尚未到過淡水，因此緯度記載誤差甚大。

王守備的建議遭到Reyersz.司令拒絕，荷蘭司令認爲這是中國官員的詭計，想誘使荷蘭人離開澎湖，破壞荷蘭人與中國通商的計畫[109]。

1623年3月2日有艘中國帆船從廈門前來，船員告訴荷蘭人：台灣島有兩處可以停泊大船的港口，一處稱Tamsoya，在福爾摩沙島南部[110]；另一處是個島，據說與福州的距離如同澎湖到漳州河

(續)────

共」(見《明經世文編選錄》，頁255)。又1623年福建巡撫商祚謂：「諭令(荷蘭人)速離彭湖，揚帆歸國。如彼必以候信爲辭，亦須退出海外別港以候。但不係我汛守之地，聽其擇便拋泊。」(見《明季荷蘭人侵據彭湖殘檔》，頁1)。

108 W. P. Groeneveldt, *De Nederladners in China* (Gravenhage: Nijhoff, 1898), p. 443. 此處譯文係據中村孝志著，許粤華譯，〈十七世紀荷蘭人在台灣的探金事業〉，收於氏著，《荷據時期台灣史研究上卷》，頁176。

109 1623年6月20日J. P. Coen，〈東印度事務報告〉，見《荷蘭人在福爾摩莎》，頁16。在同報告中，Coen強調要在澎湖與中國沿海保住地盤(見頁20)，因此此1623年中，荷蘭人對放棄澎湖，另覓一停泊港的建議不感興趣。

110 中村孝志懷疑此處文字可能有誤，即Tamsoya不在台灣島南部，應是在北部之誤，見中村孝志著，許粤華譯，〈十七世紀荷蘭人在台灣的探金事業〉，收於氏著，《荷據時期台灣史研究上卷》，頁176。翁佳音亦同意其說法，認爲方向可能弄錯，見翁佳音，〈近世初期北部台灣的貿易與原住民〉，收於黃富三、翁佳音主編，《台灣商業傳統論文集》(台北：中央研究院台灣史研究所籌備處，1999)，頁57。

（rivier van Chincheuw），稱Quelang（雞籠）[111]。到了3月26日，上級商務員Adam Verhult奉派前往福爾摩沙島，據Verhult 4月22日的記載：

> 我已告訴Mr. Constant[112]，且勸告他，不要航往雞籠（Keijlang）與淡水（Tamasuijth），因爲那裡沒有適合船隻的停泊處，只有沙洲（reefs），有引起船沈的危險。當地住民是最凶殘的族群，所以我們很難與他們交往[113]。

　　Verhult之船停泊於大員，在大員駐守期間，有四艘中國的商船前來，福建巡撫商周祚派來協助探察的官員Hongtsieuson亦於4月11日到此港，而4月22日李旦則自日本來此[114]，所以Verhult上述的訊息可能來自這些人，特別是李旦。前述翁佳音論文謂荷蘭人可能受到李旦等人「運作」、誤導，即指Verhult在大員與福建官員、在日華商的接觸。

　　4月底，中國官員又派人帶領荷蘭舵手到台灣島探尋良港，直至5月20日才返澎湖，Reyersz.等人在同日所作的決議謂：

> （兩個荷蘭人和）中國舵手們乘著一艘船勘察福爾摩沙島

---

111 W. P. Groeneveldt, *De Nederladners in China*, p. 443.

112 即Jacob Constant，荷蘭東印度公司的上級商務員，後接替Verhult，負責在台探察，1623年10月曾親自到蕭壟社。

113 *The Formosan Encounter*, Vol. 1, p. 2.

114 江樹生，〈梅花鹿與台灣早期歷史關係之研究〉，收於王穎主持，《台灣梅花鹿復育之研究七十三年度報告》，頁20。

後，已回到這裡(按指澎湖)，沒有發現比大員更合適的地
點，他們到過雞籠灣(baai van Quilang)，位於福爾摩沙島
的北部，那裡不適船隻停泊，因為無法提供北季風的防蔽
處，且住民是非常野蠻的族群[115]。

從1622年7月至1623年4月，荷蘭人從中國商人與漁民處，得
到台灣各地港口的知識，其中包含大員、雞籠與淡水，五月份時
荷蘭舵手和中國舵手一同勘查台灣島，又來到雞籠，但最後仍認
定大員最適合。

對荷蘭人這項選擇，學者翁佳音認為是「有某一個中、日商
業勢力在背後運作」，致使荷蘭人沒有來到雞籠、淡水。不過本
章第二節已論述台灣西南海岸在1610年代貿易興盛的情形，荷蘭
人移至大員，應是綜觀此一海域情勢後所做的決定。

事實上，自1623年3月上級商務員Adam Verhult奉派前往福爾
摩沙島勘察後，即與當地的中國商人交易，買入生絲及少量砂糖。
此後，荷蘭人一直派商務員駐守大員，所以，在荷蘭人還沒有放
棄澎湖據點前，大員已成為荷蘭人的商業據點，並參與日本人與
中國人的貿易。到了1623年10月份時，Reyersz.司令官還帶了數十
人前來大員港口築堡寨[116]，顯示荷蘭人更加重視大員港。

1623年底，巴達維亞當局的〈東印度事務報告〉重申，除大
員以外，沒有發現更優良的港灣，而且「儘管我們尚未撤離澎湖，

---

115 *The Formosan Encounter,* Vol. 1, p. 3.
116 村上直次郎譯注、中村孝志校注，《バタヴィア城日誌》第一冊，
　　頁19。

幾名中國人已前來大員與我們貿易」[117]。因此，在1623年時，大員已成爲荷蘭人在此一海域的據點之一。

只是荷蘭人雖認爲大員是台灣島最合適的港口，但依舊沒有撤出澎湖的打算，畢竟澎湖的港口較佳，且距離中國海岸更近。但荷蘭人在澎湖活動，帶給明朝福建官員很大的壓力，迫使福建巡撫南居益積極備戰，派出大量軍隊到澎湖，頗有不惜一戰的態勢，終於迫使荷蘭人決議退出澎湖，於1624年8月18日遷往大員[118]。

荷蘭人從澎湖移到大員，似非匆促之舉，如前所述，自1623年以來，荷蘭人即認爲大員是台灣島最好的港口，且常駐商務員在此交易，並築有堡寨，荷蘭人固然不願意離開澎湖，但移往大員應該不令人意外。

荷蘭人選擇大員，可能有兩個原因，一是十七世紀初台灣西南海岸的貿易較雞籠、淡水興盛；其次，爲了阻擾漳州對外貿易，大員較符合荷蘭人的戰略考量。所以，荷蘭人雖然傾向於占領澎湖，但在戰爭威脅下，終於在1624年選擇退往大員。

荷蘭人最後占領大員，並非受到中國人誤導，遷往大員也不是匆促中的決定，這是荷蘭人親自派員在台灣南北各港勘查的結

---

117 1623年12月25日，〈東印度事務報告〉，見《荷蘭人在福爾摩莎》，頁24。

118 按此段經過參見江樹生，〈梅花鹿與台灣早期歷史關係之研究〉，收於王穎主持，《台灣梅花鹿復育之研究七十三年度報告》，頁21-24及林偉盛，〈荷蘭時期東印度公司在台灣的貿易（1622-1662）〉（台灣大學歷史研究所博士論文，1998年，未刊），頁13-41。

果。

　　荷蘭人選擇大員而不是雞籠、淡水，雖然有破壞中國與馬尼拉之間的貿易考量，但亦顯示1620年代，雞籠、淡水作爲貿易港口，不如大員優異。荷蘭人不選擇雞籠、淡水，應視爲台灣商業貿易南盛北衰的結果。

小　　結

　　十六世紀下半葉，雞籠、淡水不再只是航行指標或淡水供應地，而是中國商人貿易之地，1570年以後更成爲明朝官方認可的貿易地點。1590年代明朝規定每年可以有十艘中國船到雞籠、淡水，這些中國船可能不是單純前往雞籠、淡水貿易，因爲當地的土產交易不足支撐十艘船的交易量；中國商人可能是在此與日本人進行貿易，因爲雞籠、淡水是日本人往來呂宋的必經之地，故吸引中國商人前來雞籠、淡水。

　　十七世紀初，雞籠、淡水仍是明朝認可的商業貿易之地，更因此而成爲此一海域的戰略要地。日本人出兵琉球，以及村山秋安的征台舉動，均引起明朝官員很深的疑慮，有不少的題奏、書信討論此事，亦增進了他們對雞籠、淡水的了解。張燮稱呼雞籠、淡水爲「門外要地」，此一語頗能反映十七世紀初台灣周遭海域的緊張情勢，以及雞籠、淡水的重要性。

　　另一方面，台灣西南海岸的「北港」本來只是漁港，在十七世紀初卻逐漸成爲中、日私商交易的港口，李旦集團據說是北港的主要貿易勢力。1623、1624年間荷蘭人亦參與該地的走私貿易，

進而在此設立據點。由於荷蘭東印度公司當時已控制香料群島，成為此時東亞海域重要的貿易集團，他們在評估雞籠、淡水、大員及打狗等港口後，選擇大員為據點，對雞籠、淡水的貿易是一大打擊。

荷蘭人為何選擇大員，而不是雞籠、淡水，應是荷蘭人在幾度勘察台灣各地港口後，基於戰略與貿易因素的選擇。大員既是中日商人的交易地，又接近澎湖與漳州，1623年荷蘭人在大員建立據點，已顯示大員在台灣周遭海域中的重要性。荷蘭人的選擇，只是此一南盛北衰形勢的反映，但也進而拉大台灣南北差距。

1624年，福建巡撫南居益描述荷蘭人撤出澎湖的情景，謂：

> 夷舟十三隻，所為望之如山阜、觸之如鐵石者，即於是日遠遁，寄泊東番瑤波碧浪之中，暫假遊魂出沒，不足問也[119]。

對明朝而言，荷蘭人撤出澎湖是一大勝利，所以福建巡撫才會用「不足問也」這樣的語詞來形容。但另一方面，荷蘭人是東亞海域的新興勢力，特別是對西班牙人來說，荷蘭人進駐福爾摩沙島，是重大警訊，勢將威脅馬尼拉與中國貿易；而對雞籠、淡水來講，雖然貿易地位漸不如大員，但不久之後，卻因捲入西班牙與荷蘭人的對抗中，暫時解除貿易衰退的危機，使得雞籠、淡水直到1630年代還能維持其重要性。

---

119 福建巡撫南居益奏捷疏殘稿，引自《明季荷蘭人侵據彭湖殘檔》，頁8。

第五章 最好的時代？

——西班牙統治下的雞籠、淡水 （1626-1637）

通常，每年有四艘小船從馬尼拉到雞籠

兩艘在五月間抵達，另兩艘在八月

船隻抵達後，他們與中國人進行交易

貿易品包含一些生絲、絲織品和大量的中國棉布、麻織品、lanckijns

以及其他商品

在船隻離開後，商品的供應顯著地減少，因為缺乏錢（交易）

停留在那裡約三週至一個月，然後船隻一起離開，前往馬尼拉

這些船並不停留在雞籠

——《熱蘭遮城日記》，1636年3月14日

　　1624年荷蘭人占領台灣西南海岸的大員港，兩年後，西班牙人亦派兵占領北台的雞籠港。本章探討西班牙人為什麼出兵台灣，何以西班牙人選擇雞籠港，以及他們在雞籠、淡水的經營。其次則探討西班牙統治下，雞籠、淡水商業貿易的發展。

　　筆者認為，從十六世紀下半葉以來，中、日商人在雞籠、淡水兩港交易，但自西班牙人占領後，西班牙人介入了這兩個港口的貿易事務，帶來新的商機，也延續了雞籠、淡水的貿易活動及

其繁榮。

第一節　西班牙征台行動的醞釀

1590年代呂宋與日本雙方使節往返，彼此均有人主張要征服對方，台灣島也成必爭之地。但事實上，除了1597年西班牙人攻台行動受挫外，台灣在十六世紀始終未受外來強權的攻擊。到了十七世紀初，日本先後派出船隊到台灣來，相當程度的表現出日本對台的興趣，不過他們仍然沒有占領台灣島，而是日本商人仍然在台灣進行貿易；至於西班牙人，在十七世紀前二十年，似乎對占領台灣島不感興趣。

為什麼十七世紀初期西班牙喪失對台興趣？到了1620年代又想要占領台灣？

上述兩個問題的原因其實來自相同的因素。十七世紀初期，西班牙人在東亞海域面臨的最大敵人，不是日本人、中國人或回教徒，而是初來東亞的荷蘭人。西班牙人「遺忘」台灣或者重新來到台灣，都是與荷蘭人抗衡的結果，甚至最後棄守台灣，也是源於相同的考量。因此，西班牙人出兵台灣的行動必須從西班牙人與荷蘭人在東亞海域廣泛對抗的角度來探討。

一、荷蘭人的挑戰

十六世紀下半葉，西班牙人極度想在東亞海域擴張勢力，包括占領台灣島，但到了十七世紀初，西班牙人面臨荷蘭人的武力挑戰，在東亞海域的發展陷於守勢。

　　學者Rothermund Dietmar認爲歐洲人來到東方，以武力控制貿易、征收保護稅，破壞了東亞海域傳統的貿易秩序，他認爲這是葡萄牙人模仿威尼斯商人掌控地中海貿易的作法，在東亞進行貿易壟斷，而荷蘭人亦是如此，不僅攘奪葡萄牙人在東亞的勢力，而且建立了更有效率的貿易壟斷 [1]。

　　1600年代初期，荷蘭人成立荷蘭東印度公司，後來又在爪哇島的萬丹設立商館，試圖控制丁香、肉豆蔻等香料貿易，因而在香料群島(即摩鹿加群島)與葡萄牙人、西班牙人衝突。除了香料群島外，戰事亦延及菲律賓群島，特別是馬尼拉。1597年，荷蘭船隊先在美洲西海岸掠奪西班牙城市，1600年10月又來到菲律賓，試圖奪取大帆船(Galeón)或中國船，12月14日馬尼拉當局派出兩艘船與荷蘭船隊交戰，荷蘭人敗退 [2]。

　　這次的荷蘭船隊純粹只是爲了掠奪而來，並非有何策略考量，但隨著荷蘭東印度公司的成立，以及荷蘭人對東亞海域貿易的認識較前深入，他們的亞洲策略逐漸成形。

　　十七世紀初，荷蘭人認爲馬尼拉是西班牙在東亞的重心，削弱馬尼拉，才能解決西班牙人在香料群島的勢力，當時荷蘭船長Joris van Speilbergen即謂「爲了控制摩鹿加群島，最好的方式，也是唯一的方式，就是派出艦隊直接攻擊菲律賓群島」 [3]。毀滅馬尼

1　Rothermund Dietmar, *Asian Trade and Eurpoean Expansion in the Age of Mercantilism* (New Delhi: Manohar, 1981), pp. 12-24.

2　Antonio de Morga, *Sucesos de las islas Filipinas*, pp. 152-153, 170.

3　轉引自William L. Schurz, *The Manila Galleon* (New York: E. P. Dutton, 1939), pp. 278-279.按本書引文乃英譯文，唯William L. Schurz未注明出處。

拉的關鍵則在阻斷絲與銀的貿易。1600年率領兩艘船到馬尼拉的荷蘭船長Olivier van Noort謂：「菲律賓群島本身沒有財富，但最重要的是中國人的貿易，他們到那裡買賣，在交易上非常狡猾」[4]。

因此，十七世紀上半葉，荷蘭東印度公司面對西班牙在東亞的勢力，採取的策略不是占領菲律賓群島或馬尼拉，而是阻斷馬尼拉對外貿易，即派出荷蘭船隊捕捉來自摩鹿加群島的香料船隻、來自美洲的大帆船與來自中國的商船。這項封鎖策略會有幾項效果，一是削弱馬尼拉的經濟實力；其次，搶奪船隻所得的戰利品，使荷蘭東印度公司有更多戰爭經費與貿易資金；最後，迫使中國商人轉而到荷蘭人在東亞各地的據點貿易[5]。

根據Ruurdje Laarhoven與Elizabeth P. Wittermans的統計，十七世紀最初二十五年，荷蘭艦隊共有十六次進入菲律賓海域，其主要目的即是執行前述的策略[6]。

1610年9月菲律賓總督Juan de Silva向國王報告，謂「荷蘭已是摩鹿加群島和班達島的主控者，在摩鹿加群島，西班牙人只擁有Ternate島上的一個堡壘，當地的住民都站在荷蘭人那邊，協助荷蘭人戰鬥或防衛摩鹿加群島。另外日本國王也已開放兩個港口給荷蘭人，荷蘭人正努力在中國取得一港口，如果他們能成功，

---

4   Olivier van Noort, " De Reis om de Wereld door Olivier van Noort, 1598-1601," in Linschoten Society Series, Vol. 27, p. 113.轉引自 Ruurdje Laarhoven and Elizabeth Pino Wittermans, "From Blockade to Trade: Early Dutch Relations with Manila, 1600-1750," *Philippine Studies* 33（1985）, p. 488.

5   Ibid., p. 491.

6   Ibid., pp. 488-489.

將絲、金、水銀和其他貨品從中國運至日本、歐洲，其價值將超過香料貿易，如此呂宋和India將陷於毀滅，因爲沒有交通與商品，要支撐這些屬地是不可能的事」[7]。

　　1611年12月19日西班牙國王回信給Juan de Silva總督，謂「從各地來的報告，國王知道日本已同意荷蘭人赴日貿易，因爲荷蘭人可以提供大量的絲，而絲是從中國船隻搶奪來的，這些中國船隻是帶著絲要到馬尼拉交易。荷蘭人也會搶奪前往美洲的船以及從麻六甲、澳門開出的船。因此國王支持總督派艦隊攻擊荷蘭人的作法」[8]。

　　上述兩封書信充份反映西班牙人了解荷蘭人的策略，並注意荷蘭人在中國與日本海域的活動及其目的，亦即：

　　(一)荷蘭人想在中國取得一港口。上述信中描述之事應是1607年Cornelis Matelief de Jonge率領的荷蘭船隊前往廣州之事。這隻船隊自摩鹿加群島前往中國廣州，停泊於Lanthou，透過當地守軍，致書廣州大官，但不被接受而返回Patani(北大年)[9]。

　　(二)西班牙人已知道日本同意荷蘭人通商，並在平戶建立商館[10]。另外，荷蘭人持續地在中國、菲律賓海域間搶奪中國船隻，

7　*The Philippine Islands*, Vol. 17, pp. 146, 149.

8　Ibid., Vol. 17, pp. 180-181.

9　Oskar Nachod著，富永牧太譯，《十七世紀日蘭交涉史》，頁70。

10　1609年兩艘荷蘭船欲截擊澳門至日本的葡萄牙船，但無所獲，遂駛入日本平戶，荷蘭人透過九州大名松浦氏和長崎奉行長谷川氏，得到德川家康同意，開設商館，進行貿易，是爲荷蘭人進入日本市場的開端。參見Oskar Nachod著，富永牧太譯，《十七世紀日蘭交涉史》，頁73-75。

並將劫來物品如絲，銷至日本。

　　1616、1617年荷蘭人又自歐洲派艦隊來東亞，雖然最後被西班牙人打敗，荷蘭艦隊遁逃到香料群島，但已對馬尼拉當局造成極大的壓力。1616年8月耶穌會的一位省會長Valerio de Ledesma寫信給國王，抱怨菲律賓的情況並不好，支撐菲律賓群島，並使群島富裕的中國貿易及美洲貿易衰退很多，1616年只有不超過七艘船從中國駛來馬尼拉，過去通常有五、六十艘船前來(馬尼拉)，而且今年沒有船來往於(美洲的)Acapulco[11]，整個東方海域(指東亞海域)充滿敵人的船隻，Valerio de Ledesma期盼國王能增派武力至菲律賓，以支撐這衰頹的殖民地[12]。

二、西班牙人對新情勢的檢討

　　1620年代初，西班牙人出現一些有關放棄菲律賓、澳門或進占台灣的討論，分述如下：

(一)放棄菲律賓群島的爭議

　　美洲白銀外流的問題一直引起西班牙王室的關切，有些官員因此要求放棄菲律賓群島，或是拿菲律賓與葡萄牙交換巴西。1621年Hernando de los Rios在馬德里提出一份建議與報告書，反對前述意見，他認為：很多官員主張放棄菲律賓群島，因為西班牙人統治菲律賓群島，導致王室財產流失、美洲白銀流入中國、軍隊持

11　Acapulco係港口名稱，位於墨西哥海岸，面臨太平洋，十六至十九世紀初，西班牙大帆船即由此港出航，往返於美洲與菲律賓之間，上述帆船即稱「nao de Acapulco或nao de la China」

12　*The Philippine Islands*, Vol. 17, p. 249.

續耗損，而西班牙的軍力應用於最急需處，且應集中使用，所以應放棄菲律賓群島[13]。但Hernando de los Rios仍極力主張菲律賓對西班牙王室的重要性。

(二)放棄澳門的爭議

如何維護西班牙人在菲律賓的統治，但又不致讓美洲白銀大量流入中國？1619年道明會士Diego Aduarte提出一項頗爲大膽的建議——"Proposal to destroy Macao(放棄澳門的建議)"。他認爲：「在India(按此處指東亞)最重要的據點是菲律賓群島，只有菲律賓的武力能對付西班牙、葡萄牙兩國的共同敵人——荷蘭人」[14]。

西班牙國王此時兼任葡萄牙國王，希望維持葡萄牙人在澳門的利益，所以禁止澳門與馬尼拉兩地間的貿易；澳門的葡萄牙人則希望與馬尼拉貿易，取得美洲白銀，但反對西班牙人到澳門貿易，或經由澳門前往中國傳教[15]。Diego Aduarte放棄澳門的建議反映了部分馬尼拉的西班牙人想法——犧牲澳門的商業利益，由馬尼拉的西班牙人獨享對日貿易利潤。

(三)進占台灣

1619年，另有一位道明會士Bartolomé Martínez也提議放棄澳門，但更進一步主張轉進台灣，以此做爲新的貿易據點，發展對中國、日本的貿易。

該年1月，菲律賓總督Alonso Fajardo y Tenza派遣Bartolomé

13　Ibid., Vol. 19, pp. 237-246.

14　Ibid., Vol. 18, pp. 195-196.

15　C.R. Boxer, "Macao as a Religious and Commercial Entrepot in the 16th and 17th Centuries," *Acta Asiatca* 26（1974）, pp. 66-67, 70-71.

Martínez到中國，警告中國船隻不要到馬尼拉貿易，以免被傳聞要來的荷蘭船隻劫掠。航行途中，Martínez曾兩度來到台灣島[16]。事後他寫一篇報告：「Utilidad de la conquista de Isla Hermosa(占領台灣島的利益)」，強調馬尼拉的西班牙人應維持並擴張其貿易，無需懼怕荷蘭人及其他海盜，他建議在台灣島一個叫「Pacan(北港)」的地方建港，據說當地有一港口，他提到：

> 台灣島是從事貿易非常理想的地點，周遭有Cagayan、中國和日本。據說此島離中國最近處有十八leguas(約一百公里)，氣候良好，有著豐富的水果、鹿肉和小麥。……有很多魚，且如果在此島與交趾支那、暹羅、柬埔寨及日本建立關係，將是興盛和有利的。

Martínez認為，對馬尼拉而言，在台灣貿易遠比在Pinar或中國其他海岸[17]，或甚至澳門還好。他提出在台設立貿易據點的好處：

1.交易將更頻繁：澳門和Pinar島的貿易者一年只有兩次機會到廣州交易，而台灣島整年都可做為大的市集和市場。大量的商品自由來去，不受中國官員干擾。因為此島非常接近漳州，在漳州有著中國最主要的貿易活動，現在已有舢板來往於兩地間，前往台灣島採薪和捕魚。中國官方並不管制這些船隻。

16　*Spaniards in Taiwan*, Vol. I, p. 40.

17　Pinar島在廣東沿海，確實位置不詳，相關討論見Antonio de Morga著，神吉敬三、箭內健次譯注，《フィリピン諸島誌》，頁152。

2.打擊荷蘭人：馬尼拉富有白銀，若在福爾摩沙島建立市場，大家會到此島，使我們的敵人們毀滅，因無人願意和他們交易，這是斷絕荷蘭人與中國人關係的唯一辦法。「如果中國人與荷蘭人交易，舢板須自Jaiten(海澄)離開，如有兩艘軍船則可阻止他們。」

3. 主權由西班牙人掌握：「(過去西班牙人)花費很多時間、金錢和努力，在Pinar或其他中國海岸建立港口，卻必須迎合中國官員，他們可以將我們趕出，執照須花費四百五十pesos；但在福爾摩沙島，我們可免於這一切，因中國人將臣服於我們，如同在馬尼拉」、「在Pinar或其他中國海岸，我們無法建立據點防衛，荷蘭人可以摧毀我們，中國人亦可能叛亂，但在福爾摩沙島，我們可以建一堡壘，有足夠的武器和補給。有兩艘軍船，可以稱霸中國海岸」、「在中國建立據點須付出稅金和賄賂，但在福爾摩沙島，中國人須向我們納貢」、「在澳門，葡萄牙人須忍受中國人的無理規定，但在福爾摩沙島，則我們自己做主」。

最後Martínez強調占領台灣的急迫性：

> 不要再勘查此島而不去占領，因我們的敵人——荷蘭人和日本人將阻止我們的計畫；日本人會加強與此島連繫，而荷蘭人會想占領那裡。澳門害怕荷蘭人占領此島，因為如此會使澳門和India毀滅。
> 荷蘭人的企圖據說是想占領本島二十四度的位置(按今鹿港一帶)，並出兵到中國，且恐嚇中國人，如果中國人到馬尼拉，將奪取這些人的性命與財產。但若到福爾摩沙島的

荷蘭據點，將購買中國人的商品。

（吸引日本人至台貿易，而使日本與澳門、西班牙斷絕貿易關係）

……

（中國人不再至馬尼拉，物價將高漲，除了害怕荷蘭人，還因中國和日本海盜使中國商人破產。）

今年有一稱爲rey de China(中國王)的中國人領著八十艘船正在搶劫。在這些中國人之間，爆發很多內戰。韃靼人對他們發動大戰，……因爲上述這些原因，中國人既無法前來，中國官員亦不發給執照，除非花高價取得。……

絲和其他商品從福爾摩沙島帶至馬尼拉，我們可以賺得利潤如同中國人帶貨至馬尼拉。我們已不再需要日本人。如此商人帶貨至台灣，並換貨離開台灣至日本或其他地方。在等待國王同意時，敵人將先占領，我們將失去福爾摩沙島和被切斷所有貿易。如荷蘭人先占領，將很難將他們驅逐。且日本將幫助他們[18]。

Bartolomé Martínez的意見似乎影響了當時的菲律賓總督Alonso Fajardo y Tenza，1621年他致國王的信中即謂：

爲了維繫對日本的貿易，應將澳門的人口部分地或大部分地移至Nueva Segovia省(按又稱Cagayan)或福爾摩沙島。在

18　Ibid., pp. 41-47.

那裡取得一立足點，我們可以較好地進行中國到該地、該地到日本的航行，而不是由馬尼拉至日本。因為在馬尼拉的絲價已與長崎一樣貴，這是由於中國人來馬尼拉時受到荷蘭人威脅。上述建議對我而言，是最好的作法[19]。

西班牙人與荷蘭人在東亞海域對抗了二十年，又重新發現了台灣島的重要性。

第二節　西班牙人征台的決策與經過

1621年東亞的荷蘭人認為封鎖馬尼拉灣的政策並不能遏止中國商船前往貿易，「中國人仍將為了巨額貿易利潤冒險前往售貨」，荷蘭人主張前往中國沿岸設立據點，再迫使中國商人放棄與馬尼拉貿易[20]。當時澳門是他們的主要目標，1622年1月巴達維亞當局感嘆缺乏人力、資金以攻擊澳門[21]。

1622年3月荷蘭東印度公司Coen總督從擄獲的信件中，得知「馬尼拉的西班牙人與澳門的葡萄牙人一樣，多年來窮困不堪」，Coen總督閱讀到的信件，其內容與1619年Bartolomé Martínez〈占領台灣島的利益〉一文相當近似，均強調荷蘭人如果奪取與中國

19　*The Philippine Islands*, Vol. 20, p. 131.

20　1621年11月16日〈東印度事務報告〉，收於《荷蘭人在福爾摩莎》，頁3。

21　1622年1月21日〈東印度事務報告〉，同上註，頁4。

的貿易，西班牙與葡萄牙在東亞的屬地將陷入極大的危機[22]。

當時荷蘭東印度公司巴達維亞評議會討論應派船隊到香料群島平亂，還是到中國發展貿易，最後決定派船前往中國沿岸，「攻取澳門或占據中國沿海另一合適的地方，是我們獲取對中國貿易的當務之急」、「可阻止馬尼拉、澳門、麻六甲、臥亞(Goa)的敵人從事與中國的貿易，從而使我們獲得這一貿易」[23]。

由於荷蘭人得知澳門防守薄弱，且西班牙準備占領台灣島南部的「北港」。因此，Corenlis Reyersz船隊攻擊的主要目標是澳門，如果無法成功，巴達維亞的評議會要求，「按我們的建議在澳門或漳州附近尋找地方築堡駐守」、「依我們之見，澎湖或Lequeo Pequeño將適於這一目的」[24]。

1622年荷蘭Reyersz船隊占領澎湖，不久決議以澎湖爲據點，原因是澎湖港各項條件均較大員港便利，而且澎湖界於「北港」與漳州之間，如果西班牙人或葡萄牙人占領「北港」，那麼荷蘭人據守澎湖，即可扼住前往台灣島的航路[25]。

一、對荷蘭人占領台灣的反應

荷蘭人在澎湖建城之後，於1623年派商務員常駐大員，1624

22　*Spaniards in Taiwan,* Vol. I, pp. 48-53.

23　1622年3月26日〈東印度事務報告〉，收於《荷蘭人在福爾摩莎》，頁6-7。

24　同上註，頁7-8。

25　1622年8月1日Corenlis Reyersz.船隊評議會之決議，轉引自村上直次郎譯注、中村孝志校注，《バタヴィア城日誌》第一冊〈序說〉，頁15。

年8月被迫移至大員。就在荷蘭人轉進大員的同一月份，菲律賓財政官員寫信給國王，認爲荷蘭人已在台灣島與漁夫群島（按即今澎湖群島）建立堡壘，「這是爲何中國船隻無法前來馬尼拉的原因」；荷蘭人將切斷中國與菲律賓群島的貿易，如果不採取其他措施，勢必使菲律賓群島毀滅[26]。

　　8月15日菲律賓大主教Miguel Garcia Serrano亦寫信給國王，謂敵人（即荷蘭人）今年並未來到我們海岸（指菲律賓群島），「但明顯的，在福爾摩沙島（對西班牙人）有較大的壓力，此港接近大中國，是前來菲律賓群島的中途站」。此一發展將使商人們不再來菲律賓群島，「以至今年只有一艘小船來到Ilocos，該地離馬尼拉七十leguas，這使（馬尼拉）市民不安，他們今年沒有獲得布料。[27]」

　　上述兩封信寫作時，荷蘭人尚未放棄澎湖，但信件中均指出荷蘭人已在台灣島與澎湖建立據點，以致1624年中國商船沒有前往馬尼拉，使得馬尼拉的西班牙人感到憂心。

　　然而馬尼拉政局此時陷於動盪，無法有效因應台灣局勢的變化。先是菲律賓總督Alonso Fajardo因精神病於1624年7月過世，菲律賓政務由Audencia負責[28]，而軍務由Jeronimo de Silva承擔。但雙方不合，Jeronimo de Silva甚至被囚禁，直至1625年4月墨西哥

26　*Spaniards in Taiwan,* Vol. I, p. 57.

27　Ibid., p. 57.按英譯文謂「今年敵人到我們海岸」，應爲誤譯，西班牙原文之意思應爲「今年敵人未到我們海岸」。

28　箭內健次譯爲「司法行政院」，本爲高等司法裁判單位，但總督不在任或出缺時，由Audencia代理政務。見Antonio de Morga著、神吉敬三、箭內健次譯注，《フィリピン諸島誌》，頁420-421，箭內健次所作解說。

的Virrey de Nueva España決定[29]，派任Fernando de Silva為菲律賓臨時總督，政局才穩定下來。

　　Fernando de Silva於1625年7月8日抵達菲律賓，一個月後，寫信向國王報告菲律賓的政務，並表達出兵台灣島的意見：

> 福爾摩沙島介於大中國及Ilocos省………有人建議我的前任(總督)Alonso Fajardo，荷蘭人想在福爾摩沙島建立據點，對菲律賓群島而言，在該島建立據點是非常重要。但他未如此做，也許是因敵人更強大。現在他們有一個要塞，要塞有四個稜堡，其中兩個是石造，很快將完成，中國亡命者正幫助他們。
>
> 該島沒有容納大船的港口………荷蘭人與日本人帶給我們極大的損失，如去年荷蘭人捕獲一艘船，船上載著三萬pesos。如果時間和機會允許，我將努力於另一港口取得立足點，如此，可將荷蘭人逐出他們的現居地。如果國王能在那裡建一商館，將可使菲律賓群島回復到舊時的光彩與更多的繁榮[30]。

　　這一封信的內容相當多，涉及有關菲律賓的各項政務，征台的意見只是其中的一小段落，似乎只是總督眾多政務中的一項，

29　此乃官銜，Virrey 有國王代理人之意，Nueva España(新西班牙)指今墨西哥，Virrey de Nueva España一般或譯為墨西哥副王或墨西哥總督。

30　*Spaniards in Taiwan*, Vol. I, p. 58.

不過卻是Fernando de Silva總督首度表明征台企圖。

由於夏季季風將過,風向不利往北的軍事行動,征台只能等待隔年(即1626年)。但在冬季,Fernando de Silva總督已積極推動出兵事宜。

1640年道明會士Diego Aduarte在其著作*Historia de la Provincia del Santo Rosario de la Orden de Predicadoresen Filipinas, Japan y China*中記載了當時籌劃出兵的過程。Aduarte謂新任總督Fernando de Silva為了征台之事詢問道明會士Bartolomé Martínez,此人曾於1619年到過台灣,極力倡導征台。1625年12月底他被總督召喚至馬尼拉,討論出兵事宜。其後總督又徵詢馬尼拉的政、軍官員與大主教後,對外宣稱將派一隻遠征隊到Nueva Segovia(即呂宋北部之Cagayan地區),平定當地住民的反亂,但實際上,則是負有攻台的任務。

此時西班牙征台的傳聞亦已流傳開來。1626年2月初,巴達維亞的荷蘭人自日本得到消息,謂西班牙人準備出兵台灣島。大員的荷蘭人亦知此訊息,不過荷蘭人認為這只是西班牙人故意放出的風聲,想轉移荷蘭人的注意,使荷蘭船隊不再至馬尼拉灣劫掠中國船[31]。

在馬尼拉方面,1626年2月7日,有位道明會士Domingo González發表文章,討論征服台灣的合法性,提出三點看法:

1.為了傳教,必需派兵保護傳教士;為了維護軍隊、傳教士

---

31 1626年2月3日〈東印度事務報告〉,收於《荷蘭人在福爾摩莎》,頁59。

的安全，必須設立軍事據點。

2.荷蘭人正從台灣島切斷菲律賓與中國商業關係，爲了保護菲律賓，必須殖民台灣島。Domingo González認爲防範荷蘭人與保衛菲律賓，其重要性是超過合法與否的問題(more than licit for us to do it)。

3.港口是開放給任何人自由交往與貿易，這是人的權利。但爲了取得當地住民的同意，必須不斷溝通[32]。

上述文件顯示征台之事已引起馬尼拉的西班牙人討論，且勢在必行。

二、出兵經過

1626年2月8日，西班牙遠征船隊離開馬尼拉灣。道明會士Diego Aduarte事後描述，當時共有兩艘軍船(galley)及十二艘中國船，載著三連的步兵[33]，由Antonio Carreño de Valdés擔任司令，同行的還有Bartolomé Martínez等幾位道明會士。3月15日船隊抵Nueva Segovia港口(按即中文所稱的大港)，派兵征討Mandayas河的住民，但於5月4日收兵離開，5月7日船隊航向台灣島。沿著台灣東海岸航行三天，5月10日到達台灣東北部海灣，命名爲Santiago(即今稱三貂灣)。

船隊在三貂灣停泊等待，另由Bartolomé Martínez以及首席領

32　*Spaniards in Taiwan,* Vol. I, pp. 59-60.

33　1626年接任菲律賓總督的Juan Niño de Tavora謂有兩艘軍船及一些中國帆船，帶著二百人和兩門砲，其他資料記載略有不同，見*Spaniards in Taiwan,* Vol. I, pp. 72, 79, 83.

圖5-1　1626年西班牙人繪製的雞籠、淡水圖

顯示西班牙人占領初期，關注重點是社寮島及其對岸的
住民聚落，但亦注意到淡水河口、三貂角及宜蘭。（資料
來源：*Spaniards in Taiwan*, p. 43.）

圖5-2　1626年西班牙人繪製的雞籠、淡水圖局部
圖中方塊狀的符號即西班牙最初設立的兩處堡壘，當時
住民的聚落分布在此島的西岸與南岸。（資料來源：
Spaniards in Taiwan, p. 43.）

航員（piloto mayor）Pedro Martín de Garay乘著兩隻小船往台灣島北
端海岸，進行探測，小船航行了五小時，發現一港口，命名為la
Santísima Trinidad（按即雞籠港），並通知船隊此一消息。

船隊於5月11日抵雞籠港，在一個周圍比一leguas稍多的小島
（即今稱社寮島或和平島），建一堡壘（fortaleza），稱San Salvador，
並在此島高約三百呎或更多的小山上，建立一稜堡（baluarte），使
此地（San Salvador）不被攻擊（見圖5-1、5-2）[34]。

34　Ibid., pp. 71-73.

　　5月16日Sargento mayor（軍士長）Antonio Carreño de Valdés代表菲律賓總督，宣告占領台灣島、島上堡壘、住民村落及其他所有東西。在儀式中，他手上拿著島上的各種樹枝、土壤與其他東西，做爲所有權的象徵。在場的四位道明會士與軍官、船長、領航員等做爲見證[35]。台灣北部自此成爲西班牙的殖民地。

三、當時人解釋出兵原因與評價

　　占領雞籠後，馬尼拉的西班牙人普遍抱持樂觀的看法，並認爲荷蘭人必會因此而受阻礙，甚至退出此一海域，但同時也存在不同意見。以下引述新、舊任總督與馬尼拉官員們致國王的三件書信以及一份耶穌會士的報告爲例：

　　1.1626年國王任命的總督Juan Niño de Tavora在6月29日抵達馬尼拉，7月20日他致信國王，報告占領雞籠的經過，但謂「此一舉動的理由顯得有很多，但我至今尚不了解，唯有時間能表明一切」[36]，似乎對Fernando de Silva征台的決定有些遲疑。

　　2.Fernando de Silva於7月30日致信國王，報告征台之事，信中詳述從澳門得到的荷蘭人在台活動情況，包括荷蘭據點（即大員城）的位置、配置、港口深度等訊息[37]；並謂荷蘭人透過送禮給中

35　Ibid., pp. 75-76. 又見林盛彬，〈1626年西班牙進占台灣北部及其相關史料研究〉，《台灣風物》47: 3（1997年9月），頁103-121。

36　Ibid., p. 76.

37　可能根據出生於澳門的華人Salvador Diaz提供之資料，Diaz於1622年被荷蘭人俘獲，後來成爲荷蘭人的通譯，故對大員情勢頗爲了解。他於1626年4月20日逃抵澳門，使得澳門當局得知大員的狀況，澳門船到馬尼拉時，亦將此一報告帶給總督Fernando de

國官員與威脅要搶劫中國人，已達成控制漳州至馬尼拉航道的目標，並已將取得的絲送往日本與荷蘭。使得1626年有五十艘中國船前來菲律賓，但只帶來四十擔的絲，而荷蘭人卻有九百擔的絲。Fernando de Silva謂：「如果沒有從澳門運（絲）來，（到美洲）大船將無貨可運」。

因此，在信中，他提出了幾個出兵原因：(1)葡萄牙的貿易受到損害。(2)國王曾命令征服福爾摩沙島。(3)為了菲律賓群島的安全與貿易的回復，必須於敵人的上風處建立一堡壘。

但占領雞籠後，似乎有一些反對意見，信中提到有一「不懷好意（malintencionado）」的人告訴新任總督，謂占台將引起戰爭。但Fernando de Silva反駁，認為時間將證明一切，且征台之事，他並沒有從中得到任何利益。另有人認為將來需要從馬尼拉派出補給船，Fernando de Silva認為馬尼拉與雞籠之間，一年有九個月可以航行補給；而且與其讓船隻閒置港內，水手無事可做，不如進行此一航行。最後Fernando de Silva提到，讓西班牙船在呂宋島沿岸驅趕荷蘭船，不如出海尋找較低價的商品。

總之，Fernando de Silva認為西班牙在雞籠建立據點後，荷蘭人與中國的貿易必然縮減，中國商人會因雞籠較近而前來貿易，荷蘭人會放棄他們不利的據點，而日本人會為了絲，到我們的堡壘貿易[38]。

3.1626年8月1日馬尼拉官員們致信國王，謂荷蘭船隻在中國

（續）————————————————————

    Silva。此報告見*Spaniards in Taiwan,* Vol. I, pp. 62-69。

38   Ibid., pp. 81-82.

沿海劫掠，並爲此在福爾摩沙島建立一堡壘。至於占領雞籠後，
這些官員認爲可以讓荷蘭人不再對西班牙造成傷害，以及不再扣
留中國船隻[39]。

　　4. 1627年菲律賓佚名耶穌會士的報告謂：荷蘭人爲毀滅馬尼
拉與中國之間、澳門與日本之間的貿易，在台灣島建立一據點。
爲了破壞荷蘭人此一計畫，Fernando de Silva派軍占領福爾摩沙島
另一港口，馬尼拉方面爲了此事感到歡愉[40]。

　　前述四件文獻中，卸任總督Fernando de Silva爲征台之事辯
護，強調此事的迫切性；馬尼拉的官員與傳教士則認爲占領雞籠，
可以打擊荷蘭人，保護菲律賓對外貿易，因此也持肯定的態度；
但少數人則有負面的看法，新任總督可能也接觸到此類訊息，故
對占台一事抱持謹慎的態度，認爲時間將證明此事的正確性。

　　至於荷蘭人則對西班牙占領雞籠一事，甚表關切，但似乎不
看好西班牙在雞籠的占領，巴達維亞的荷蘭人記載：

> 我們獲悉，他們對此地(指雞籠)不盡滿意，而且氣候條件
> 不利於健康，已有二百五十名西班牙人和許多菲律賓人因
> 而死亡。西班牙人已與當地人發生戰爭，他們從中國所得
> 物資寥寥無幾[41]。

39　Ibid., p. 83.
40　Ibid., p. 87.
41　1628年1月6日，〈東印度事務報告〉，收於《荷蘭人在福爾摩莎》，
　　頁79。

　　荷蘭人的描述大致反映西班牙人占領雞籠後一年內的情況，西班牙人確實面臨氣候不適的考驗與當地住民的反抗，與中國的貿易也尚未開展。1628年以後，雞籠的貿易才有長足的發展。

第三節　西班牙在雞籠、淡水的經營

　　1620年前後，雞籠、淡水的貿易活動不如「北港」熱絡，在整個東亞海域中的地位漸漸低落，但1626年西班牙人占領雞籠，使雞籠、淡水有如絕處逢生，而重現生機的關鍵是美洲白銀。

　　美洲白銀是西班牙人維繫菲律賓繁榮的支柱，學者如全漢昇、William L. Schurz等均指出其重要性[42]，而西班牙人占領雞籠、淡水後，這兩地也被整合入西班牙的「大帆船（Galeón）貿易」中，分潤沾美洲白銀帶來的商機，提昇了雞籠、淡水在東亞海域中的地位。

　　本節討論的重點是西班牙人如何透過補給船制度輸送白銀，以及在此一財政支助下，對雞籠、淡水的影響。在時間上，指的是1626-1635年間的變化。

　　占領雞籠後，西班牙人隨即面臨一些問題，首先是軍隊的安全與補給的問題，其次是與當地住民的關係；此外，西班牙人出兵行動蘊含了一些期待，如將荷蘭人趕出台灣島、發展與中國的貿易，以及到中國與日本傳教，如何解決上述問題，便成為西班

42　參見全漢昇所著《中國經濟史論叢》與《中國近代經濟史論叢》，以及William L. Schurz, *The Manila Galleon*等書。

牙人在雞籠初期的經營重點。

一、馬尼拉的補給

1626年5月初，西班牙遠征軍到達雞籠時，並未受到任何阻礙，當地的住民受到「arcabuz(火繩槍)」的驚嚇，逃離聚落。西班牙人進入他們的屋子，在住民家中找到稻米和鐵器[43]，但數量有限，無法供應西班牙駐軍生活所需。另一方面，對中國貿易尚未開展，駐軍的生活必需品與兵器、彈藥必然要仰賴馬尼拉供應；後來中國商人逐漸運來西班牙人所需商品，但向中國人買貨所需的現金，仍需馬尼拉運來，因此「socorro de Manila(馬尼拉的補給)」成為雞籠駐軍命脈所繫。

學者鮑曉歐有專文研究此一補給制度，認為在西班牙人占領雞籠、淡水的十六年中，除了少數幾年(1631-1633)馬尼拉只派出一次補給船外，大部分的年份均有兩次補給船到達雞籠。最常派出的月份是8月，即大帆船從美洲載著白銀、各類補給物資到達菲律賓後，馬尼拉當局再將這些物資分發到西班牙人在東亞的各個據點，如雞籠或香料群島的Terrante島。前往雞籠的船隻於八月份開航[44]，至於另一次補給通常在春天進行，即等待冬季北風過後，補給船於三、四或五月間開航，以支援經歷寒冬的雞籠守軍。

43　*Spaniards in Taiwan,* Vol. I, p. 73.

44　José E. Borao, "Fleets, Relief Ships and Trade: the Communication between Taiwan and the Philipinas(1626-1642)," *Maritime History of East Asia and the History of the Island of Taiwan in the Early Modern Period: International Conference in Celebration of the Eightieth Birthday of Professor Yung-ho Ts'ao,* pp. 11-18.

　　鮑曉歐整理出1634-1642年運到雞籠的補給清單，其中錢、糧是最重要的兩項，其次是武器彈藥、衣物(如鞋、毯、衣服)等。至於補給船帶來的白銀，大約有一半用來支付駐軍的薪水，另一半作爲購買糧食、建築堡壘、教堂及其他雜務支出[45]，由於馬尼拉運來的米糧無法貯存太久，因此西班牙駐軍需向雞籠住民及中國人買米，所以西班牙人初抵雞籠，即通知中國人可以載運米糧到雞籠來[46]。

　　首度的補給船於1626年下半年發出[47]，因爲菲律賓新任總督Juan Niño de Tavora於1626年6月底抵達馬尼拉，由於剛接任總督，來不及於南風季節派補給船到雞籠，結果當船派出後，因風向不對，在呂宋島的港口拖延四個月；再次出發，被風漂流到澳門；第三度出發，又遇風暴，漂至中國海岸；最後在1627年4月29日到達雞籠[48]。這項延誤使攻占雞籠的西班牙人將近一年沒有補給物資。

　　已卸任的總督Fernando de Silva曾寫信向國王邀功，謂已成功占領雞籠港，且軍隊有一年的補給[49]。但事實上，根據新任總督的描寫，由於補給船遲遲未到，雞籠的駐軍有多人死亡或遭遇不

45　Ibid., p. 18.

46　*Spaniards in Taiwan,* Vol. I, p. 76.

47　鮑曉歐謂首度補給船是la Santísima Trinidad號，載著四千pesos，應誤，見José E. Borao, "Fleets, Relief Ships and Trade: the Communication between Taiwan and the Philipinas(1626-1642)," pp. 12-13.

48　*Spaniards in Taiwan,* Vol. I, p. 88.

49　Ibid., p. 82.

幸，「因為帶來的糧食用盡，而馬尼拉的補給尚未到，他們甚至吃狗、老鼠與蟲等。後來因很多船隻從中國來，帶來食物，情況才轉好」[50]。

　　為了管理馬尼拉的援助物資與白銀，1627年馬尼拉當局規定一套會計制度，指派專任的會計、財政人員到雞籠，詳細記載帳冊要如何建立、管理等[51]。

　　其後補給船來往正常，但偶而會遇到風暴，漂至琉球或中國海岸。補給船除了運輸官方的貨物、資金外，也扮演交通船與貿易船的角色，即載運更替的官員、士兵，以及往返於馬尼拉——雞籠間的商人，私人的貿易貨品如絲、銀等，亦交由補給船運送。所以西班牙人占領雞籠、淡水期間，補助船制度是維繫西班牙這兩個據點的最重要支柱。

　　1632年來台視察的Nueva Segovia(即大港)主教Diego de Aduarte曾表示，馬尼拉的補助船應一年派出兩次，最好五月一次、八月一次，因為中國商人看到補給船來，他們才會帶著貨物到雞籠，「如果他們沒有看到補給船在五月來，他們無法確定八月時也會來，如此他們不會持續他們的買賣。而如果沒有利潤，他們不會前來做生意」[52]。換言之，雞籠的貿易興衰與補給船的派遣密切相關。1636年荷蘭人在大員得到的情報亦是如此：

　　　　通常，每年有四艘小船從馬尼拉到雞籠，兩艘在五月，兩

50　Ibid., p. 88.
51　Ibid., pp. 96-98, 102.
52　Ibid., p. 197.

艘在八月。船隻抵達後，他們與中國人交易，貿易品包含一些絲、絲織品和大量的Cangan布[53]、麻織品、lanckijns以及其他商品。在船隻離開後，商品的供應變得很少，因為缺乏錢。在停留約三週至一個月後，船隻一起回馬尼拉[54]。

因此，雞籠、淡水的西班牙駐軍依賴補給船帶來的軍需與現金，而雞籠、淡水的貿易亦受補給船影響。若帶來大量白銀，則貿易興盛；反之，則中國商人會離開雞籠，轉往其他港口。

二、統治權的建立

西班牙占領初期，錢糧的補給外，另一急需解決的問題是駐軍的安全。對西班牙人而言，雞籠是一完全陌生的地域，住著不知底細的住民，而且還須擔心荷蘭人的攻擊。所以西班牙人到了雞籠後，立即修築防禦工事；其後則著重於維護統治區域的安全。

(一)堡壘建設

1626年遠征軍到達雞籠港，即選擇和平島(或稱社寮島)作為據點，因為這是一個小島，其東南方與台灣陸地隔著一條水道，適合防禦。最初在島上建立兩處堡壘，一是San Salvador，位於社

53　按本書提及之Cangan布，應是中國產製的棉布。學者陳國棟有專文討論Cangan布，他認為亞洲境內貿易商品Cangan布，除印度所產外，亦有相當數量的中國粗製棉布銷售各地，荷蘭人亦稱之為「Cangan」，見陳國棟，〈十七世紀初期東亞貿易中的中國棉布〉，「近代早期東亞海洋史與台灣島史：慶祝曹永和院士八十大壽國際學術研討會」論文(2000年10月)，頁1-19。

54　*Spaniards in Taiwan*, Vol. I, p. 245.

圖5-3 1626年西班牙人繪製的galera船與中國船
泊船位置約在今基隆市漁港，圓點旁的船隻係西班牙軍船
（galera），方塊點之旁係中國式帆船，西班牙人稱之爲champan（舢
板）（資料來源：*Spaniards in Taiwan*, p. 43.）。

寮島西南角，當地至今尚存「城仔角」、「城仔背」等地名[55]，不
過現在已爲中國造船廠所在地。又在社寮島高約三百呎或更多的
小山上，建立一稜堡（baularte），協防San Salvador城，此稜堡應即
後來荷蘭人占領後改建的Victoia堡，今尚有軍隊駐守，當地居民
稱「砲台頂」。

---

55 柯淑純、林玉鈴主編，《社寮文史調查手冊》（基隆：基隆市立文
化中心，1995），頁33。

1626年7月20日，菲律賓總督寫給國王的信中報告，由於在雞籠派駐兩艘軍船(見圖5-3)，並在當地建設堡壘，使經費的支出增加[56]。1627年在日本長崎的荷蘭人得到消息稱，「中國船從馬尼拉載著石灰石和其他物資做爲建設簡易的堡壘之用」[57]。1627年5月，巴達維亞的荷蘭人記載：上個南季風時(即1626年)，馬尼拉的敵人到達福爾摩沙島北端，占領一小島，稱爲「雞籠淡水」(按即社寮島，荷蘭原文作Kelangh Tamsuy)，離台灣島不遠，而且西班牙人在此小島的角落已建了一個三角形堡壘[58]，按此即San Salvador城。

由於荷蘭人相當重視西班牙在雞籠的發展，透過荷蘭文獻，可以了解雞籠、淡水堡壘的修築狀況。1629年8月，荷蘭人派船Domburch號等數艘船前往淡水、雞籠偵察，此船於13日進入淡水河內，發現西班牙船及據點(Santo Domingo)，該據點用竹圍起，14日與淡水河內的西班牙軍船作戰，並受到砲擊(圖5-4)。

8月18日荷蘭人來到雞籠港，見到一方形堡壘(即San Salvador)，石頭建造，城後有山，面水的城牆有六或七門砲，監視雞籠港的入口。據該荷蘭船描述，由雞籠港外向內望，因有山擋住視線，無法見到港內船隻，他們冒險進入，發現有四艘船，其中有兩艘是軍船(圖5-5)[59]。

56　Ibid., p. 77.

57　Ibid., p. 90.

58　*The Formosan Encounter*, Vol. 1, p. 55.按荷蘭人報告說有一三角形堡壘，不過San Salvador堡壘應係方形，可能是荷蘭人報告有誤。

59　Ibid., p. 141.

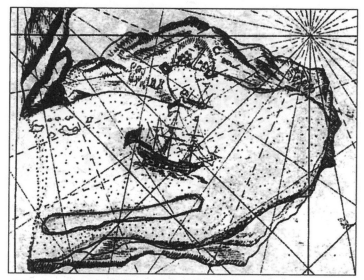

圖5-4　1629年荷蘭人所繪之淡水圖局部
圖中最大之船，由其旗幟判斷（見彩色小圖）是荷蘭船，
在其上方有西班牙人的galera船，更上方則是Santo
Domingo堡壘，其位置臨海（資料來源：*Spaniards in
Taiwan*, Vol. I, p. 141.與《十七世紀荷蘭人繪製的台灣老
地圖》，圖版11）。

　　1631年4月有艘荷蘭船自日本到大員，因遇暴風，桅杆損壞，
避至雞籠，被西班牙人扣留。事後船員回到大員，向荷蘭人報告
西班牙人的狀況：雞籠的城堡沒有熱蘭遮城堡這麼大，在城堡面
海邊的城牆是用石頭堆高建造的，面向陸地的城牆用石頭環繞
著，遙對一座山，西班牙經常駐在這個城堡以及另外一個碉堡，
當地有兩、三百名西班牙人和三、四百名Pampangers[60]。

────────────────────
60　江樹生譯，《熱蘭遮城日誌》第一冊，頁44。按駐軍人數似有誇

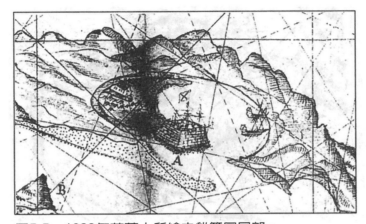

圖5-5　1629年荷蘭人所繪之雞籠圖局部

荷蘭人由北方向南望，故此圖北方在下。圖中最顯著目
標即一方形堡壘San Salvador，建在水岸，可以監視並防
守港灣入口。港內繪有三艘船，兩艘galera軍船在圖右
方，另一艘在San Salvador堡後方，船型不詳，應是艘中
國式帆船，堡壘左上方有一建築物，可能是教堂（資料來
源：*Spaniards in Taiwan*, Vol. I, p. 141.與《十七世紀荷蘭
人繪製的台灣老地圖》，圖版11）。

　　1631年6月有六名黑人從淡水逃到大員，告訴荷蘭人一些雞
籠、淡水的情況，其中謂雞籠的城堡有四個稜堡，周圍用灰色石
頭建造，架有十四門砲，面向海的稜堡架設的砲數最多，有五門，
在淡水則有一土圓堡，周圍有一籬笆，架有五門砲[61]。

　　1636年時荷蘭得到的情報是西班牙在台灣北部建了四堡壘和

(續)───────────

　　　　大；又按Pampangers乃來自Pampaga之人，此一省分位於呂宋島
　　　　中部，南端瀕臨馬尼拉灣，西班牙人雇用甚多當地住民當兵。

61　江樹生譯註，《熱蘭遮城日誌》第一冊，頁49。

兩城市。四堡壘是La Sanctissima Trinidade、St. Antonio、St. Millian、St. Augustin。而兩個城市是在雞籠的San Salvador和在淡水的Santo Domingo[62]，荷蘭人認為這是西班牙占據雞籠、淡水十年來的建設成果[63]。

同一年，台灣駐軍長官Alonso García Romero去職，向墨西哥的Virrey de Nueva España報告在台任職經過，亦謂西班牙人在雞籠建了四座堡壘，各自防守一海灣或港道，最大的城堡是San Salvador(荷蘭人誤謂是La Sanctissima Trinidede)，另外三處是la Retirada(又稱San Antón)、San. Millán與San Luis。在淡水則有Santo Domingo城，由木材修築而成[64](見圖5-6)。

堡壘是當時最有效的防禦工事，但不論新造或後續維修都需要不少經費，所以堡壘的修築與維護，反映的是統治者的意志。當西班牙人重視雞籠、淡水時，即撥經費建設、維護，如果西班牙統治者不再重視雞籠、淡水，那麼堡壘將淪於朽壞或撤廢的命運。1635年前後，正是西班牙人堡壘修築政策轉變的分水嶺，反映西班牙對台政策的變動[65]。

62　同上註，頁224。

63　見村上直次郎譯，中村孝志校注，《バタヴィア城日誌》，頁264。

64　*Spaniards in Taiwan,* Vol. I, pp. 259-260.按如果荷蘭人記載無誤的話，San Luis即荷蘭人所稱的St. Augustin。

65　關於堡壘的建設與位置，筆者有專文討論，見陳宗仁，〈西班牙統治時期雞籠堡壘的興築與毀棄〉，刊於《台灣文獻》54:3期(2003年9月)，頁17-39。

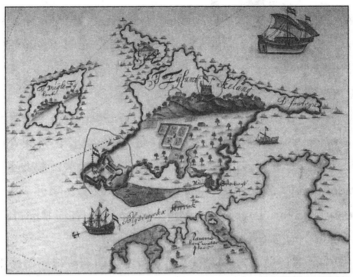

圖5-6　1667年荷蘭人Cornelis Vischbe手繪雞籠圖局部
圖中四個圈的位置，應是西班牙人在社寮島設立的四座
堡壘（資料來源：Vertente、許雪姬、吳密察，《先民的
足跡——古地圖話台灣滄桑史》，頁81）。

（二）與當地住民間的關係

　　西班牙人在雞籠、淡水配置兩艘軍船，初期駐軍人數大約三
百人，其中約有二百人是西班牙士兵，其餘則是菲律賓士兵，主
要是來自馬尼拉北邊的Pampanga地方。

　　1626年西班牙人來到雞籠港時，港灣內的住民已逃入上山，
西班牙士兵曾取走住民的財物，但不久即歸還，並且派傳教士學
習當地的語言，進行安撫。據說雞籠當地有位日本人天主教徒，
與雞籠人結婚，育有兩個女孩，此時要求傳教士為其女兒施洗，

這位日本教徒後來成為西班牙人與住民溝通的管道[66]。

　　1627年西班牙人在淡水與當地住民發生衝突，此事促使西班牙軍隊進入淡水，並設立據點。

　　衝突起源於一位淡水河的頭目與對岸的頭目不合，前者想拉攏西班牙人站在自己這邊，雞籠的駐軍司令也想派人到淡水買米，於是命Antonio de Vera隊長帶著二十名士兵到淡水。西班牙軍隊受到上述那位頭目的招待，停留了一、兩個月。但有一天，這位頭目與其敵對頭目聯合，突然攻擊西班牙軍隊，隊長及七名士兵死亡，其餘逃回雞籠。

　　等到馬尼拉派來的補給船Nuestra Señora del Rosario號(以下簡稱Rosario號)抵達雞籠，船上載有Lázar de Torres隊長及六十名士兵，於是雞籠駐軍司令遂派Lázar de Torres隊長帶著一百名士兵到淡水尋仇。當地住民很快地離開聚落，西班牙人進入住民的穀倉搶米，米糧塞滿一艘軍船和四艘大舢板。據說，如果船隻夠的話，他們可以裝滿五十艘船的米糧。最後，西班牙軍隊帶著大量食物離開淡水[67]。

　　1644年金包里人Theodore告訴荷蘭人，謂西班牙統治淡水期間，與淡水住民發生兩次大衝突，第一次即指上述的事件。據Theodore的描述：

　　　他們受邀到山上，但躲藏在草樹叢的淡水人發動突

66　*Spaniards in Taiwan,* Vol. I, p. 73.

67　Ibid., pp. 131-132. 後來Lázar de Torres隊長乘著El Rosario號於1628年2月21日離開雞籠，返回馬尼拉。

擊………後來，他們又回來，人數大約百人，囚捕了十四名淡水社民的頭人。其中有人被殺，另外則被戴上鍊銬勞動………假裝順服求和，有些人接受神父的膏洗[68]。

此段描述與西班牙人所載可以相互印證。

1930年道明會神父José Maía Álvarez在其有關台灣史的著作中謂：1628年Antonio Carreño de Valdés長官派軍征淡水，並設堡壘[69]。不知是否指此事，或是另一次出兵行動。但不論如何，西班牙人大約在1627-1628年間，在淡水建立一據點，即Santo Domingo堡壘，但確實時間不詳。

1628年菲律賓總督謂：雞籠、淡水的住民不如初時友善，殺了三十名西班牙人，但在西班牙人展示武力後，已道歉並恢復和平[70]。到了1630年，菲律賓總督謂：雞籠、淡水的住民逐漸歸順，據新近抵達馬尼拉的船隻報告，人數已超過三百人，道明會士正努力使他們皈依天主教[71]。

荷蘭籍學者包樂史曾指出，荷蘭東印度公司在台灣南部擴張領土並不是他們占領大員的本意，而是荷蘭神職人員為了傳教需要，借助公司的武力，推廣其信仰，但卻使大員當局擴張了在台

68　翁佳音譯文，刊於黃美英編，《凱達格蘭族書目彙編》，頁114，原文出自VOC 1148, fol. 303-309。

69　José Maia Álvarez, *Formosa: Geográfica e Históricamente Considerada*, p. 42.

70　*Spaniards in Taiwan*, Vol. I, p. 135.

71　Ibid., p. 144.

的勢力範圍[72]。在雞籠、淡水，神職人員一如大員的荷蘭人牧師，前往堡壘附近的村落傳教，不過這些天主教傳教士沒有武力為後盾，只是憑藉宗教熱誠在雞籠、淡水活動。有關西班牙人在雞籠、淡水的傳教活動，中村孝志與鮑曉歐均有專文討論[73]，本書不贅述。

當時西班牙傳教士活動的範圍包含了今宜蘭、基隆、台北平原，據稱1636年時有一千名住民信仰天主教，還有很多村落希望能有傳教士前往[74]，這可視為西班牙人在雞籠、淡水統治十年的傳教成果。不過西班牙對雞籠、淡水的統治力量還是相當薄弱，既無法統合各自為政的村落，甚至只是退守在堡壘中，任由傳教士出外傳教。

1636年，在淡水傳教的Francisco de Santo Domingo神父捲入Senar與Pantao村落的紛爭中，幾位Senar住民殺了Francisco de Santo Domingo神父後，又放火燒了村莊和教堂，然後四散到其他村落去。同一時期西班牙士兵在淡水堡壘附近受到三百住民的偷

72　L. Blussé, "Retribution and Remorse: The Interaction between the Administration and the Protestant Mission in Early Colonial Formosa," in Gyan Prakash, ed., *After Colonialism: Imperial Histories and Postcolonial Displacements* (Princeton: Princeton University Press, 1995), p. 158.

73　中村孝志著，賴永祥譯，〈十七世紀西班牙人在台灣的佈教〉，收於氏著，《台灣史研究初集》(台北：撰者刊行，1970)，頁112-146；José E. Borao, "The Catholic Dominican Missionaries in Taiwan, 1626-1642," 收於林治平主編，《台灣基督教史：史料與研究回顧國際學術研討會論文集》(台北：宇宙光出版社，1998)，頁37-76。

74　*Spaniards in Taiwan,* Vol. I, p. 258.

襲，有一名神父Fray Luis Muro de San Miguel、十二名士兵及一些
工人，還有婦女、小孩死亡，其他人逃入淡水堡壘，死屍散在原
地十二天，西班牙人不敢前去處理，因為「我們人數如此少，而
敵人如此多」[75]。

此次事件則是前述金包里Theodore提到的第二次西班牙人與
淡水人的大衝突。他簡單描述其經過，謂：

> 在某夜雞鳴報曉時分，各地村社的男丁前往攻擊西班牙人
> 由寄生木覆蓋的小城寨，約有七十人被殺，其中有兩位教
> 士，大約有二十五到三十人逃逸[76]。

文中提及兩名教士應是上述Francisco de Santo Domingo與
Luis Muro de San Miguel。

對十七世紀的西班牙人而言，他們並不重視擴張領土，發展
貿易與傳教才是他們重視的事務。因此西班牙占領雞籠、淡水，
派駐二、三百人，並花費相當多的經費建設雞籠、淡水堡壘，其
目的不在占有雞籠、淡水，甚至也無力控制此一區域，但相對於
雞籠、淡水的村落而言，居於堡壘的西班牙人仍是此一區域內最
強大的武裝勢力。

75　Ibid., pp. 243-244.

76　翁佳音譯文，刊於黃美英編，《凱達格蘭族書目彙編》，頁114，
　　原文出自VOC 1148, fol. 303-309。

三、攻擊大員及其挫折

　　1626年菲律賓總督Fernando de Silva派出遠征軍到台灣時，其目的即是將荷蘭人趕出台灣島。而該年4月，有一位澳門華人Salvador Diaz自大員逃至澳門，帶來有關大員的情報，使得菲律賓總督認爲，要儘快攻打大員的荷蘭據點。

　　Salvador Diaz是一華人，出生於澳門，1622年乘著一艘開往馬尼拉的澳門船，卻在航行途中被荷蘭人俘虜，並送至澎湖的荷蘭據點工作。1624年隨荷蘭人移至大員，參與建城，因爲他懂中文，遂參與荷蘭人與漳州官員的談判。1626年他向中國漁民買一艘小船，逃出大員，於4月20日返抵澳門[77]。由於他住過澎湖、大員，參與荷蘭人與中國官員的談判，相當了解大員的情勢。

　　西班牙人占領雞籠後，新任菲律賓總督派人到澳門，召喚Salvador Diaz，詢問大員的情形。透過Salvador Diaz的描述，西班牙人得知荷蘭人在大員的兵力配置、堡壘與商館位置，現存一張1626年的大員地圖，被認爲是根據他的描述繪製而成。

　　Salvador Diaz說大員的荷蘭人雇用了一百二十名中國人，從事堡壘建設。在大員的荷蘭人共有二百二十名，在荷蘭的補給船從日本來到前，他們懼怕西班牙人的攻擊。Diaz認爲如果西班牙人進攻大員，「他們將會投降，即使現在，大部分的荷蘭人是害怕的，因被分散到不同地點和船隻裡」[78]。他極力主張應趕快攻擊

77　Ibid., p. 62.
78　Ibid., p. 65.

大員的荷蘭人，因他們人數少而武力弱。如果西班牙不發動戰爭，
未來將失去馬尼拉和澳門的貿易。

1627年一位馬尼拉的耶穌會士稱，菲律賓總督召喚Salvador
Diaz，「此一舉動意味總督正準備船隊攻擊荷蘭據點，如果他沒
有如此做，我們將失去一次珍貴機會。因敵人尚虛弱，人員不足，
但他們將變得越來越強」[79]。

1627年Juan Niño de Tavora開始著手編組艦隊，據一位佚名的
耶穌會士載，當前往美洲的商船開航後，馬尼拉的人立即準備前
往台灣島，要去驅逐荷蘭人。因為台灣島的荷蘭人會破壞西班牙
人的貿易，影響馬尼拉及澳門的商業交易。

西班牙人將食物及軍火裝上船，想要對荷蘭人發動海上和陸
上的戰爭，但7月7日旗艦裝載過重而漏水，同一天又發生軍火庫
火災等不吉利事情[80]。此時馬尼拉方面正等待美洲的補給船帶來
現金與補給，但是該年美洲補給船晚到，南風季節即將要過。菲
律賓總督遂於7月26日先派較小的軍船至台灣，因為小軍船較怕風
浪；到了8月17日，總督親率的船隊離開馬尼拉灣，航向台灣，準
備攻打大員的荷蘭人。

西班牙船隊的規模相當大，至今尚留存當年的船隊清單。當
時馬尼拉有四艘大軍船，其中三艘參與此役；又馬尼拉有八連步
兵，有七連參與此次行動，另有五連Pampanga步兵以及砲兵、水
手等，船隊帶著六個月的補給，以及要給基隆堡壘的各類補給，

79　Ibid., p. 88.

80　Ibid., p. 129.

現金則有四萬pesos，另有136門砲及2015人[81]。

　　Juan Niño de Tavor總督幾乎是將菲律賓所能動用的兵力、船艦通通投入此一行動，是繼1616年菲律賓總督Juan de Silva大舉南征之後又一壯舉。當年Juan de Silva希望將荷蘭人趕出爪哇與摩鹿加群島，此次船隊的目標則是要將荷蘭人趕出台灣海域，只是結局仍與1616年相同，不僅攻荷計畫受挫，而且損失慘重。

　　1628年8月，菲律賓總督寫信向國王報告此事經過，認爲是因爲美洲的補給船未準時抵達馬尼拉，致使船隊出發時間太晚，錯過季風期[82]。1631年總督又向國王解釋，謂因來自美洲的船載著錢和補給，晚到一個月，結果時機不對，船隊沿著呂宋海岸往北航行，但尚未離開呂宋島海域，即因風暴返航[83]。總之，西班牙人在十七世紀上半葉發動兩次大規模攻荷行動，不僅無戰果，且招致大量人力、物力的損失。

　　此次行動受挫後，菲律賓當局不再有將荷蘭人趕出台灣島的企圖，只是遠在歐洲的西班牙國王仍不斷透過書信，要求他在東亞各地的臣屬，集合麻六甲、澳門與馬尼拉的軍事力量，聯手將荷蘭人趕出東亞[84]。不過馬尼拉、澳門對外貿易漸趨沒落，美洲白銀供應減少，日本禁止與西班牙、葡萄牙船隻貿易。面對種種不利的情勢，菲律賓總督其實並無餘力與荷蘭東印度公司對抗。

81　Ibid., p. 100.
82　Ibid., p. 134.
83　Ibid., p. 150.
84　類似的信件分別見於1628、1629、1630、1632、1633等年份，見 *Spaniards in Taiwan,* Vol. I, pp. 116, 136, 143, 159, 212.

第四節　雞籠、淡水貿易達於極盛期

西班牙人占領雞籠或將荷蘭人趕出台灣，其目的均在維繫馬尼拉與中國的貿易發展。儘管征荷行動受挫，但馬尼拉當局仍十分關心是否能到中國貿易，或中國商人是否會到雞籠港來。

雞籠自上一個世紀以來，即是中國人的貿易地，即使十七世紀初期，「北港」吸引了中日商人前往交易，但中國船隻依然會來雞籠，在當地進行交易。1626年西班牙人到達雞籠後，即想要派人與中國商人聯繫。當馬尼拉的補給船延誤了幾個月未到，首先解決雞籠駐軍糧食問題的就是中國商人，他們帶來了米糧。

占領的第一年，菲律賓總督Juan Niño de Tavora樂觀地描繪在雞籠開啓的貿易活動，即雞籠守軍用船隻保護中國船隻前往雞籠貿易，而中國商人到雞籠後，馬尼拉的西班牙商人及其資本也會爲了交易而聚集在雞籠。中國商品將被送至馬尼拉，如果有利潤，商船會航行於馬尼拉、雞籠之間，不須借重官方的補給船[85]。

在菲律賓總督的上述想像中，雞籠宛如1610年代的馬尼拉，只要西班牙以武力維護中國——雞籠間的航行安全，中國商人即會前來；有了中國商品，馬尼拉的西班牙人及其資金亦會集於雞籠，毋須官方資源介入。後來歷史的發展並不如Juan Niño de Tavora總督所預估，有些因素是他料想不到的，例如東亞海域經濟不景氣之類的大環境因素。

85　Ibid., p. 77.

一、與福建官方的接觸

西班牙占領初期，中國商人尚沿襲與住民的交易習慣，到雞籠收購硫磺與沙金。此外，中國商人可能得知西班牙人已來到雞籠，且猜想西班牙人需要的商品，故亦載來米糧和建材。

1627年，在日本長崎的荷蘭人記載：

> 中國人不時航行至雞籠，載運硫磺、沙金和當地砍的木柴。
> 沒有中國來的船隻載運他們(指西班牙人)想要的貿易物，
> 只有獲得一些建築堡壘用的建材[86]。

當時中國商人與台灣住民的貿易規模相當有限，至於供應西班牙駐軍的生活必需品以及建材，則是新的生意；但西班牙人期待的絲貿易尚未展開。

1627年8月菲律賓總督率領龐大的船隊出征大員，雖然半途撤回，但在7月份時已先派出兩艘軍船前往雞籠。這兩艘船原本預定由台灣東海岸航至雞籠，卻因風向不對，駛入台灣海峽，意外地到達Pescadores(澎湖)群島，並與當地明朝守軍接觸。據西班牙文獻載，他們受到明朝守軍的接待，且明朝守軍希望西班牙船隊前去攻占荷蘭人據點——大員[87]。這次的會面可以說是呂宋的西班牙人在占台後，首度與福建官方接觸。

86　Ibid., p. 92.
87　Ibid., p. 134.

　　西班牙文獻對駐守澎湖的明朝軍隊記載很少，只知道西班牙的軍船是於7月26日離開馬尼拉，先到澎湖，回程經過大員外海，最後在呂宋島海岸發生船難，10月20日船難消息傳至馬尼拉[88]。因此，西班牙軍船到澎湖的時間，應在1627年8月(9月的可能性較小)。另據曹永和的研究，1624年荷蘭人退出澎湖後，明朝隨即在澎湖設防駐兵，除在風櫃尾築城外，另置三處銃城。1626年時，明朝仍在澎湖「築城增兵」[89]，1627年西班牙軍船到澎湖時，見到的應即這些明朝守軍。

　　菲律賓總督向國王報告這次的接觸，表示菲律賓方面正努力與中國官方建立友誼與貿易關係。

　　前文提及1627年有艘西班牙小船Rosario號航抵雞籠，這是1626年西班牙人占領雞籠後，第二艘抵達雞籠的船隻。當Rosario號返回馬尼拉時，帶來中國官方的訊息，使馬尼拉的西班牙人覺得，似乎就快與中國官方建立某種友誼與合作關係。

　　據一位佚名的耶穌會士報告，1628年3月，Rosario號自雞籠回到馬尼拉，謂：有位中國大官來到雞籠堡壘，「來看西班牙人是怎樣的鄰居」？因為荷蘭人賄賂一位中國人，要求這個人告訴中國官方說西班牙人是壞人。荷蘭人想破壞中國與馬尼拉的貿易，讓中國人只與他們貿易。但有另位中國人向中國官方說，荷蘭人才是搶匪、海盜，而西班牙是好人。於是「海邊省份的大官派官員來雞籠港，看我們是怎樣的人，以及我們在離中國那麼近的地

88　Ibid., p. 130.
89　曹永和，〈澎湖之紅毛城與天啓明城〉，收於氏著《台灣早期歷史研究續集》(台北：聯經出版公司，2000)，頁166-175。

方建立據點，目的爲何」。

　　上述文獻又載，這位中國官員受到很好的招待，西班牙守軍告訴他：「我們的目的是好的，不企圖傷害中國，並想處罰海盜來幫助中國官員」。後來這位官員的船隻被住民攻擊，搶奪財物，西班牙人還派兵拯救，捕虜幾個頭人，最後住民歸還中國官員與其財物以交換被虜的人[90]。

　　中國官員造訪雞籠一事，應發生在1627年底、1628年初之間，即1627年的冬天，此時正值明朝的天啓七年與崇禎元年之際，福建巡撫爲朱一馮。不過到雞籠的中國大官則不知其職銜、姓名，推想應是一位把總或千總一類的軍官，其目的是進行「哨探」的工作，即明朝官方聽聞西班牙人占領雞籠，特地派員前來了解狀況，但西班牙人顯然對這位中國官員的來臨感到興奮。

　　接獲Rosario號的報告後，菲律賓總督召開會議。與會官員均認爲此一機會決不可喪失，於是總督命令Rosario號帶著禮物再至雞籠，並由雞籠當地的長官Antonio Carreño de Valdés率領使節團進入中國；並派道明會士Bartolomé Martínez一同前往，因他懂中文，且長期與馬尼拉的閩南人交往。

　　Rosario號到了雞籠後，在1628年6月23日之前[91]，「帶著大量

90　*Spaniards in Taiwan,* Vol. I, pp. 132-133.

91　按José E. Borao, "Fleets, Relief Ships and Trade: the Communication between Taiwan and the Philipinas(1626-1642)," in *Maritime History of East Asia and the History of the Island of Taiwan in the Early Modern Period: International Conference in Celebration of the Eightieth Birthday of Professor Yung-ho Ts'ao*, p. 13謂1623年6月23日的財政會議結束後，總督才派Rosario號載道明會士Bartolomé

商品返航(馬尼拉)，(由於是)用著很低的價錢，如果此一情形持續下去，將讓群島(指馬尼拉的西班牙人)極度滿意」[92]。

　　Rosario號也帶回另一項消息，即雞籠駐軍司令Antonio Carreño de Valdés回報，由於中國皇帝已死，其寵幸的宦官被殺，許多大官員被更換，所以正等待與新任福建巡撫協商，而且Antonio Carreño de Valdés認爲有與中國交往的機會，即新的皇帝嚴厲要求要肅清沿海的盜賊，中國官方可能需要西班牙人的協助[93]。

　　前文指稱的中國皇帝是明熹宗朱由校，於1627年(天啓七年)9月30日(七月乙卯日)亡故；宦官則是魏忠賢，於同年12月13日(十一月己巳日)自殺[94]。至於1627年(天啓七年)的福建巡撫是朱一馮，曾任福建右布政使，於1628年2、3月間受到御史、給事中等糾彈，免除巡撫職位，1628年4月4日由熊文燦接任[95]。因此雞籠

(續)————————

　　　Martínez至雞籠，故作者推斷此年之補給船可能在7月開航，但據1628年7月12日總督發布的一項命令，Rosario號是在6月的財政會議之前回到馬尼拉，見 *Spaniards in Taiwan,* Vol. I, p. 128。因此，Rosario號於1628年3月回馬尼拉，可能於4、5月間至雞籠，至晚於6月23日前回到馬尼拉。

92　*Spaniards in Taiwan,* Vol. I, p. 136.

93　Ibid., p. 135.

94　張廷玉等撰，《明史》，卷23，頁306：「秋七月乙丑朔，帝不豫……甲寅，大漸。乙卯，崩於乾清宮，年二十三」，又頁309：「十一月甲子，安置魏忠賢於鳳陽……己巳，魏忠賢縊死」。

95　《崇禎長編》，卷六，崇禎元年二月丁未、甲寅條，又卷七，崇禎元年三月壬戌、辛巳等條，轉引自薛國中、韋洪編，《明實錄類纂：福建台灣卷》，頁201。

守軍隊長回報福建巡撫更換的消息，應是1628年4月之事[96]。

　　1628年(崇禎元)8月4日Juan Niño de Tavora總督寫信給國王，總結西班牙人占據雞籠兩年來，與中國官方接觸的成果，可與上述的記載互相補充，據總督載：

> Rosario號卸下船貨(指給雞籠的補給)後，帶著一些商品，於三月十二日返回此地(指馬尼拉)。帶給我(指總督)一個中國官員的信。
>
> 在中國，我們派艦隊想要占領荷蘭堡壘(指大員)的消息已傳開，在那裡引起騷動，中國人害怕我們會打中國。我給他各種保證，而他滿意的回信並保證Virrey de Ochiu(按指福建巡撫)會發與chapa，即貿易執照。
>
> 中國官員並要求清除中國沿海的海盜，並將荷蘭人趕出台灣島，因他們已與中國人戰爭一年……但之後又說，已與荷蘭人達成協議……事實是皇帝和總督認為荷蘭是敵人，但地方官員為了利益而給他們准許荷蘭人往來[97]。

　　上述文字可以歸納為四個重點，分述如下：

96　據董應舉，〈米禁〉一文載：「(芝龍)初起也，不過數十船耳，至丙寅(1626年)而一百二十隻，丁卯(1627)遽至七百，今(1628後)并諸種賊計之，船且千矣。」見董應舉，《崇相集選錄》，頁43。

97　*Spaniards in Taiwan,* Vol. I, p. 135.

(一)有關雞籠的貿易

1628年3月Rosario號首度從雞籠返回馬尼拉，據稱帶回一些商品，顯示西班牙人已買入一些中國的商品，後來奉派再至雞籠，約於5、6月間回到馬尼拉。此次Rosario號以很低的價錢帶回大量商品返航。使得6月23日的菲律賓總督主持的財政會議中，謂在雞籠「正開始建立商業與貿易」[98]。所以1628年時，馬尼拉的西班牙人對雞籠的貿易是相當看好且充滿期待，並已有一些成果。

(二)有關與中國官員的聯繫

Rosario號兩度至雞籠，先前帶回中國官員的信，總督亦回覆一信，並再接到回信。這位官員保證福建巡撫會發與chapa，即貿易執照，這應是指給中國商人的「文引」，即同意中國商人可以前往雞籠，而不是西班牙人可以至福州貿易。

這位官員又表示願意向福州的巡撫報告，使巡撫同意接待西班牙使節，以便開啓雙方的貿易與友誼。雞籠堡壘的西班牙人「認爲這將帶來巨大利益」。不過因爲明熹宗過世，福建巡撫更替，所以西班牙使節團尚未進入中國。

(三)協助攻擊中國沿海的海盜

菲律賓總督謂，中國官員要求西班牙人能協助清除中國沿海的海盜，並將荷蘭人趕出台灣島，因他們已與中國人戰爭一年。

所謂的海盜應與鄭芝龍有關，鄭芝龍崛起於1625-1626年間[99]，據董應舉〈米禁〉一文載：「（芝龍）初起也，不過數十船

98　Ibid., p. 126.
99　L. Blussé, "Minnan-jen of Cosmopolitan? The Rise of Cheng Chih-lung alias Nicolas Iquan." in E. B. Vermeer, ed., *Development*

耳，至丙寅(1626年)而一百二十隻，丁卯(1627)遂至七百，今(1628年後)并諸種賊計之，船且千矣」[100]。

　　1627年底鄭芝龍進而進攻中左(今廈門島)，全閩為之震動。此時西班牙Rosario號正停駐在雞籠，而中國官員亦於此時來到雞籠探查，雞籠的西班牙駐軍與這位官員談及合作攻擊中國海盜的事情。只是荷蘭船隊已被鄭芝龍擊退，福建總兵俞咨皋亦因兵敗，棄城而逃，福建官方放棄「以夷攻賊」的策略，轉而招撫鄭芝龍[101]，故聯合西班牙之事亦不了了之。

(四)有關中國與荷蘭的關係

　　前述菲律賓總督在給國王的信中謂，中國官員對荷蘭的態度並不一致，先前是要求西班牙人將荷蘭人趕出台灣，後來又說中國官員已與荷蘭人達成協議。中國官員態度的轉變顯然與1627年年中以後的情勢變化有關，當時福建官員試圖與荷蘭人結合，攻擊鄭芝龍，故對荷蘭人的態度轉為親善。

　　不過，西班牙人的觀點頗值得重視，他們認為明朝皇帝或中央官員對荷蘭人是有敵意的，而地方官員則傾向與荷蘭人來往，分享貿易利益。

　　1628年以後西班牙人仍持續透過雞籠駐軍與福州官方連繫，

(續)————————————————————

　　　and Decline of Fukien Province in the 17th and 18th Centuries (New
　　　York: Brill, 1990), pp. 253-258描述鄭芝龍早年的經歷，如從福建
　　　至澳門、日本，參與荷蘭人和中國的交涉與貿易等，可參看。
100　董應舉，〈米禁〉，收於《崇相集選錄》，頁43。
101　有關1627年前後，明朝、鄭芝龍與荷蘭間的聯合與對抗經過，可
　　　參見林偉盛，〈荷蘭時期東印度公司在台灣的貿易(1622-1662)〉
　　　(台灣大學歷史研究所博士論文，1998年，未刊)，頁42-45。

總督表示：「希望與此一富裕的省份(指福建省)開啓貿易關係」，
而且福建巡撫答應協助西班牙人發展貿易。1629年總督任命Juan
de Alcarazo爲新的雞籠守軍長官，乘著補給船前往雞籠[102]，並奉
命帶著總督的信去見福州總督。Juan de Alcarazo大約在1629年
時，得到福建巡撫的允許，乘船到福州，受到福建官方的接待，
福建巡撫對西班牙人表達善意，並有封信給菲律賓總督。

只是西班牙人與福建當局連繫了三、四年，直至1630年，福
州官方尚未同意外國人前來貿易[103]，當然，未來也不會同意。

福建巡撫的態度似乎令菲律賓總督感到困惑。在上述信中，
總督提到，關於西班牙人進入福州貿易一事，有著許多困難，但
也有一些希望。事實上，對當時的福建官員而言，「接待外國人
的友誼拜會」與「開放外國人貿易」兩事是不相干的，西班牙人
這幾年來一直感受到福建官員的善意，期盼友誼可以提昇爲商業
貿易，卻無法獲得承諾。

福建政局的發展確實也使福建巡撫熊文燦無法做出任何承
諾，因爲明朝官員此時已無法控制沿海局勢。1627年鄭芝龍大肆
攻擊福建沿岸，特別是廈門後，福建官方被迫招撫鄭芝龍。1628
年鄭芝龍成爲明朝軍官，不久，即引發李魁奇的反叛，接著又是
鍾斌與鄭芝龍互相攻戰，直到1630年9月，鐘斌被鄭芝龍打敗，閩
海霸權歸於鄭氏，整個沿海情勢才明朗化[104]。董應舉即謂：「三

---

102 *Spaniards in Taiwan,* Vol. I, p. 138.

103 Ibid., p. 144.

104 張增信，《明季東南中國的海上活動 上編》(台北：私立東吳大學
中國學術著作獎助委員會，1988)，頁147-162；林偉盛，〈荷蘭

鯨授首，閩海稍清」[105]，福建對外貿易在鄭芝龍的掌控下，又恢復以往的秩序——即施行文引制。

1630年3月，李魁奇勢力被消滅後，明朝已準備發放文引給商人到大員貿易[106]，但因鄭芝龍與鍾斌衝突而作罷。

鍾斌後來被鄭芝龍打敗[107]，福建巡撫開始發放文引，所以菲律賓總督在1630年11月寫信給國王時表示：8月時派到雞籠的補給船已回到馬尼拉，帶來新的消息，西班牙人與中國的貿易已有進展，大量的中國布與小麥送到雞籠，並且已由補給船運回馬尼拉；中國商人已取得「chapa」或「provisiones reales(皇帝的詔令)」，可以帶著任何一種商品自由地前來雞籠交易。菲律賓總督認為，如果上述之事成真，即與中國建立貿易關係，「福爾摩沙島的(雞籠)港口將有助於馬尼拉市，且對馬尼拉而言很重要」[108]。

此時中國商人已可自由前往雞籠港，但福建官員仍拒絕西班牙人前往中國貿易。1631年底，雞籠的長官Juan de Alcarazo派兩名道明會士去福州，由一位中國船長載送，但航行中途，這位船

(續)———————————————

時期東印度公司在台灣的貿易(1622-1662)〉(台灣大學歷史研究所博士論文，1998年，未刊)，頁45-46。

105 董應舉，〈與馬還初書〉，收於《崇相集選錄》，頁83。按三鯨指周三、李魁奇及鍾斌。

106 江樹生譯，《熱蘭遮城日誌》第一冊，頁22。按這是此年3月22日鍾斌告訴荷蘭人的訊息。

107 同上註，頁36，1630年9月21日條謂：9月14日鍾斌的船隊到福州海域一帶，遇到很大的暴風，五、六十艘船沈沒或擱淺，鄭芝龍趁機攻擊他們。

108 *Spaniards in Taiwan*, Vol. I, p. 145.按福建官方於1631年初亦發放文引給到大員的中國商人，見江樹生譯，《熱蘭遮城日誌》第一冊，頁40，1631年3月4日條。

長貪圖使節團的禮物而謀害他們，結果，一名會士死亡，另一名
僥倖逃至中國沿岸。最後，這名會士見到福建巡撫熊文燦，但據
西班牙人描述，這位會士在福州與官員討論了四個月，但「巡撫
及其官員們，仍不願意在沒有請示皇帝的情況下，與外國人貿易
或建立友誼」[109]。

　　因此，從1626年占領雞籠後，西班牙人多次試圖與福州官方
建立某種貿易關係，但直至1632年，仍得不到福建官方的任何承
諾。西班牙人很羨慕葡萄牙人能取得廣東官方的同意，在澳門經
營貿易，但此一模式在雞籠並未成功，福建官方始終不允許西班
牙人到福州經商。董應舉的言論頗能說明癥結所在：

> 南賊皆通番之魁，必不能禁，且舊有洋稅，不能不開。福
> 郡為根本之地，舊無洋稅，開之則引民為賊，其禍無窮。
> 支郡作亂，猶尚難除，根本一搖，八郡皆動……故今福海
> 之防，當倍他郡[110]。

　　董應舉出身閩縣，萬曆年間進士，官至工部侍郎，此時未任
官而在鄉居住，與福建官員多有來往，其意見頗能反映當時福州
官員的看法。董應舉主張漳、泉可開放海禁，因為漳泉是「支郡」，
而福州則不能開放，因福州是省會所在，屬根本之地，不僅外國
人不能進入福州，閩東的人也不准出洋貿易，以免動搖閩省的

109 *Spaniards in Taiwan*, Vol. I, p. 156.
110 董應舉，〈謝按院張公書〉，收於《崇相集選錄》，頁78。

根本。

　　1630年底，李旦之子李國助乘船由長崎到大員，因暴風，駛入雞籠港，被西班牙人扣留兩個半月。據他觀察：中國官員「不允許西班牙人搭船去中國，除非有特別的事要辦」[111]。

　　福建官方態度如此，西班牙人注定無法透過雞籠，開展與中國的官方關係。不過，民間的貿易卻默默開展，因為中國商人追逐白銀，利之所在，自然有商業貿易。

二、貿易的發展

　　前文提到，中國人在雞籠貿易的歷史久遠，1626年西班牙人剛到雞籠，中國商人即載著米糧和建材給西班牙人。一如在馬尼拉或東南亞其他港口，中國商人的消息靈通，不受任何信仰、政權拘束，只要有利可圖，即會載運各類商品前來交易。

　　1628年上半年，西班牙船Rosario號第二次從雞籠回到馬尼拉時，載運很多中國的商品，顯示此時，已有不少中國人前往雞籠貿易。荷蘭文獻亦可佐證，1628年荷蘭人自巴達維亞派出一支船隊到中國沿海，訓令船隊司令要派兩、三艘船至福州，調查可否進行貿易，或者攻擊並劫掠「傳聞載貨至西班牙人要塞雞籠、淡水的中國帆船」[112]。因為荷蘭得到的訊息是「有人違禁自福州前去貿易，另有人自中國北部運去許多瓷器」[113]。這些消息說明此

111　江樹生譯，《熱蘭遮城日誌》第一冊，頁45。
112　見村上直次郎譯注，中村孝志校注，《バタヴィア城日誌》第一冊，頁98-99。
113　1629年2月10日，〈東印度事務報告〉，收於《荷蘭人在福爾摩莎》，

時福州與雞籠、淡水間的貿易已頗爲熱絡，故荷蘭人才會想派船到福州探查商機，並劫掠前往雞籠、淡水的中國船隻。

由於馬尼拉的補給船自雞籠返回時，均會載運在雞籠交易所得的中國商品，導致1628年菲律賓總督召開財政會議(junta de Real Hacienda)，討論：「爲減除王室在福爾摩沙島據點的花費，因當地在可預見的情況下，正建立貿易與交易」，會中決定對福爾摩沙島的貨物收稅[114]。所有由補給船自台灣島運回的貨物，因係官方載運，必須付百分之八的運費；另外尚需付百分之六的進口稅[115]。

當時一位道明會士Domingo González在一篇評論馬尼拉進出口貨物稅的文章中，記載從馬尼拉運至雞籠港的貨物，白銀抽稅百分之二，貨物則抽百分之十，亦即馬尼拉商人帶銀至雞籠，要繳百分之二的稅；但雞籠運到馬尼拉的貨物收百分之十四。此項稅率若與澳門相比，較多百分之一，即澳門貨物運到馬尼拉，在澳門征百分之十，到馬尼拉後，另征百分之三，合計百分之十三[116]。

根據稅率的訂定，似乎說明西班牙人占領的第三年，藉由補給船往返雞籠與馬尼拉之間，中國商品已透過雞籠，轉運至馬尼拉；而馬尼拉的白銀也向雞籠流動，再轉入中國商人之手。說明雞籠、淡水的貿易已有所發展。

(續)─────────────

　　　頁90。

114 *Spaniards in Taiwan*, Vol. I, p. 127.

115 Ibid., p. 128.

116 Ibid., p. 215.

1629年7月，馬尼拉的西班牙人殷切盼望雞籠的船隻回港，因為在此之前，有超過二十萬Pesos的白銀從馬尼拉送到雞籠，投資中國絲的貿易，但卻一直沒有消息，使西班牙商人感到不安[117]。8月1日菲律賓總督寫信給國王，亦謂1629年有兩艘船載著補給至台灣島，其中有一艘：

> 載著很多人和錢，這些錢是來自馬尼拉的西班牙領導階層(vecinos)和一般西班牙人(particulares)，送去(雞籠)投資。我(指總督)收到消息，船已安全進入雞籠港，但目前不知行蹤，因為還未歸來，而且季風期已結束[118]。

在另一段文字中，菲律賓總督又謂：

> 運至新西班牙(指西班牙美洲殖民地)的貨物很少，因為來自中國和澳門的船今年還未進入馬尼拉，而從福爾摩沙裝載的船隻也未回來。中國船隻係因海盜攻擊中國沿海，而福爾摩沙的船隻未按時回來，據說是因大風比往常來得早。結果船隻帶來的貨少，馬尼拉今年的物價變得昂貴[119]。

西班牙人在雞籠的據點，一年的現金開銷約一萬pesos或更

117　Ibid., p. 137.
118　Ibid., p. 138.
119　*The Philippine Islands*, Vol. 23, p. 48.

少[120]，加上糧食、彈藥及衣服等補給，大概耗費幾萬pesos；而單單1629年一年，馬尼拉的西班牙人便在雞籠投資二十萬pesos，金額不小，難怪7、8月之間，西班牙人會擔心此次投資的成敗。這似乎是雞籠據點建立以來，西班牙人對該地投入資本最多的一年，而且雞籠已成為馬尼拉市商品的供應地之一。

　　1630年中國官方重新發放文引給前往雞籠、淡水的商船，此一發展使西班牙人對雞籠、淡水的貿易充滿憧憬。同年底，李旦之子李國助因故被扣留在雞籠港兩個半月，據他說，在他停留的期間：「約有二十艘戎克船載cangan布、緞、紗綾和一些絲來交易」[121]。

　　1631年有菲律賓人自雞籠逃至大員，告訴荷蘭人有關雞籠、淡水的貿易狀況：

　　　去年(1630)從馬尼拉有一艘大船和一艘patasgen船[122]，載一千real現款以及日常食物來給駐軍，約於三個月前滿載cangan布、麵、小麥以及其他粗貨出航了，但通常那邊(按指馬尼拉)一年才來一艘快艇，載來微量的現款、食物及需

---

120 José Eugenio Borao, "Fleets, Relief Ships and Trade: the Communication between Taiwan and the Philipinas(1626-1642)," in *Maritime History of East Asia and the History of the Island of Taiwan in the Early Modern Period: International Conference in Celebration of the Eightieth Birthday of Professor Yung-ho Ts'ao*, p. 18.作者統計1634年至1642年間西班牙人運至雞籠據點的現金，平均一年約九千pesos。

121 江樹生譯，《熱蘭遮城日誌》第一冊，頁45。

122 按patasgen應係西班牙文之patache，小貨船之意。

用品，並載回上述貨物，那兩個地方(按指雞籠、淡水)跟
中國人交易的貨物，大部分就是上述(按指載回馬尼拉的)
貨物[123]。

　　雞籠的貿易在1631年出現一些波折。這年五月，馬尼拉派來
的補給船只有載運米糧，而中國商人卻帶了大量的絲來雞籠，枯
等一年，最後只能以低價賣給西班牙駐軍。傳教士Jacinto Esquivel
認爲中國人帶著絲和各項商品來雞籠，如果絲只能賣給駐軍當
局，而西班牙軍人又因沒有發薪水，沒有錢向中國人買東西，那
麼雞籠的聲譽會受影響，中國商人將不再來雞籠。

　　Jacinto Esquivel強調，要有很多的買家與資本來雞籠，才能使
中國商人如同往常一般前來雞籠貿易，而雞籠港的名聲才能回
復[124]。

　　上述記載顯示，沒有白銀運來雞籠，會打擊雞籠港的貿易聲
譽；有白銀，則市況又會恢復。

　　1633年荷蘭人在台灣海岸截獲一艘船，得到的消息謂今年有
兩艘船由馬尼拉到雞籠、淡水，買了大約九百到一千擔的絲，以
每擔二百real買入，還有其他貨品，均已運回馬尼拉。並謂有三艘
船載運很多馬尼拉的西班牙公民回馬尼拉，因爲他們在雞籠、淡
水過得不好，疾病和死亡引起很大的傷亡人數[125]。這些人離開雞
籠，對西班牙人經營雞籠據點來說，似乎是項警訊。

---

123 江樹生譯，《熱蘭遮城日誌》第一冊，頁49。
124 *Spaniards in Taiwan,* Vol. I, p. 176.
125 Ibid., p. 211.

大員的荷蘭人在該年三月二十二日捕獲一艘中國帆船，「裡面有兩三箱舊的西班牙衣服，有幾包畫著西班牙商標的麵粉，要從雞籠前往馬尼拉」。荷蘭人盤問該船的船長和舵手，得知：

> 他們是於去年，在沒有通行證的情況下航離福州前往雞籠，從雞籠前往馬尼拉，又從馬尼拉乘季風再往雞籠。在那裡裝載訂購的貨物，即那些用西班牙字母標示的貨物，主要的是麵粉、小麥、一些瓷器和其他雜物。
>
> 由於該戎克船及那些人都是屬於一個西班牙人的，所載的貨物也大部分是西班牙人的——我們的世仇的，因此決定予以沒收，留作公司取得的利益[126]。

荷蘭人並記載這艘船隻載運的貨物清單，船上有精美瓷器、各式杯盤碟子、肉、麵粉、小麥和三十擔未提煉的硫磺等。

隔年，幾個到過雞籠的中國商人告訴荷蘭人，「有兩艘大船從馬尼拉載很多做為資本的銀來到雞籠，那些西班牙人用每擔高達二百一十到二百二十里爾的價格收購一般的生絲」[127]。同一時期擔任雞籠駐軍長官的Alonso García Romero亦提到他任職兩年內，有超過三十萬pesos的錢用來買中國人的衣物及各種絲物，但是有大量的絲與貨物被運回中國，因為雞籠的西班牙人缺乏資本購買[128]。

---

126 江樹生譯，《熱蘭遮城日誌》第一冊，頁84-85。
127 同上註，頁181。
128 *Spaniards in Taiwan*, Vol. I, p. 258

　　根據上述文獻，說明雞籠貿易如果出現危機，關鍵並非中國商人不供應貨物。因為明朝官方並不允許西班牙人至中國貿易，也不鼓勵商人至雞籠，但中國貨物仍透過正式或走私管道，源源不絕運至雞籠、淡水。在馬尼拉方面，菲律賓總督亦謂，1634年至馬尼拉的中國商人，帶來比平常多的貨物[129]，顯示中國商人仍能輸送足夠的商品至各地港口。

　　雞籠的貿易危機來自於西班牙人沒有充足的白銀來購買商品，Diego Aduarte主教或Alonso García Romero駐軍長官均提到，因為雞籠的西班牙人缺乏白銀，迫使中國商人要賠本運貨回中國。

三、當時的貿易網絡與貿易者

　　中國人、西班牙人、日本人和當地住民是雞籠、淡水貿易的參與者，其中又以中國人最為重要，以下探討中國商人在雞籠、淡水的交易地點以及雞籠與中國、日本、馬尼拉間的貿易活動。

(一)雞籠、淡水的交易地點

　　雞籠、淡水的交易地點是在Parián，Parián猶如現代中文所謂的唐人街，明朝福建官員或士人稱馬尼拉的Parián為「澗」或「澗內」[130]，西班牙人則認為是指生絲市場(alcayceria, silk market)[131]。

129　*The Philippine Islands*, Vol. 24, p. 319.

130　福建巡撫許孚遠謂：「番酋築蓋鋪舍，聚劄一街，名曰澗內」，張燮稱之為「澗」或「澗內」，見張燮，《東西洋考》，頁91。按「澗」即閩南人所稱之「港」，「澗內」即「港內」。

131　Alberto Santamaría, "The Chinese Parian," in Alfonso Felix Jr., ed., *The Chinese in the Philippines*, pp. 68-69.；又箭內健次有專文論菲律賓Parian的設置、行政體系與商業角色，見氏著，〈マニラの所

在雞籠和淡水亦各有Parián，爲當時的交易地。

　　學者對於雞籠Parián的位置，看法不同，分列如下：

a.位於八尺門附近

　　1906年伊能嘉矩認爲西班牙登陸社寮島時，將港岸的中國人聚落稱之爲Parián，唯未註明資料出處[132]。José María Álvarez在1630年的著作中，謂「儘管(傳教士)在San Salvador島有房宅，那裡住著西班牙的天主教徒，但(傳教士)仍時常渡過小海灣，此海灣分隔了西班牙人與稱爲Parián的中國人，在那裡，不久蓋了一間房子和一教堂」[133]，Álvarez認爲Parián在社寮島對岸。

　　1951年中村孝志在〈台灣におけるエスペニア人の教化事業〉謂：Bartolomé Martínez「在和平島對岸中國人部落澗內(Parián，現在的八尺門附近？)建立一教堂」[134]。

　　伊能嘉矩指稱的地點並不明確，José María Álvarez和中村孝志均認爲Parián在社寮島的對岸。

b.位於大沙灣

　　1954年曹永和，〈荷蘭與西班牙占據時期的台灣〉[135]、1978

(續)────────────

　　　謂パリアンに就いて〉，《台北帝大史學科研究年報》5(1938)，
　　　頁191-346。

132 伊能嘉矩，〈清領以前の台北地方(一)〉，《台灣慣習記事》
　　　6:6(1906年6月)，頁584-585。

133 José María Álvarez, *Formosa: Geográfica e Históricamente
　　　Considerada*, p. 57.

134 刊於《日本文化》30(1951)，頁25-61，轉引自賴永祥翻譯，〈十
　　　七世紀西班牙人在台灣的佈教〉，收於氏著，《台灣史研究初集》，
　　　頁122。

135 曹永和，《台灣早期歷史研究》，頁30。

年林子候《台灣涉外關係史》謂在大沙灣[136]。1992年楊彥杰《荷據時代台灣史》謂西班牙人在「大河灣附近設立街市，稱澗內，吸引中國人和日本人前去居住」[137]，大河灣應是大沙灣之誤。1997年翁佳音認為西班牙人占領社寮島後，「也在雞籠大沙灣附近建立澗內(parián)做為中國人的市街」[138]。

c. 位於基隆市仁愛區

翁佳音在1998年發表《大台北古地圖考釋》一書，提出新的看法，「推測它(漢人市區)可能是今天(基隆市)仁愛區的暗街仔街及崁仔頂街的前身」[139]，即今基隆市孝一路媽祖廟——慶安宮附近。

這些看法各有所見，不過根據現有資料，雞籠地區的Parián可能在社寮島上，而非在大沙灣或慶安宮附近。

根據1632年傳教士Jacinto Esquivel的記載，當時在三貂角、Pantas、Quimaurri、el parián de los sangleyes(中國人的市集)、Taparri與Senar等地有傳教活動，其中在parián沒有神父，但設有教堂[140]。另外，Diego Aduarte主教有關Jacinto Esquivel傳教事蹟的描寫，謂Esquivel在雞籠灣建立三所教堂，分別在parián、Taparri與

---

136 林子候編，《台灣涉外關係史》(嘉義：編者刊行，1978)，頁47。
137 楊彥杰，《荷據時代台灣史》(南昌：江西人民出版社，1992)，頁62。
138 翁佳音，〈萬里鄉的地名特色與發展史〉，收於薛化元、翁佳音總纂，《萬里鄉志》，頁40。其注腳謂引自José María Álvarez, *Formosa: Geográfica e Históricamente Considerada,* pp. 56, 260-261。
139 翁佳音，《大台北古地圖考釋》，頁110-111。
140 *Spaniards in Taiwan,* Vol. I, p. 181.

Camaurri。

兩段資料均顯示parián與Quimaurri(Camaurri)各有教堂，似乎與翁佳音推論parián位於基隆市竹仁愛區慶安宮附近，與當時的Quimaurri聚落在一起，並不相符，至少parián教堂名稱並非如翁佳音所稱是San José[141]。

在另一份文獻中，Jacinto Esquivel謂「San Salvador是主要的港口，我們同樣也有兩件工作」，一是在中國生意人的parián執行教務，另一是建立醫院，照料中國生意人、當地住民與日本人[142]。所以，parián位在San Salvador港口，即今正濱漁港，由於中國人與日本人聚集於此，故亦須建立醫院。故可推斷，parián位在社寮島南側的可能性較大。

由於parián是中國商人在菲律賓群島或雞籠、淡水建立的商業聚落，因此，其位置必然不會離主要的顧客——西班牙人聚落太遠。馬尼拉的parián最初即在馬尼拉城內[143]，後因人數過多，因安全考量，才遷到城外。而雞籠的中國商人並不多，不致威脅到當地的西班牙人安危。故按常理，雞籠的parián應設於社寮島，因為西班牙駐軍集中在社寮島，而不太可能設於大沙灣或仁愛區，否則西班牙人要買中國商品還要乘船到對岸。

至於parián在社寮島的位置應在該島的西南方且近港口處，位

---

141 San José教堂乃Camaurri聚落的教堂名稱，見*Spaniards in Taiwan,* Vol. I, p. 205. 翁佳音的考證見《大台北古地圖考釋》，頁105。

142 *Spaniards in Taiwan,* Vol. I, p. 185.

143 Antonio de Morga, *Sucesos de las islas Filipinas*, p. 18謂在Ronquillo 總督時代，因中國人的貿易增加，故為他們在城內建alcayceria， 他們帶貨物來，並在此出售。

於西南方，可以躲避強烈的東北季風；靠近港口，則是方便進出
貨物。

　　翁佳音根據1655年荷蘭人Simon Keerdekoe得自金包里人的描
述，謂西班牙占領雞籠時，「雞籠的街道建築良好，街上有各式
各樣的商店、商人」[144]，認為在社寮島上有一「聖薩爾瓦多（救主）
街」，「無疑就是『福州街』」[145]，翁佳音在另一篇文章中，謂
社寮島上的福州街，「或許亦有漢人市區」[146]。因此，翁佳音亦
不排除社寮島上有parián的可能性。

　　至於淡水的parián亦在淡堡壘旁。1632年Jacinto Esquivel謂，
應在淡水堡壘旁設立一屋宇，提供給上岸或等待乘船的傳教士居
住。而在此一區域，「中國人（sangleyes）正建立一pariancillo」，
Esquivel說這個pariancillo會擴張，「因為有越來越多中國人說想
在肥沃低地（vega）開墾和種植甘蔗。他們甚至說，今年他們將逐
漸給日本工人額外的土地，不用付租」[147]。

　　按pariancillo可譯為小parián，似乎1632年才出現，而其位置
亦在西班牙堡壘Santo Domingo旁[148]。不過這並不表示，1632年以

---

144 Simon Keerdekoe有關1654年雞籠、淡水圖的報告，轉引自翁佳
　　音，《大台北古地圖考釋》，頁190。

145 同上註，頁118-119。

146 翁佳音，〈近代初期北部台灣的貿易與原住民〉，刊於黃富三、翁
　　佳音主編，《台灣商業傳統論文集》，頁62。

147 *Spaniards in Taiwan,* Vol. I, p. 185.

148 翁佳音，《大台北古地圖考釋》，頁36-37謂此一pariancillo在里族
　　地區，並認為「漢人遠在1633年就已經沿著基隆河到今天的松山
　　一帶『開墾』了！」按Jacinto Esquivel原文似未謂pariancillo在里
　　族地區，而是說在Tamchui（淡水），見上註。

前中國商人沒有來到淡水貿易，只是貿易規模很小，沒有形成parián。

(二)雞籠、淡水的中國人

此區域的中國人大抵可以分爲三類：貿易商、小商人及技工。

中國人在雞籠、淡水扮演的角色，和在馬尼拉或呂宋島其他港口一樣，一方面是貿易者，帶來雞籠、淡水所需的各種商品；另一方面，中國人也是很好的技工。

西班牙人對雞籠、淡水的中國人有一些描述，如傳教士Jacinto Esquivel所說，「給錢滿意，中國人就肯工作(se lo pagan lo hacen los Sanleyes)」[149]；Agustino會士Juan Median謂：「當士兵有錢時，中國商人前來，並載著很多東西，士兵沒有錢時，一切都消失」[150]；道明會主教Diego Aduarte謂「獵犬對獵物的敏銳還不如中國人對錢」[151]。

中國文獻亦有類似記載，如明朝官員傅元初謂：「我人百工技藝，有挾一器以往(佛郎機之夷居處)者，雖徒手，無不食，民爭趨之」，又謂：

> 海濱之民惟利是視，走死地如鶩，往往至島外區脫之地曰台灣者，與紅毛番爲市……自台灣兩日夜可至漳泉内港。而呂宋、佛郎機之夷，見我禁海，亦時時私至雞籠、淡水之地，奸民闌出者市貨。其地一日可至台灣。官府即知之

---

149 *Spaniards in Taiwan,* Vol. I, p. 173.
150 Ibid., p. 115.
151 Ibid., p. 195.

而不能禁，禁之而不能絕，徒使沿海將領奸民坐享其利[152]。

李廷機亦謂：「蓋貧民藉以爲生，冒禁陰通，爲患滋大；而所通乃呂宋諸番，每以賤惡什物貿其銀錢，滿載而歸，往往致富。而又有以彼爲樂土而久留者」[153]。

因此，對中國人而言，與西班牙人來往，無論是做生意或爲其工作，均很容易致富，所以「民爭趨之」；但就西班牙人而言，似乎覺得中國人逐利、好利，而且相當勢利。

1626年西班牙占領雞籠港時，有些人被雞籠住民殺死，其中包含了作生意的中國人[154]；前文亦曾提到，1626年西班牙人缺糧時，亦是中國人先從中國載運米糧來雞籠。此後西班牙人修築堡壘，中國人供應建材，西班牙人亦聘用甚多中國工人築城[155]。

西班牙人占領初期，雞籠的中國人越來越多，有人詢問備受尊敬的道明會士Domingo González，謂是否可以像馬尼拉一樣，對雞籠的中國人徵稅。González回答，雞籠對中國人有利可圖，一如馬尼拉，是因中國人對西班牙人的貿易增加，因此可以向中國人徵收一些錢[156]。

---

152 傅元初，〈請開洋禁疏〉，收於顧炎武編，《天下郡國利病書》第26冊，頁1263。

153 李廷機，〈報徐石樓〉，收於《明經世文編選錄》，頁198。按李廷機，字爾張，福建晉江人，曾任明朝禮部尚書兼東閣大學士，此時致仕在鄉。

154 *Spaniards in Taiwan,* Vol. I, p. 165.

155 Ibid., p. 174，謂中國人對石工的了解遠超過台灣住民。

156 Ibid., p. 214.

當時的中國生意人，大致可分爲跨海貿易的商人與行走住民聚落的商人。

a.跨海貿易的商人

中國商人經營福州與雞籠之間的貿易，但同時也有人經營雞籠到日本、雞籠到馬尼拉的貿易，甚至有中國商人的船從雞籠航往荷蘭人的大員，因此雞籠、淡水只是中國商人在東亞海域貿易網絡的一個環結而已。

茲舉例說明：1633年10月，有艘中國人的船因桅杆和搖櫓折斷，被荷蘭人俘獲，船上載有蘇木和一些現款，這船是從馬尼拉要到雞籠[157]。又如1634年2月8-10日，在日本的長崎港有大小八艘船準備出航，其中有兩艘中國人的小船是要到雞籠[158]；1635年則有雞籠的中國船前往日本[159]。這些都是往來雞籠、日本及中國之間的船隻。

1637年8月有一荷蘭船從日本到大員，因船難，有一裝銀的箱子由雞籠的中國帆船運往大員，但該艘船行蹤不明，並未將銀運至大員[160]。

1639年有艘中國船從北越的「儀安川(即義安)」到澎湖，船上載有荷蘭人及絲貨，但被住在日本的中國海盜俘虜，有十九名荷蘭人被殺。但此船在福州附近的群島遭風遇難，船隻被福州漁夫偷襲，船上載運的東京生絲、絲織品及其他貨物被運至雞籠，

---

157 江樹生譯，《熱蘭遮城日誌》第一冊，頁101。
158 永積洋子編譯，《平戶オランダ商館の日記》第三輯，頁64。
159 同上註，頁252。
160 同上註，頁448。

賣給西班牙人。又有部分的絲則從福州賣至廈門。另有約七十擔
生絲，中國人從雞籠帶到柬埔寨出售[161]。

　　這些個案都是中國船隻遭劫或遇風暴才被記錄下來；換言
之，除了這些個案外，在1630年代的各個年度中，應該有很多中
國船隻在台灣周遭海域各個港口間航行。以雞籠港爲例，中國船
隻可以由此至日本、馬尼拉、柬埔寨、福州和大員等地，亦可由
前述各港來到雞籠。

　　一般認爲西班牙占領雞籠，是因西班牙人爲了發展與中國的
貿易；對西班牙人而言，確實是如此，馬尼拉補給船與貿易的關
係已見前文論述；但對中國船隻而言，雞籠港則被整合入中國船
隻在東亞海域的貿易流通網絡之中。

b.行走住民聚落的商人

　　在雞籠、淡水的中國商人除了從事跨海的貿易，供應雞籠、
淡水的西班牙駐軍各項物資外，亦與當地住民交易。

　　中國商人與雞籠、淡水住民之間的貿易活動由來已久，但中
國文獻的記載較簡略，如十七世紀初的《東西洋考》，雖指出雞
籠與淡水住民的貧富不同，但篇幅有限。西班牙人占領雞籠、淡
水後，則出現較多、較詳細的記載。

　　當時中國商人除了自南島民族住民取得金與銀外，重要的產
品還有硫磺、藤與鹿皮。據Esquivel記載，硫磺盛產於淡水的北投
（Quipatao）村落，另一個硫磺產區在Taparri。在西班牙人占領雞
籠、淡水前，他們大量的賣給中國商人，但「現已停止採硫磺，

161　同上註，第四輯，頁252。

據他們（當地住民）說會帶來壞運」。中國商人是用花布或其他東西交換，兩塊價值三real的布可以換五擔硫磺，1631年中國商人運走五千擔，中國商人說一擔約合五至八兩銀[162]。

　　Esquivel聽中國商人說，有中國官員曾派兩艘船裝載硫磺回去賣，每擔賣到十六至二十兩的好價錢，但1632年則不會來買硫磺，因1631年有八十艘船載絲到日本，並運硫磺回中國，或者是因有兩艘船從琉球載硫磺到中國。

　　Esquivel又說，1632年時，有兩艘中國船載著貨物來交易硫磺，但西班牙駐軍不准他們來，因為船隻沒有載運布料，中國商人說他們只是要帶回先前已經購買的硫磺。Esquivel解釋，因為雞籠、淡水住民是在9-12月採集硫磺，並販賣，所以中國商人亦在此時前來購買[163]。

　　根據Esquivel的記載，中國商人前來雞籠、淡水購買硫磺的歷史很久遠。事實上，十七世紀初《東西洋考》亦載雞籠、淡水有一「形勝」：璜山，並謂「琉璜氣每作，火光沿山躲鑠」[164]，似乎暗示中國人亦知此地產硫磺，甚至已有硫磺交易。不過早在十四世紀下半葉，琉球人向明朝進貢的貨物，除了來自東南亞的貨品如蘇木、胡椒外，尚有琉球自身出產的馬及硫磺[165]，因此硫磺貿易在東亞海域間已有很長的歷史，雞籠、淡水只是東亞海域硫磺供應地之一。

162　Ibid., p. 168.

163　Ibid., p. 172.

164　張燮，《東西洋考》，頁106。

165　小葉田淳，《中世南島通交貿易史の研究》，頁265-277。

依Esquivel的描述，硫磺價格在中國並不穩定，連帶使中國商人未必定期前來購買，仍視市場價格波動而定。

雞籠、淡水另產一種根莖作物，既大又長，可以用來作爲漁網或其他布料的染料，在中國，一擔可以賣四或五兩銀。又有藤和鹿皮，藤一擔可賣兩、三兩銀；至於鹿皮則賣給中國人和日本人。據Esquivel載，1632年有三隻舢板從日本前來載運鹿皮，一位日本人告訴Esquivel，絲在日本很貴，但日本人來台運回鹿皮，可以賺得比絲更多[166]。

在中國文獻如《東西洋考》中，描繪雞籠住民是惡劣的顧客，東西交易後會要求再貼補金錢；但在西班牙文獻中，則謂中國商人會用假銀欺騙當地住民。其手法是先拿物品交換住民的白銀，隨即反悔，要回物品，返還白銀給當地住民，但返還的白銀是事前假造的贋銀[167]。

不過中國商人使用假銀，並非針對台灣住民，中國內地的商業交易亦有此現象[168]。

(三)西班牙人、本地住民與日本人的貿易活動

在台的西班牙人，不論是商人或軍人均參與商業交易，有人詢問當時受人尊敬的道明會士Domingo González：雞籠、淡水的西班牙軍人可否參與貿易，而不違背對國王的誓言。González回

---

166 *Spaniards in Taiwan,* Vol. I, p. 168.

167 Ibid., p. 170.

168 明代張應俞編寫《杜騙新書》，即謂「棍之用假銀，此爲商者最難提防」，並謂在書肆，有教人辨別銀兩眞假的書，見氏著，《杜騙新書》(上海：古籍出版社，1993)，頁189。

答，在台灣島的軍務人員是可以參與交易[169]。

有件荷蘭文獻記載，1634年11月，有五艘馬尼拉來的中國帆船抵達日本平戶港，也有兩艘船從雞籠來。這些船均載運蘇木、微量的絲、白糖及其他貨物，這些貨物是一位住在長崎的西班牙人訂購的。但因日本禁止與西班牙人貿易，致使這些貨物都不能出售，只能運回原來的港口[170]。

根據此一記載，西班牙人亦參與海域間的轉口貿易(entrepôt trade)，例如向雞籠、馬尼拉的商人訂貨，然後轉賣到日本。

日本人亦經營日本與雞籠間的貿易，如1631年4月平戶荷蘭商館報告：「武左衛門殿(Bysemond)自己也說派遣一船至大員Tayouan，但據長崎當地人的說法，該船與自長崎出航的另一艘船同樣地被派往Formosa島西班牙人的城塞，此事亦可由船上貨物了解」[171]。前文亦提及日本人到雞籠、淡水收購鹿皮，另有日本人則來淡水開墾農地。

雞籠住民分布在雞籠港灣和雞籠以西的海岸，西班牙人剛占領雞籠時，當地人曾殺害一些西班牙人和中國商人，但不久即與西班牙進行交易。據1626年一位佚名的耶穌會士記載，雞籠人帶來一些食物，與西班牙人交換甕罐、寶石與銀，並說這些住民了解這些物品，並會估計其價格[172]。1632年Esquivel謂這些人是海

---

169 *Spaniards in Taiwan,* Vol. I, p. 214

170 江樹生譯註，《熱蘭遮城日誌》第一冊，頁190。

171 轉引自岩生成一撰，許賢瑤譯，〈在台灣的日本人〉，《國立中央圖書館台灣分館館刊》5: 2(1999年4月)，頁81。

172 *Spaniards in Taiwan,* Vol. I, p. 88.

盜，曾攻擊柬埔寨來的海難船員，也曾殺死二、三十名西班牙人，他們依靠捕魚、打獵、製鹽、製箭、蓋房子、製布和刀，但不似其他住民會耕種，所以雞籠人是其他住民的「腳與手」，因為其他住民不懂得做上述的工作，如同在西班牙人聚落中的中國人，雞籠人為此而忙碌[173]。

前文亦提到雞籠人提供魚、獵物、木料、鹽等生活必需品給西班牙人，取得西班牙人的銀；與中國人交易的商品是金、硫磺、獸皮以及銀，自中國商人取得染製的布和其他東西。

至於淡水的住民主要是出售米糧、硫磺、藤、鹿皮與作為染料的植物給西班牙人或中國人。出售稻米的村落有北投(Pantao，應指清代之外北投社)與武勝灣(Pulauan)[174]。至於北投聚落(Quipatao，即清代之內北投社)有硫磺貿易，所以比其他聚落富有[175]。

傳教士Esquivel比較雞籠與淡水住民的不同，謂：

> 雞籠的住民(Taparris y Quimaurris)曾是此島的海盜，雖然比其他住民特殊，但很狡猾的，沒有那樣的老實與善良品性。淡水的住民像是農人，有自己的農地，並依此為生，永遠忠於自己的村落，但金包里人則不如此，沒有耕種，也無收穫，而是像吉普賽人或中國商人一樣生活，來往於各個村落，蓋房子，製弓箭、衣服、bolos、預作的珠子和寶石。

---

173 Ibid., pp. 165-166.
174 Ibid., p. 169.
175 Ibid., p. 184.

在食用完出外工作時收集來的稻米後，又開始另兩個月出外工作[176]。

此一描述和張燮的《東西洋考》的看法相當類似，張燮認為雞籠住民「富而慳」，後者較貧，但「售易平直」[177]，亦是認為雞籠人較狡猾，而淡水人較老實。

第五節　荷蘭人對北台西班牙據點的窺伺與策略

西班牙人占領北台時期，雞籠、淡水的貿易發展已如上述，而同一時期，南部台灣的荷蘭人卻不時窺伺西班牙據點的動態，並思索對策。

西班牙人占領雞籠後，大員的荷蘭人很快地得知訊息，並派一艘中國船前來察看。此後荷蘭人對於西班牙的雞籠、淡水據點，大致有兩項作法：其一是攻擊雞籠、淡水，將西班牙人趕走；另一項作法是派船攔截來往中國與雞籠、淡水間的商船。

1626年底，大員的荷蘭人擬派三艘船到日本去，以便在北風季節，結合日本的荷蘭船隻，一同攻擊雞籠港。雖然此計畫並未實行，但巴達維亞的荷蘭人認為雞籠的西班牙人會危害公司與中國的貿易，須將西班牙人趕出雞籠[178]。

176　Ibid., p. 183.

177　張燮，《東西洋考》，頁107。

178　1626年12月13日〈東印度事務報告〉，收於《荷蘭人在福爾摩莎》，頁66。

　　1628年底巴達維亞的「東印度評議會」決議，如果大員的船隊無法建立與漳州之間的貿易，則要往北尋求在中國北方沿岸的貿易機會，並切斷福州的中國人與雞籠、淡水的西班牙間的貿易[179]。

　　大員方面，台灣長官Pieter Nuyts亦主張以武力將西班牙人驅逐出台灣島。在1628年11月14日指派兩艘船與中國海盜船三艘，共同前往福州與雞籠、淡水之間的航道上攔截商船，但船隊出發後，受強風襲擊，四散漂流，未能執行攔截任務[180]。1629年2月10日Pieter Nuyts呈給巴達維亞總督一份報告，認為荷蘭人占領大員後，最大敵人是西班牙人和日本人，對西班牙人必須採取武力對抗，否則會使大員毀滅，Pieter Nuyts主張的理由如下：

　　1.從雞籠據點，西班牙人可派船截擊荷蘭與漳州的貿易商船。只要有一艘船被奪，其損失將超過派出船隊到雞籠六個月的開銷。

　　2.如果西班牙占領雞籠，因為他們有較多資本，必會吸引貿易者與貨物到雞籠去交易。

　　3.如果西班牙人在雞籠取得堅實的據點，必定煽動大員住民及中國人反抗荷蘭人。如果少了大員住民與中國人的協助，荷蘭人無法在大員立足，除非加強工事、船隊，但如此將花掉大筆經費，減少荷蘭人的利潤。

　　4.荷蘭人一旦征服雞籠，將有使用大筆資金的機會，因為以前輸往西班牙人的貨品將轉給荷蘭人，而中國人必須降低價格。

179　1628年11月12日〈東印度事務報告〉，同上註，頁85。
180　1629年3月18日〈東印度事務報告〉，同上註，頁92。

5.荷蘭人經由經驗發現，投入更多資金到中國的貿易，貨物將更便宜而利潤更多。因為中國貨物多到葡萄牙人買不完，貨物若賣不完，中國商人即須運送至國外，但如此要負擔很多支出。如荷蘭人去買，他們寧願利潤較少，也願賣出[181]。

1629年8月，大員方面又派Domburch號前往雞籠、淡水偵察，並在淡水河內與西班牙人交戰，後來退至「福州河」，找尋貿易機會。此時台灣長官Pieter Nuyts認為要攻占雞籠據點，大概需要一千二百至一千三百名士兵[182]。

此一時期，大員或是巴達維亞的荷蘭人雖然提出一些攻擊構想，或是想派船攔截商船，封阻雞籠、淡水的貿易，但在實際作為上，卻顯得遲疑不決。

1631年10月4日大員評議會決定派船到中國北方海岸探查，但會中論及，如果派出的船隻在航行中，遇見中國人的商船要去雞籠或淡水，或要從雞籠或淡水回去中國，是否採取攻擊行動。結果大員評議會決定暫時不採取任何敵對行動[183]，原因是濱田彌兵衛事件尚未解決，如果大員與日本間的貿易能恢復的話，荷蘭人將不對前述商船採取攻擊行動，反之，則阻斷中國與雞籠、淡水間的貿易。

1632年巴達維亞的評議會認為如果任由雞籠、淡水發展而不

---

181 Pieter Nuyts, "Short account of the Chinese trade," in R. W. Campbell, *Formosa under the Dutch*, pp. 51-55.

182 1629年2月10日〈東印度事務報告〉，收於《荷蘭人在福爾摩莎》，頁90。

183 江樹生譯，《熱蘭遮城日誌》第一冊，頁58。

加以阻止，不久的將來，西班牙人可能獨占台灣島，希望荷蘭的董事會能注意此事；但對於大員長官Hans Putmans要求派出一千三百名士兵攻打雞籠、淡水一事，則認爲不可行，因爲「這樣做只會加重我們在那些地區的負擔」、「我們認爲開始擴展公司的勢力範圍的時機尚未成熟」[184]。隔年大員長官向巴達維亞總督表示，大員軍力有限，只能征打麻豆[185]，無法打澳門或雞籠[186]。

　　荷蘭人注視著雞籠的動態，另一方面，也提防著西班牙人的攻擊，如1634年荷蘭人發現魍港港灣水深，適合停船，便考慮是否要在該地建立堡壘，「以防我們全國的敵人——西班牙人去盤踞那麼鄰近的地方而造成嚴重危害公司的結果。他們從中國人得悉該地情況以後，就很容易去占據該處的」[187]。顯示此時荷蘭人對於西班牙人的勢力仍不敢小覷。

　　因此，西班牙占領雞籠、淡水的七、八年間，雖然荷蘭人想著要攻打雞籠、淡水，將西班牙人的勢力逐出台灣島，但實際上缺乏實際行動，既無力發動軍事攻擊，亦無法對福州——雞籠、淡水航道實施有效攔截，同時，荷蘭人還要提防西班牙人的攻擊。不過，荷蘭人也進行一些外交上的努力。

184　1632年1月6日〈東印度事務報告〉，收於《荷蘭人在福爾摩莎》，頁116。
185　按麻豆社在今台南縣，係鄰近大員島的住民村落。
186　*The Formosan Encounter*, Vol. 1, p. 213.
187　江樹生譯，《熱蘭遮城日誌》第一冊，頁163。

一、要求中國方面不要與雞籠、淡水貿易

1630年二月，荷蘭與鄭芝龍談判，如果荷蘭人援助鄭芝龍，聯手攻打李魁奇，荷蘭人要求鄭芝龍禁止中國商船前往馬尼拉、雞籠、淡水等地貿易，而且也不得允許西班牙人或葡萄牙人在中國沿海交易[188]。不過鄭芝龍回覆說他無此能力，因為這些商船到馬尼拉等地貿易，是繳了很多稅給福建官方，並取得「通行證」（即文引），故不敢攔阻[189]。1633年大員的荷蘭人遊走於鄭芝龍與劉香兩個敵對勢力之間，他們與鄭芝龍談判合作的條件時，又要求「除了巴達維亞之外，沒有船可以到馬尼拉、雞籠或是其他我們敵人的地方」[190]。

二、鼓勵日本攻打雞籠、淡水

自1590年以來，東亞海域各地一直傳聞日本欲征服台灣、呂宋。1628年五日本人在暹羅與西班牙人發生衝突，日本船隻被燒，馬尼拉當局討論當時局勢，認為日本人想在台灣取得根據地，以便攻打馬尼拉[191]。同一年6、7月間，大員發生濱田彌兵衛事件，事後日本扣留荷蘭船隻，荷蘭對日貿易中斷，日本的長崎代官末次平藏要求荷蘭人要退出大員[192]。此時荷蘭人鼓勵日本人出征雞

188　同上註，頁16。

189　同上註，頁18。

190　同上註，頁110。按當時荷蘭人分別覆信給泉州海道、廈門游擊與鄭芝龍，《熱蘭遮城日誌》記載信中的內容大略。

191　*The Philippine Islands*, Vol. 23, p. 65.

192　長崎代官末次平藏自幕府取得朱印狀，經營與呂宋、暹羅、大員、

籠、淡水。

1629年馬尼拉的西班牙人傳聞荷蘭與日本將聯手攻擊雞籠堡壘，甚至還要進攻馬尼拉[193]。1630年3月澳門的葡萄牙人謠傳：日本人對1628年船隻被西班牙人焚燒的事情感到生氣，他們正建設大艦隊，要到雞籠、淡水的港口與堡壘，以及馬尼拉市進行報復[194]。

1630年10月巴達維亞的總督Specx派人到日本拜見「將軍」[195]，要求「將軍」同意荷蘭人占居大員，但如果「將軍」想征服台灣島上的西班牙人要塞，則荷蘭人願提供協助[196]。

1632年7月，平戶的荷蘭商館長再次向日本官員表示：巴達維亞總督曾寫信給日本，如果日本想要占領雞籠、淡水的西班牙要塞，荷蘭人會提供有用的協助，如派遣人員、船隻，幫助日本人占領[197]。

同年8月，平戶荷蘭商館員數人至江戶拜訪松浦隆信[198]。松浦

(續)————————————

交趾等地的貿易；濱田彌兵衛事件發生後，他要求荷蘭人退出大員的貿易，致使日本自1628年後禁止荷蘭在日貿易；他卒於1630年。

193　*Spaniards in Taiwan,* Vol. I, p. 137.

194　但菲律賓總督Tavora認爲以他對日本人的了解，此一消息並不可靠；雞籠駐軍司令Alcaraso亦謂日本不足懼，見*The Philippine Islands*, Vol. 23, pp. 93-94.

195　按指德川家光，爲德川氏第三代征夷大將軍。

196　Oskar Nachod著，富永牧太譯，《十七世紀日蘭交涉史》，頁398。

197　永積洋子譯，《平戶オランダ商館の日記》第二輯，頁341。

198　松浦隆信，爲肥前守(平戶港爲其所轄)，生於1591年，卒於1637年，與其曾祖父同名，1630年於江戶(今東京)淺草築藩邸「向東庵」，此後居於此。

氏提議：將馬尼拉讓與荷蘭人，而由日本人取得台灣島，商務員
F. Caron等從江戶寫信到平戶，向商館長報告此事，並提出意見：
不應考慮以馬尼拉換台灣島（按即荷蘭人放棄台灣島），但日本人
為了與中國人貿易，想在台灣島取得適當據點。不如慫恿日本人
占領西班牙的雞籠、淡水要塞，荷蘭人可以提供船隻協助[199]。

　　荷蘭人一方面極力慫恿鄭芝龍禁絕中國商船與雞籠、淡水貿
易，另一方面希望日本征服雞籠、淡水；但鄭芝龍此時正忙於與
劉香、李魁奇等人拼鬥，而日本此時也無侵台的企圖，並於1632
年底同意荷蘭船隻可以進出日本。總之，儘管荷蘭人在旁窺伺，
雞籠、淡水仍平穩的渡過十年歲月。

小　結

　　西班牙人雖然在十六世紀下半葉想要占領台灣島，但實際上
並未成功；到了十七世紀初期，面臨荷蘭人的武力挑戰，西班牙
人在東亞海域的發展陷於守勢。

　　菲律賓的西班牙人有兩度集結兵力，意圖反擊，一次是
1615-1616年試圖驅逐麻六甲至香料群島一帶海域的荷蘭勢力，另
一次則是1626-1627年出兵台灣，不欲荷蘭人介入馬尼拉與中國的
貿易。雖然這兩次軍事行動均告失敗，但西班牙人成功地占領雞
籠、淡水，減緩雞籠、淡水兩港貿易地位低落的危機。

---

199 有關此次會談始末，參見岩生成一，〈松倉重政の呂宋島遠征計
　　畫〉，《史學雜誌》45: 9（1934年9月），頁137。

　　西班牙人占領雞籠、淡水，主要著眼於維繫並加強與中國的貿易，發展在中國的傳教事務，並試圖將荷蘭人逐出台灣。在此一貿易與戰略考量下，雞籠、淡水獲得西班牙財政、軍事的支助，故仍能維持其在東亞海域的重要性，特別是中國的絲貨尚能經由雞籠，轉賣至馬尼拉，亦迫使荷蘭、中國及日本必須注意雞籠、淡水的動態。

　　馬尼拉的補給(socorro de Manila)成為雞籠、淡水繁榮的命脈所繫，西班牙人投注經費、軍力，建築堡壘、傳教，發展與中國的貿易，希望雞籠、淡水成為馬尼拉方面取得中國商品的通道。

　　自1626年以來，西班牙人與荷蘭人占居台灣南北，西班牙人雖在1627年試圖出征大員，趕走荷蘭人，但徒勞無功；至於荷蘭人亦時時想攻擊雞籠、淡水，或者封鎖雞籠、淡水對外貿易，也未見成效。雙方只能各自修築堡壘，加強防衛，並發展對外貿易。對於台灣早期史來說，雞籠、淡水與「北港」之爭，又再延續至1630年代，直到西班牙人退出淡水與雞籠。

　　總之，馬尼拉的西班牙人為了開展中國貿易，並與荷蘭東印度公司對抗，選擇雞籠、淡水作為據點。此一決策提昇了雞籠、淡水在台灣海域中的地位與重要性，雞籠、淡水與大員兩股勢力的對抗宛如西班牙與荷蘭人在世界各地對抗的縮影一般；只是最後的結局如同一時期歐洲的「三十年戰爭(1618-1648)」，荷蘭人站在勝利的一方，而西班牙人黯然敗退。荷蘭人的勝利，確立了大員在台灣島的主導地位，而雞籠、淡水的前景轉趨黯淡。

　　至於中國商人的動態頗值得重視。中國商人「中立」的色彩

使他們能自由來往於敵對的港市之間，逐利的精神與靈巧的頭腦使他們成爲馬尼拉、雞籠、淡水與大員等港市不可或缺的成員。

第六章　走向無人之境
——商業貿易時代的結束

君不聞雞籠、淡水水土之惡乎

人至即病，病輒死

凡隸役聞雞籠、淡水之遣，皆欷歔悲嘆，如使絕域

水師例春秋更戍，以得生還為幸

彼健兒役隸且然，君奚堪此

——郁永河《裨海紀遊》，1697年

　　1630年代初期，每年有一、二十艘中國帆船載著棉布、絲等布料到雞籠交易；有數百名西班牙人、菲律賓人和中國人聚居在雞籠、淡水；而雞籠、淡水住民出售硫磺、鹿皮及稻米給中國人、西班牙人。然而到了十七世紀末，盛極一時的雞籠、淡水堡壘已毀壞，沒有軍隊駐紮，也沒有傳教士、行政官員居住，只有少數的中國商人、漁民來往。著名的台灣遊記作者郁永河稱之為「無人之境」[1]。

1　郁永河，《裨海紀遊》（台北：成文出版社，據方豪合校足本影印，1983年），頁66：「余草廬在無人之境」；頁67亦謂：「余既來海外，又窮幽極遠，身歷無人之域」；又頁79謂：「私謂吾兩人已絕蠻貊，

本章探討雞籠、淡水在十七世紀中葉以後的演變，討論的問題有：西班牙放棄雞籠、淡水的原因，荷蘭人統治後雞籠、淡水的發展，以及明鄭與清初對雞籠、淡水的統治。

第一節　西班牙對台政策的轉變

西班牙占領雞籠、淡水，帶來了消費人口(駐軍)、白銀及商機；雞籠、淡水同時也是中國商人在東亞海域貿易網絡中的一個交易點，但1630年代中期以後，西班牙對台政策出現轉變。

1626年西班牙人占領雞籠時，馬尼拉的西班牙人普遍抱持樂觀的態度，不過，當時已有反對占台的聲浪。主導攻台行動的菲律賓總督Fernando de Silva在卸下職位時，寫信給國王，謂有「不懷好意(malintencionado)」的人告訴新任總督：占領雞籠，將引起中國的干預。顯然這不懷好意的人是反對西班牙占領台灣，Fernando de Silva雖然不贊同這種看法，認為時間將證明一切[2]。但是，等不及時間的證明，要求擴張台灣殖民地與放棄台灣殖民地的意見從占台開始，即不時湧現。

一、擴張論與鞏固論

出兵雞籠的隔年(1627)，有兩份文件分別出現於馬德里與馬尼拉，提出的意見針鋒相對：

(續)─────────────────

　　　踏非人之境」。
2　*Spaniards in Taiwan*, Vol. I, pp. 81-82.

（一）Juan Cevicos船長反對占領台灣

　　Juan Cevicos是馬尼拉大帆船（galeon）的船長。1610年從日本返回馬尼拉時，在呂宋海域被荷蘭人俘虜。後來西班牙船隊攻擊荷蘭船，救回了Juan Cevicos。1623年，他前往馬德里，1627年發表反對占領雞籠的意見。

　　他認爲很多西班牙人對荷蘭人占領大員的看法是錯誤的。Cevicos指出：荷蘭人爲了打擊馬尼拉的貿易，多年來一直劫掠中國船隻，但荷蘭人如果只是要劫掠船隻，並不需要占領大員。荷蘭人占領大員的眞正目的是「在福爾摩沙島建立一處商館，以便向中國買絲，並賣與日本人（部分絲則和其他貨品帶回歐洲），如同葡萄牙人在澳門的經營」[3]。

　　Cevicos認爲荷蘭人只要從事中國與日本之間的絲銀貿易，即可取得很大的財富，「在八、九個月內可獲得一倍的利潤」。因此，他主張必須儘快將荷蘭人逐出台灣島，因爲荷蘭人上述的貿易將使澳門與馬尼拉沒落。

　　Cevicos雖然主張將荷蘭人趕出台灣島，但另一方面，他認爲西班牙人無論如何都不應在台灣建立據點，理由如下：

　　1.西班牙人無法禁止荷蘭人與中國人貿易。因爲馬尼拉的貿易太依賴中國人，使西班牙人不能攻擊中國人；但西班牙人亦無力攻擊荷蘭人，因爲這將引起漫長、耗費甚多的戰爭，一如在Terrenate島（按位於香料群島，產丁香）的爭奪，但台灣的價值並不高於該島。

　　3　Ibid., p. 107.

2.台灣島對西班牙人來說並不重要，它只是貧瘠不毛之地，只有水果和木材。如果在台灣發展與中國的絲貿易，意味著中國絲運至馬尼拉還要增加另一段航程(按即由中國先至雞籠，再至馬尼拉)，且一樣會受到荷蘭船隻的劫掠。

3.西班牙人在菲律賓群島並沒有足夠的兵力，馬尼拉的中國人以及Mindanao(中文稱棉蘭老或民答那峨)島的回教徒均是馬尼拉面臨的重大威脅。

4.有人認為可經由台灣進入中國傳教，但想進入中國傳教，須注意中國人的想法。西班牙人要傳教，不必局限於台灣，還有很多地域可以發展。(按以上四點係筆者據其文章歸納、分類)

Cevicos的觀察相當敏銳，因為當時西班牙人多半認為荷蘭人占領大員，是為了劫掠中國船隻，但事實上，荷蘭人準備在中國沿海找尋一根據地，就近與中國貿易，而大員可能就是荷蘭人的選擇。另一方面，荷蘭人對菲律賓海域劫掠的重點已轉為針對往返美洲的大帆船[4]。所以，他認為對西班牙人而言，台灣沒有占領的價值。

他的意見反映了一些西班牙人的看法，這些看法在不同的場合屢屢被提出討論，可以總稱之為「鞏固論」，即西班牙鞏固馬尼拉比由馬尼拉向外擴張還重要。

4　Ruurdje Laarhoven and Elizabeth Pino Wittermans, "From Blockade to Trade: Early Dutch Relations with Manila, 1600-1750," *Philippine Studies* 33 (1985), pp. 491-492，作者們謂1630、1640年代，荷蘭人派出近十次船隊劫掠美洲來的大帆船，但都沒有成功。

（二）Melchor de Manzano神父要求防衛並援助台灣

　　Melchor de Manzano神父亦在1627年左右寫信給國王，他請求國王敦促菲律賓總督防衛並援助台灣，他的論點是：

　　1.台灣島本身具有很高的價值：因為它美麗、有大量的稻米、小麥和無數獵物；有良好的天氣，西班牙的水果在那裡成長；台灣島可生產大量和便宜的糧食給國王的軍隊，且價格只有馬尼拉的一半；有大山和森林，木材可供造船；有很多人自中國來，勞工價格只有馬尼拉一半；此地住民較菲律賓人優秀，可幫助西班牙人攻擊荷蘭人；馬尼拉與美洲之間往來的船隻，有事故時，可以前來躲避，不必冒著生命危險停泊日本。

　　2.有益發展與中國、日本的貿易：在台灣島可以發展與中國貿易，中國人較易前來雞籠港，可於任何時間，白天或晚上航行，以更低的價格帶著絲和其他貨品來。很多年來日本人在此地與中國人貿易，現在此地被西班牙人占領，他們便須與西班牙人貿易，如此，他們將被迫開放他們的港口，或至少不阻擾我們與日本貿易。

　　3.馬尼拉周遭的王國很強大，如果西班牙人無法占領台灣島，會使西班牙使失去強大的聲名。

　　4.此地是打開中國傳教大門的鎖匙，從早到晚，傳教士可乘著任何船隻越過台灣海峽，透過友好的貿易與商業交易，中國人將易於接受天主教教義 [5]。

　　Melchor de Manzano神父的意見與1619年道明會士Bartolomé

　　5　　*Spaniards in Taiwan*, Vol. I, pp. 112-114.

Martínez鼓吹的占台意見相當類似，除了強調台灣島物產豐富、氣候宜人外，台灣島可以成爲西班牙人至中國、日本貿易與傳教的踏板。

上述有關占台的爭論，主要是對傳教、貿易、打擊荷蘭人等問題，彼此看法歧異，學者鮑曉歐稱之爲擴張觀點與鞏固觀點的爭議 [6]。Melchor de Manzano神父以及更早提出占台意見的Bartolomé Martínez會士，均傾向於擴張西班牙人在東亞海域的版圖：在貿易上，要打進中國、日本市場；在宗教上，要讓中國人、日本人改信天主教，因此，台灣島是進入中國、日本的踏板。而鞏固論者如Juan Cevicos的觀點則認爲應著重於保衛菲律賓群島，並做好菲律賓群島的傳教工作；占領台灣，不過是虛耗西班牙人原已有限的資源。

1628年馬尼拉召開財政會議，會中論及雞籠堡壘設計者的加薪案，與會的Álvaro de Mesa y Lugo博士反對，因爲他不贊同增加在台灣島的開銷 [7]。雖然加薪案最後仍順利通過，但Álvaro de Mesa y Lugo博士的意見卻反映了部分馬尼拉官員對於占領雞籠的疑慮，即馬尼拉當局的經費支出會因此而增加。

在J. N. de Tavora擔任菲律賓總督的期間(1626-1632)，這場棄

6　José E. Borao, "Flccts, Rclicf Ships and Trade: the Communication between Taiwan and the Philipinas(1626-1642)," Maritime History of East Asia and the History of the Island of Taiwan in the Early Modern Period: International Conference in Celebration of the Eightieth Birthday of Professor Yung-ho Ts'ao, pp. 28-29，鮑曉歐認爲這兩種意見也許可以歸結爲人生態度的不同。

7　*Spaniards in Taiwan*, Vol. I, p. 126.

台、保台的爭議並不激烈；因爲J. N. de Tavora總督正在實踐保台
論者的一些構想，如將荷蘭人驅逐出台灣、與福建官方建立關係、
發展與中國的貿易等，而且似乎見到一些成效，如本書第五章所
述。

二、棄台決策的形成

1632年Juan Niño de Tavora總督於任內過世，1633年Virrey de
Nueva España任命的臨時總督Juan Cerezo de Salamanca於8月2日
抵達馬尼拉，8月14日他寫信給國王，報告菲律賓、台灣及摩鹿加
群島的防務，其中謂：

> 關於福爾摩沙島，我暫不報告，直到我有足夠的認識爲止。
> 因爲依我看，財政的支出很沈重，但此島（對西班牙人而言）
> 並無用處；另一方面，值得信賴的人（指保台論者）對福爾
> 摩沙島的殖民、發展及作用有很自信的預期[8]。

在這份報告中，這位乍到的總督似乎已感受到台灣問題的爭
議性。在經過一年時間的觀察，1634年這位總督向國王提出了他
對雞籠、淡水據點的看法。他認爲「降低福爾摩沙島的武力是困
難的，但根據以下的陳述，似乎應如此做，武力配置應減至兩個
據點，不要耗盡過多的軍力」。總督謂：

8　*The Philippine Islands*, Vol. 24, p. 280.

占領此島的理由是爲了享有與中國近距離貿易的的利
益，……但由於一些意料之外的困難而未達成。(馬尼拉)
出現一些新的問題，最重要是有超過二千名步兵被分配於
各地，馬尼拉士兵不超過六百人，而補給由馬尼拉送至各
地，如果要派出六或八艘大軍船，沒有福爾摩沙島的步兵，
是很困難(派出船隊)。

依我的意見，一旦殖民該島的目標達成，將傷害菲律賓群
島其他區域。爲了菲律賓群島的利益，應該讓中國人、日
本人及其他地區的人帶著他們的貨物到馬尼拉，由他們負
擔風險及費用……我不敢說福爾摩沙島應被遺棄，但我堅
信，如果此事沒有發生的話該有多好[9]。

Juan Cerezo de Salamanca總督的觀點傾向於鞏固菲律賓，即與
Juan Cevicos的看法相同，主張菲律賓的兵力不應過度分散，且爲
了維持雞籠、淡水堡壘而支出的經費是馬尼拉當局沈重的負擔。
然而，更關鍵性的思考是西班牙人應在馬尼拉等待中國商人前
來，還是要主動地接近中國市場？這位總督的意見傾向於前者。

西班牙人與荷蘭人均認爲十六、七世紀之際澳門的繁榮，是
因爲澳門非常接近廣州──中國南方最主要的出口市場，所以能
取得大量而廉價的商品。但這樣做是否值得？

在中國沿岸取得商品，固然價格比較低廉，但對西班牙官方
而言，卻必須計算在雞籠、淡水堡壘的經營成本，以及補給船來

9　*Spaniards in Taiwan*, Vol. I, pp. 217-218.

往雞籠、馬尼拉的耗費，而從雞籠運到馬尼拉的商品會比中國商
人直接運到馬尼拉的商品更便宜嗎？這是J.C. de Salamanca總督
質疑的重點。

　　1635年西班牙國王任命Sebastián Hurtado de Corcuera為新任
菲律賓總督，要求他和前任總督Juan Niño de Tavora一樣，採取各
種方法，將荷蘭人驅逐出台灣[10]。S. H. de Corcuera總督於同年六
月抵達馬尼拉，隔年(1636)七月致書國王，回覆上述的要求，謂
無法將荷蘭人趕離台灣，他的看法是：

> 首先，荷蘭人已設立堡壘，完成部署，除非國王派一千名
> 西班牙士兵來……澳門的葡萄牙人想如此做(即趕走荷蘭
> 人)，因敵人在(葡萄牙人往返)日本的航程為難他們。但西
> 班牙國王並不必擔心荷蘭人在台灣有一據點，因為中國人
> 二十四小時不間斷的來到我們的堡壘，這些堡壘(指雞籠、
> 淡水)位於島的另一端[11]，帶來他們的商品和必要的補給。
> 對國王而言，那個島(指台灣島)用處極少，只是耗費大量

10　Ibid., p. 227.
11　Ibid., p. 256，譯者將中國人二十四小時前往的堡壘解釋為馬尼
　　拉，應誤，此處指雞籠、淡水堡壘，理由有二：一是此句前文謂
　　荷蘭人在大員會威脅葡萄牙人到日本的航行安全，接著又謂中國
　　人會來「位於另一邊(estan de esta otra parte)」的西班牙堡壘，此
　　應指台灣島的另一邊，即雞籠、淡水。第二個理由是中國商船開
　　航至呂宋是有季節性的，而非白天、晚上都出海到馬尼拉。(據
　　西班牙文獻載，中國商船通常是在每年3月從中國沿海港口來馬
　　尼拉，在5月末、6月初回中國，見Antonio de Morga, *Sucesos de las
　　Islas Filipinas*, p. 351.)

財政支出(但無法使島上住民皈依天主教)，島上住民害怕
皈依我們的信仰。經費開支只是用於維持當地的二百二十
名西班牙人、一連來自Nueva Segovia的百名士兵以及幾艘
船……我認爲該地很少或根本沒有重要性，但每年仍將供
給三萬pesos的經費，直到國王有指示[12]。

　　S. H. de Corcuera總督認爲台灣島對西班牙人來說毫無用處，
也無法使當地住民改信天主教，徒然支出大筆經費來維持當地駐
軍；若是要將荷蘭人逐出台灣島，西班牙的兵力亦不足夠。至於
西班牙國王希望他結合葡萄牙人在東亞的武力，聯手攻擊荷蘭
人，這位總督亦認爲不可行，因爲西班牙、葡萄牙兩國的武力難
以整合。菲律賓的西班牙官員一直認爲，1616年Juan de Silva總督
企圖建立的「聯合武力」，是一個失敗的悲慘案例，使菲律賓當
局遭受到極大的財政與軍力損失[13]。

　　S. H. de Corcuera總督亦向國王抱怨，「巨大的貧困降臨菲律
賓群島，財政上，有大量的負債」，很難再像當年(1615-1616)一
樣，建立一隻遠征艦隊。因爲，一直到1636年，菲律賓當地的西
班牙人仍爲二十年前Juan de Silva總督花費大筆經費造船，並使很
多當地住民死於造船場而悲傷。不過總督向國王強調，如果西班
牙王國不想示弱於荷蘭人，那麼即使他只擁有少數的大軍船，仍
將讓菲律賓周遭國家了解到，「西班牙國王是這些海域的霸者」。

12　*Spaniards in Taiwan*, Vol. I, p. 256.
13　參見本書第五章第四節。

這封總督致國王的信件寫於1637年，信中透露出菲律賓財政的匱乏，不僅西班牙人無法成為海域的霸者，甚至連帶影響到對台政策的轉變。

1637年1月，S. H. de Corcuera總督在馬尼拉召開會議，討論如何節省財政支出，以及如何解決在各據點如台灣、Zamboanga（三寶顏）等的不當花費。與會者為軍事將領及財政官員。

總督在會中先陳述雞籠、淡水堡壘的狀況及西班牙占領台灣的目的：即西班牙人占領雞籠十一年來，共花費五十萬比索來維持三百名西班牙士兵，其中有二百二十名普通人（ordinario，按指西班牙人），一百名來自Nueva Segovia和Pampanga的士兵（按菲律賓士兵），以及一些有水手和砲的船，和一些堡壘設施，以便與中國、日本貿易。

當時西班牙人認為終將能與中國、日本貿易，並使官方在台灣的花費減少，而且道明會士聲稱可向台灣當地住民傳教，並可藉著對日貿易的進展，也到日本傳教。

但總督認為經過十一年的檢驗，這些理由都是不實的。他建議自雞籠、淡水撤兵，這些兵力可以用來鎮壓菲律賓群島反叛的住民，如在呂宋島北部、東部的動亂；另外，菲律賓群島南部的民答那峨島住民也會劫掠周遭島嶼的住民、傳教士。但因為菲律賓群島的士兵明顯不足，始終難以鎮壓動亂。

而且，占領台灣，除了虛耗兵力外，每年台灣島的貿易帶給菲律賓當局財政的收益，不超過二千pesos，只有一、兩年收取的稅金達到四千，因此官方從雞籠的商業貿易得不到預期的收益。至於傳教方面，台灣住民信教人數很少，小孩不列入計算的話，

幾乎不到一百名成人信教。他們信教與其說是爲了信仰，不如說是爲了賣魚給西班牙人。當地道明會士只爲住民施洗，卻未能宣說教理。

　　總督的結論是「所有有利(占領雞籠、淡水)的論證都被證明是錯誤的」，他主張不如在Hainan(海南島)占領一個港口，離中國很近，物產豐富，又可阻止荷蘭人的活動；補給物資不容易自馬尼拉運至台灣島，但卻可用一般的船載送至海南島。而且，能到澳門經商的中國船隻都可到海南島，這對想貿易的中國人而言是夠好的。所以占領海南島，軍事開銷會比雞籠、淡水的據點少[14]。

　　總督陳述其看法後，與會者各自表示意見，大致可以分爲三類：

(一)四人主張繼續占領台灣

　　分別爲三位財政官員(J. F. de Ledo、M. R. Salazar及B. R. de Escalona)，及A. G. Romero軍士長(sargento major)。

　　三位財政官員強調要延續前人政策，雖然他們承認西班牙王室與菲律賓的西班牙人並沒有因占領雞籠、淡水而取得利益，但天主教信仰已在台傳佈，如果放棄雞籠、淡水，這些住民將回復爲異教徒。

　　至於Alonso García Romero軍士長亦主張繼續占領台灣，他曾在1634-1636年間擔任雞籠、淡水駐軍長官。他反對召回軍隊，認爲國王占領這些群島，並不想要從中得到任何利益。他表示，1635年時有超過八百名台灣住民信教，而且有三個村落已建立教堂；

14　*Spaniards in Taiwan*, Vol. I, pp. 262-271.

中國商人亦帶著很多商品到雞籠、淡水堡壘貿易；而西班牙占領台灣，對荷蘭人亦已造成傷害。所以根據這些理由，他反對撤兵。

（二）九人反對占領台灣

其理由可歸納為四項，列表如下：

	無法達成原定目標	難以改變住民信仰	占台花費甚多	菲律賓需資金及士兵
Licentiate M. Zapata	**	**		
Licentiate A. A. de Castro	**		**	**
軍需官 I. de Villarreal		（以較少花費在其他地點傳教）	**	**
將軍F. de Ayala	（收穫少）		**	
司令P. de Heredia	**		**	**
將軍J. Esquerra	**		**	**
司令A. de Palma				
艦隊司令F. Galindo	**	（教士可至其他地點傳教）	**	
軍士長 P. H. de Corcuera			**	**

上述官員、將領多認為占台花費甚多，無法達成原先的占台目標。一方面，台灣住民的信仰難以改變；另一方面，菲律賓的西班牙人需要更充裕的資金及兵力。他們認為，如果懼怕已信教的台灣住民又變為異教徒，可以將這些住民遷移至菲律賓群島。也有幾位官員質疑，菲律賓尚有很多地方需要傳教士，何必一定要到台灣傳教。

(三)三位傾向撤兵，但主張由國王決定

司令官L. de Olasso、砲兵總隊長J. B. de Molina、將軍J. E. Sotelo原則上同意總督意見，但認爲是否撤兵要先請示國王。

因此，在上述與會人員中，有十三人是傾向自台灣撤兵，只有四位反對。撤兵的意見顯然居於多數。會議結束後，總督即下令調整雞籠、淡水的兵力部署，並撤回大半的士兵。

但此一決定亦引起擴張論者的反彈與議論。

七個月後，1637年8月20日，總督寫信向國王報告他對雞籠、淡水據點的看法以及撤兵的決策經過，總督在信中，重述以下幾個重點：

1.台灣不適合作爲與中國貿易據點，且難以向當地住民傳教。他說：

> 來這些群島(指菲律賓群島)一年半後，我考慮到據守福爾摩沙島招致王室財政極大的花費。而十一、二年來(指占台以來)它並未有利於國王，也未使當地住民轉向天主教信仰。同樣地，考慮到在該島建立據點的理由，例如(方便)與中國人貿易，但如我所知，由他們前來這些群島似乎較好且容易些。

總督並談到，由於他採取多項有利中國商人的措施，使中國商人在近兩年來帶著大量商品到馬尼拉，讓馬尼拉的市民在過去三十年沒有看過這麼便宜的商品。所以，他強調對台政策的轉變，並未影響到馬尼拉與中國的貿易，而自占台以來，「王室在台灣

花費了五十萬pesos，卻沒有得到任何東西」。

2.不宜對日傳教：在信中，總督反駁道明會士的看法。道明會士一直主張以台灣爲據點，發展對日傳教與貿易，但總督認爲日本那些「野蠻人對任何形式的貿易與友好關係關上大門」，因此，他禁止道明會士到日本傳教，並且認爲如果一定要向日本傳教，琉球的位置比台灣適合。

3.總督自陳他沒有放棄台灣的據點，他強調，「放棄據點對光榮的士兵而言是巨大恥辱」，因此他仍派出一優秀的士官Pedro Palomino，帶著一百名Pampango火繩槍兵到雞籠、淡水，當地並有五十到六十名西班牙士兵，共同防守[15]。

在這信中，總督不僅報告決策的經過與考量，似乎極力爲自己的政策辯護。而不尋常的是，在寫作這封信的同一天（1637年8月20日），S. H. de Corcuera同時發出另一封給國王的信，抱怨馬尼拉有些人提供不實的消息給國王，攻擊他的「統治風格（modo de gobernar）」，並請求國王能辨明事實[16]。

兩封信寫於同一天，可能與大帆船要離開菲律賓，返回美洲的船期有關，但也可能兩信是相關連的，即有菲律賓的官員向國王投訴總督某些作爲的不當，所以總督要爲自己辯護，而彼此的爭議涉及了對台政策的歧見。

除了對台政策外，總督的某些決策確實引起部分官員的抨擊與不滿，如馬尼拉的財政官B. R. de Escalona曾於前述會議中反對

---

15 Ibid., pp. 275-277.

16 Ibid., p. 274.

自台灣撤兵，而他在1638年8月31日寫信給國王，亦對總督有露骨的批評，謂總督不派大帆船到美洲，使馬尼拉市無生意可做；將菲律賓農民收編爲兵，減少米糧生產；又不顧馬尼拉安危，率軍征討民答那峨島的回教徒等。B. R. de Escalona甚至表示：「似乎應該說，國王派總督到群島來，像是要毀滅、破壞國王的資產(指菲律賓群島)，而不是增加和保有它」[17]。

S. H. de Corcuera總督原本傾向於完全自雞籠、淡水撤兵，可能是因前述反對者的抗議，轉而改變決策，只是放棄淡水與大部分雞籠堡壘，僅保留社寮島上的主要堡壘San Salvador，但此一修正後的決策亦未完全落實，詳見下文。

三、「危機」時代的選擇

1637年西班牙人放棄淡水，退守雞籠的決策，一般認爲是1642年西班牙人失去台灣據點的主因。學者們解釋此決策形成的原因，有以下幾個觀點：

1.西班牙人對南方的回教徒用兵而棄台：

中村孝志認爲自1634年以後，菲律賓南部回教徒引起的動亂日益嚴重，S. H. de Corcuera總督因兵員缺乏，故減少在台駐軍[18]。1967年美國學者J. L.Phelan認爲，由於S. H. de Corcuera總督接受耶穌會士建議，忽視西班牙最北的據點台灣，以集中力量對付南部回教徒。雖然「台灣在人種上、地緣考慮上可以視爲屬於菲律賓」，

17　*The Philippine Islands*, Vol. 29, pp. 58-59.

18　中村孝志著，賴永祥譯，〈十七世紀西班牙人在台灣的佈教〉，收於賴永祥，《台灣史研究初集》，頁133-135。

但總督必須集中資源以對付荷蘭人與回教徒。J. L.Phelan並舉1662年為例，當時西班牙人亦因國姓爺攻擊馬尼拉的傳聞，而放棄在摩鹿加群島和民答那峨島的據點，以便集中兵力，保衛馬尼拉[19]。

2.菲律賓總督與大主教的對立導致台灣據點被忽視：

由於S. H. de Corcuera總督與馬尼拉大主教爭奪神職人員的人事權，另外，耶穌會亦與道明會爭奪勢力範圍。於是，耶穌會便與總督結合，共同打壓道明會（大主教係道明會士），故耶穌會力勸總督放棄台灣。此一看法最先由Juan de la Concepcion提出，中村孝志並不認同此說法[20]，J. L. Phelan亦認為此說僅為一種懷疑（suspicion）[21]。近年李毓中重提此見解，認為S. H. de Corcuera總督「藉由加強屬於耶穌會教區蘇祿一帶的軍事行動，來削減屬於大主教勢力範圍道明會等教派的雞籠據點勢力」[22]。

3.與中國、日本交往的挫敗：

村上直次郎認為西班牙人得知與日本貿易無望，故沒有必要

---

19 John L. Phelan, *The Hispanization of the Philippines: Spanish Aims and Filipino Responses, 1565-1700* (Madison: University of Wisconsin Press, 1959), pp. 136-139.

20 Juan de la Concepcion, *Historia General de Flilpinas*，刊行於1788-1792，筆者未見此書，相關文字係轉引自中村孝志著，賴永祥譯，〈十七世紀西班牙人在台灣的佈教〉，收於賴永祥，《台灣史研究初集》，頁135。

21 John L. *Phelan, The Hispanization of the Philippines: Spanish Aims and Filipino Responses, 1565-1700*, p. 139.

22 李毓中，〈北向與南進：西班牙東亞殖民拓展政策下的菲律賓與台灣(1565-1642)〉，收於曹永和先生八十壽慶論文集編輯委員會編，《曹永和先生八十壽慶論文集》（台北：樂學書局，2001），頁44。

占領台灣[23]，中村孝志、曹永和等接受其看法，並謂日本鎖國後，與日本貿易無望，但亦無懼日本侵襲，而且台灣風土不宜、中國貿易不如預期等因素使西班牙決定撤兵[24]。

這些見解固然言之成理，但仍留存了一些問題：

1. 政策轉變是否與回教徒的戰爭有關

西班牙人與菲律賓群島南部的回教徒爭戰已久，自Juan Niño de Tavora擔任菲律賓總督的期間(1626-1632)，已幾度派兵與回教徒交戰。1634-1635年間，雙方在Visayas群島激戰；1637年S. H. de Corcuer親自帶兵攻打民答那峨島。但何以與回教徒的戰爭導致1637年對台政策改變？是否1637年前後戰爭激烈化，使西班牙人必須放棄台灣的據點，集中兵力對抗回教徒？似乎兩者間很難畫上等號。因為西班牙人與回教徒對抗的時間相當長，此事一直困擾西班牙，並且影響西班牙人的兵力調度，但何以是「1637」年改變對台政策，可能還有其他因素影響。

2. 政策的轉變是否與總督、道明會彼此間的衝突有關

有些學者認為S. H. de Corcuera總督因與菲律賓大主教Fray Hernando或道明會不合，因此，故意打壓道明會的教區，影響對台政策。但這樣的看法難以檢證，雖然1635-1636年間，總督與大主教曾因人事任命、刑案等問題起衝突，總督並於1636年下令將

23　村上直次郎著，許賢瑤譯，〈基隆的紅毛城址〉，《台北文獻》117(1996年9月)，頁130。

24　中村孝志著，賴永祥譯，〈十七世紀西班牙人在台灣的佈教〉，收於賴永祥，《台灣史研究初集》，頁133-135；曹永和，〈荷蘭與西班牙占據時期的台灣〉，收於氏著，《台灣早期歷史研究》，頁31。

大主教放逐到馬尼拉灣的小島。但這樣的衝突如何導致對台決策
轉變，兩者間並無必然關係，如J. L. Phelan所說，這樣的推測只
是一種「懷疑」。

　　但如上文所述，1633年臨時總督J. C. de Salamanca接任後，已
認爲占領台灣徒然增加西班牙的財政負擔，並使菲律賓有限的兵
力過於分散；另外，1637年一月的會議中，棄台論者明顯占多數，
而這些馬尼拉的領導階層均長期擔任官職，對當時局勢應有所了
解[25]。所以，S. H. de Corcuera總督固然與菲律賓大主教間有激烈
的衝突，但如果從鞏固論與擴張論長期對峙的脈絡來看，這項決
策只是雙方長期交鋒後的政策轉向，有其歷史的淵源，似非取決
S. H. de Corcuera總督的個人好惡[26]。所以，從另一角度來看，如
果總督與道明會士的關係良好，是否就會繼續維持在台的據點，
相當值得懷疑。

3.政策轉變是否因爲西班牙不重視對中國、日本的貿易與交往

　　占領雞籠、淡水後，西班牙人與中國、日本間的貿易或傳教
工作均未如預期順利，因此，對西班牙人而言，雞籠、淡水據點
顯得毫無用處。但這並不表示西班牙人不重視與中國、日本的貿
易與傳教工作，相反地，西班牙人只是認爲不應該以台灣爲據點，
由台灣扮演西班牙與中、日交往的中繼角色，依S. H. de Corcuera

25　根據S. H. de Corcuera總督的說法，與會者自占台以來均擔任官
　　職。

26　J. C. de Salamanca代理總督與S. H. de Corcuera總督均出兵民答那
　　峨島，亦都認爲台灣據點沒有用處，所以很難認爲這兩位總督出
　　兵南方都是故意與耶穌會結合，而削減台灣的軍力是爲了打壓道
　　明會。

總督的說法，如要發展對日貿易，琉球的條件比台灣好，要與中國貿易，海南島的條件亦較合宜[27]。所以，此一時期的撤兵決策，反映的是雞籠、淡水據點在對中、日的貿易或傳教事務中，不再如1620年代的西班牙人所言，那麼具有貿易與戰略地位而已。

4.政策的轉變是否與西班牙自呂宋島向南擴張有關

先前的臨時總督 J. C. de Salamanca 與現任總督 S. H. de Corcuera 均曾領兵攻打菲律賓南部的回教徒，但這並非是西班牙人南進的企圖，而應視為西班牙自衛的努力。如果從擴張——鞏固這樣的分析架構來看，1630年代西班牙與回教徒的戰爭，不是西班牙人想要擴張領土，而是為了鞏固西班牙人的統治區域。J. L. Phelan即認為十七世紀西班牙人的注意力集於民答那峨島，其本質是防衛性的[28]。

1637年1月戰爭會議中的討論亦是例證。當時會中另一重要議題是三寶顏據點應否撤廢，分析與會者的發言，即可了解：當時他們考慮的是如何防制回教徒劫掠西班牙人和皈依天主教的菲律賓住民，而不是想征服回教徒，取得利益[29]。

因此，1637年 S. H. de Corcuera 總督裁減雞籠、淡水的駐軍，其原因也許可以從另一個角度來分析，即從1630年代東亞海域整體形勢的變化對西班牙決策的影響，亦即西班牙人縮減雞籠、淡水的軍備，其實是西班牙人在東亞海域「危機」時代中，進行的

27　*Spaniards in Taiwan*, Vol. I, pp. 264, 273.

28　John Leddy Phelan, *The Hispanization of the Philippines: Spanish Aims and Filipino Responses, 1565-1700*, p. 139.

29　*Spaniards in Taiwan*, Vol. I, p. 266.

政策調適。

所謂的「危機」，係借用Geoffrey Parker、Lesley M. Smith等人提倡的「十七世紀的危機(general crisis of the seventeenth century)」概念，這些學者認為十七世紀全球性氣候改變，進入了所謂的「小冰河期(little ice age)」，導致全球各地糧食歉收、饑荒、疾病流行，進而人口下降、社會動亂、經濟不景氣，最後導致政治動盪，政權更替[30]。

這樣的看法是否適用十七世紀的亞洲局勢，學者間有不同的看法，如經濟史學者William S. Atwell並不認為亞洲曾經發生過長時期的危機，但認為有一短期而且相當明確的危機出現在1630年代早期到1640年代晚期，此次的危機導致日本鎖國、明朝崩潰，澳門、馬尼拉等的不景氣[31]。

東南亞史學者Anthony Reid亦認為十七世紀有多重的因素使得東南亞各地出現政經危機，如全球性商業不景氣、荷蘭人壟斷貿易的壓力、戰爭挫敗、不穩定的氣候等因素。此一危機時期出現在1630-1650年代間，由於貿易的不景氣導致許多東南亞社會退出國際貿易，轉而自力更生，不再仰賴國際市場[32]。他認為這是

30　Geoffrey Parker and Lesley Smith, "Introduction," in Geoffrey Parker and Lesley Smith, eds., *The General Crisis of the Seventeenth Century* (New York: Routledge, 1997), pp. i-iii.

31　William S. Atwell, "A Seventeenth-century 'General Crisis' in East Asia?" in Geoffrey Parker and Lesley Smith, eds., *The General Crisis of the Seventeenth Century*, pp. 235-254.

32　Anthony Reid, "The Crisis of the Seventeenth Century in Southeast Asia," in Geoffrey Parker and Lesley Smith, eds., *The General Crisis of the Seventeenth Century*, pp. 206-233.

表6-1 1627-1643年間進入馬尼拉港的中國大陸、澳門、台灣船
數統計

年 度	中國大陸	澳 門	台 灣	三地合計	入港總數
1627	21	6	1	28	33
1628	9	2	1	12	17
1629	2	2	2	6*	15
1630	16	6	5	27	--
1631	33	3	3	39	46
1632	16	4	2	22	32
1633	30	3	1	34	36
1634	26	--	3	29	29
1635	40	4	3	47	49
1636	30	1	1	32	36
1637	50	3	1	54	57
1638	16	4	1	20	20
1639	30	3	4	37	39
1640	7	3	1	11	11
1641	8	2	1	11	16
1642	34	1	1	36	41
1643	30	--	--	30	32

* 按1629年之數字可能有誤。

資料來源：Pierre Chaunu, *Les Philippines et le Pacifique des Iberiques*,
　　　　　pp. 156-160.

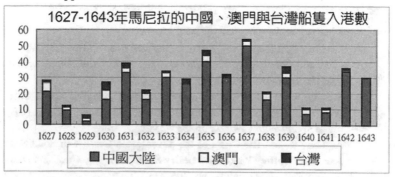

東南亞商業貿易時代的結束，也是東南亞貧困化的開始。

　　東亞的西班牙統治者是否也面臨此一危機呢？日本德川幕府施行鎖國政策，禁止人民到外國貿易，也禁止葡萄牙、西班牙船隻至日本貿易，以及美洲白銀產量衰減等因素對馬尼拉造成什麼影響呢？以下根據Pierre Chaunu在其名著*Les Philippines et le Pacifique des Iberiques*整理的資料來分析，這些資料雖然只是一些不完整的統計，但仍具參考價值。

　　據表6-1，1635-1637年間進入馬尼拉的中國大陸、澳門、台灣船隻相當多，其中澳門船與台灣船的數量變化不大，但從中國大陸到馬尼拉的船隻相當多。

　　進入馬尼拉港的船隻數量雖多，但若參照當時馬尼拉對船隻進港徵收的稅收變化來看，其稅收數額在1631-1635年間最多，1635年以後則遞降，見表6-2。

　　1630年代，居住在馬尼拉的華人人數雖達於高峰，但亦出現衰減的現象，雖然Pierre Chaunu收集的統計資料是指有繳稅而取得居留執照的華人，但依然可以見到其轉變的趨勢，亦即從1635年以後，人數遞減，見表6-3。

　　再看美洲白銀輸入菲律賓的數量，在1621-1630年間最多，其後則衰減，見表6-4。其中私人運至菲律賓的白銀數額以1620年代最多，至1630年代衰退，至於官方則約晚了十年才衰退。但整體而言，1630年代美洲白銀輸入量已開始減少。又據Richard L. Garner的統計，美洲白銀產量自1628年以後長期衰減，1628-1697年間，

表6-2　1626-1645年間馬尼拉每年平均徵收的入口稅額

	中國大陸 （%）	澳門 （%）	台灣 （%）	三地合計 （%）	日本 （%）
1626-30	10192.25 （39.60）	7110.50 （27.65）	1320.75 （5.10）	18623.50 （72.40）	31.00 （0.11）
1631-35	22673.20 （53.70）	9327.60 （22.10）	2278.00 （5.30）	34283.80 （81.10）	17.40 （0.30）
1636-40	23831.80 （76.80）	3556.80 （11.46）	95.20 （0.30）	27483.80 （88.60）	
1641-45	12249.40 （55.30）	6294.00 （28.50）	56.00 （0.25）	18599.40 （84.06）	

資料來源：Pierre Chaunu, *Les Philippines et le Pacifique des Iberiques,*
　　　　pp. 200-219.

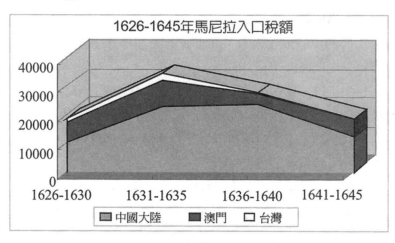

美洲白銀平均每年產量減少0.3%[33]。

33　Richard L. Garner, "Long-Term Silver Mining Trends in Spanish America: A Comparative Analysis of Peru and Mexico," *American Historical Review* 93:4 (1988/10), pp. 900-901.

表6-3　1611-1645年間馬尼拉華人年平均數

年度	1611-15	1616-20	1621-25	1626-30	1631-35	1636-40	1641-45
金額	53832	83007	--	97969	116916	105582	99189
年度	1646-50	1651-55	1656-60	1661-65	1666-70		
金額	58728	35295	24370	15756	12853		

資料來源：Pierre Chaunu, Les Philippines et le Pacifique des Iberiques, pp. 92-93.

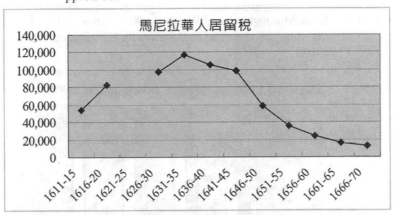

因此，除了前來馬尼拉的中國船隻數量外，不論是馬尼拉的入口稅、華人居留數或美洲白銀等項，在1630年代均出現衰減，特別是在1635年以後，這些統計數字究竟蘊藏什麼樣的意義？是否如William S Atwell、Anthony Reid所說，馬尼拉以及東亞海域某些地區一樣，都面臨到所謂的不景氣危機呢？

以下再根據當時文獻探討。

1635年6月，大員的荷蘭人聽中國商人說：

　　因貨物大量運來(馬尼拉)，導致所有的價格跌落到如此的

表6-4　1591-1650年間美洲白銀流入菲律賓的年平均數（單位：peso）

年　度	官方運至菲律賓	私人運至菲律賓	每年流入總數
1591-00	466016.00	578170.00	1044186.00
1601-10	1174782.00	3516513.00	4691295.00
1611-20	2541652.00	5048118.00	7589770.00
1621-30	3620573.00	5423822.00	9044395.00
1631-40	3672874.00	3509871.00	7182745.00
1641-1650	2206810.00	1759706.00	3966516.00

資料來源：Brian Moloughney and Weizhong Xia, "Silver and the Fall of
　　　　the Ming: a Reassessment," *Papers on Far Eastern Asia* 40
　　　　(1989), pp. 51-78.

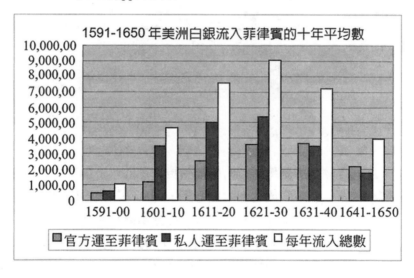

低。可是這種情形跟十七、八年來，及嗣後一段長時期中
國人運去供應那邊的情形比較起來，只是很小的數量而
已。據此推想，馬尼拉現在的狀況沒有像那時候能夠吸引

那麼多的貨物了，他們的商業必然已經衰退[34]。

1635年10月大員的荷蘭人與中國商人論辯，謂：

> 來此地（按指大員）航程短而且安全，（要去馬尼拉、雞籠或
> 其他地方，都有很大的危險）。對此，他們（按指中國商人）
> 回答說，那是真的，上一季在馬尼拉和雞籠以及柬埔寨都
> 幾乎沒有或完全沒有獲得利益，但現在那些地方有獲得更
> 多利益的希望[35]。

在《巴達維亞城日記》中，亦載1635年美洲開來馬尼拉的大帆船並不立刻返回美洲，因為在墨西哥，中國貨的銷路不佳[36]。

從中國商人的言談，可以了解1634-1635年間，馬尼拉的商業貿易並不順暢，中國商人供應的貨物過多，但馬尼拉的西班牙人缺乏資金，無力購買，使中國商人削價求售，喪失利潤。不過，1635年時中國商人猶認為在馬尼拉有獲利的希望。

1636年3月有艘西班牙人的中國式帆船，從雞籠航往馬尼拉，結果不幸漂至大員。荷蘭人詢問船上的西班牙人之後，向巴達維亞總督提出報告：

34　江樹生譯註，《熱蘭遮城日誌》第一冊，頁206-207。
35　同上註，頁220。
36　村上直次郎譯注、中村孝志校注，《バタヴィア城日誌》第一冊，
　　頁263。

從那些截取來的信件看起來，雞籠跟中國的貿易並不順
利，也感覺到西班牙人的佈道工作被當地人抵制，⋯⋯最近
還有七個福爾摩沙人因謀殺一個神父，被西班牙人處死[37]。

《巴達維亞城日記》亦載，此一漂流船所載貨品價值不高[38]，亦
即從雞籠回到馬尼拉時，西班牙人並未運回高價的貨物。

西班牙國王當時亦謂：因為1636-1637年之間沒有貨款從墨西
哥送回，馬尼拉市民遂無法付款給中國商人，馬尼拉市民用於貿
易的商品，有四分之三被中國人扣押，中國商人並因此離開馬尼
拉，表明他們不願意再承受損失。而1636年馬尼拉市民亦拒絕再
將他們的貨物裝上大帆船[39]。

1637年7月中國商人Hambuan寫信給大員的荷蘭人，亦提及
1636年馬尼拉發生的事情，謂「上個季節從中國運貨物前往馬尼
拉的帆船現在已經回到來中國了。他們不但沒有賺到錢，反而大
部分運去的貨物都損失了百分之二十，因為馬尼拉的人還有很多
去年從中國人收購的存貨，所以交易量很小，使運貨去那裡的中
國人備嚐苦味⋯⋯顯然這會改善大員的中國貿易」[40]。

1638年巴達維亞的荷蘭人記載：「中國人講述，他們在馬尼
拉的生意受挫，銷售貨物受到損失，到八月十日止，沒有船隻從

37　江樹生譯註，《熱蘭遮城日誌》第一冊，頁224。

38　村上直次郎譯注、中村孝志校注，《バタヴィア城日誌》第一冊，
　　頁260-261。

39　*The Philippine Islands*, Vol. 30, pp. 86-87。

40　江樹生譯，《熱蘭遮城日誌》第一冊，頁330。

Nueva España（新西班牙，指西班牙在美洲的殖民地）到達那裡（按指馬尼拉）。但繼續等待之後，西班牙人仍推遲支付眾商人各種銀兩」[41]。

1639年中國商人Hambuan寫信給大員的荷蘭人，謂今年有幾艘中國帆船航往馬尼拉，但是前往的商人不多，運去的貨物也是一些價值小的粗貨，航往西區（按即指明末「西洋」）的中國帆船也很少[42]。巴達維亞的荷蘭人亦得到類似的消息，謂馬尼拉已連續三年沒有得到美洲來的援助，「使那裡（指馬尼拉）每況愈下，一些重要的中國居民離開那裡而前往中國，西班牙的國王似乎要放棄東印度」[43]。

以上摘述1634-1639年間有關馬尼拉貿易的文獻，顯示馬尼拉的中國商人無法獲利。

馬尼拉在1635年以後的不景氣亦與美洲官員突然嚴格查驗大帆船貨物有關。

由於菲律賓與美洲間的大帆船貿易有金額限制，1605年官方規定美洲至馬尼拉的大帆船只能載二十五萬pesos的貨物，回程可載五十萬pesos，但事實上，雙邊商人均以多報少，官方亦不查驗船貨。

1635年西班牙國王派Pedro de Quiroga到美洲，此人嚴格執

---

41 1638年12月22日〈東印度事務報告〉，收於《荷蘭人在福爾摩莎》，頁198-199。

42 江樹生譯，《熱蘭遮城日誌》第一冊，頁427。

43 1639年12月18日〈東印度事務報告〉，收於《荷蘭人在福爾摩莎》，頁216-217。

法，使1636年馬尼拉大帆船因違反規定被扣留在Acapulco港，商人被處以巨額罰款；此後兩年，美洲與菲律賓間的貿易中止，單單美洲的西班牙官方即減少了六十六萬pesos的稅收[44]。此後，查驗政策才又改變，西班牙官方下令，要先通知船主，才能檢查船貨；到了1640年，國王更下令，不准開箱查貨[45]。

因此，Pedro de Quiroga的政策確實影響美洲與菲律賓的貿易，但此一波折似非個別官員行政風格所致，而是墨西哥的西班牙官方對於船貨查驗或者大帆船貿易的態度一直有爭論，如1720年以後開始嚴格檢查船貨，到了1734年又回復原有狀態[46]。至於為何1636年時政策轉變？應與美洲銀產減少、中國商品滯銷有關，使得墨西哥官方希望限制大帆船的貿易量。

比對長時期的統計資料，以及片斷的文獻記載，顯示當時的馬尼拉面臨所謂的「危機」。即使不論東亞海域其他各地的景氣變化，單就馬尼拉而言，1630年代的下半期，已陷入極度的不景氣，美洲白銀輸入減少，中國人帶來的貨物滯銷，價格下跌。

因此，1637年馬尼拉總督對台政策的轉變，在台駐軍規模及經費緊縮，也許可以從上述的脈絡來解讀——亦即馬尼拉與中國、美洲的貿易逐漸衰退時，雞籠、淡水據點的角色開始顯得多餘。由於菲律賓當局財政收入拮据，放棄台灣的據點，可以節省經費，使得先前鞏固論(棄台論)的看法被採用。

但西班牙人亦無法斷然放棄雞籠與淡水，菲律賓總督擔心會

---

44 *The Philippine Islands*, Vol. 30, pp. 50-52.

45 William L. Schurz, *The Manila Galleon,* p. 306.

46 Ibid., p. 307.

影響西班牙在東亞海域的聲譽，亦須安撫反對者，於是作出縮減駐軍規模的決定，只保留雞籠主要的堡壘San Salvador，但在實際執行時，受到雞籠當地道明會士的反對，所以尚保留另一堡壘el Cubo。

　　情勢的發展不是總督一人所能轉移，當東亞海域在1630年代陷入所謂的「普遍性危機」，馬尼拉當局走向緊縮、鞏固的態勢，似乎也反映了西班牙王國的沒落。但不是每一個強權都會在「危機」的時代中衰弱，荷蘭東印度公司是最好的例子，他們安然度過1630-1640年代的不景氣危機，且成爲東亞海域強大的政經勢力[47]。在此一背景下，雞籠、淡水自西班牙人的手中，落入荷蘭人的掌握，應是東亞局勢必然的發展。

四、西班牙人退守雞籠

　　1637年1月22日，S. H. de Corcuera總督召集的會議中，大多數與會者贊同放棄雞籠、淡水的意見，五天後，即1月27日，總督發給台灣長官Francisco Hernández指令：

47　Paul A. van Dyke, "How and Why the Dutch East India Company Became Competitive in Intra-Asian trade in East Asia in the 1630s," *Itinerario* 21（1997）, p. 52-53謂荷蘭東印度公司憑藉著「national monopoly」，在東亞海域建立一非常良好的商業網絡，在1630年代晚期，VOC可以有系統地分析各個市場，配合季節風運送商品與傳遞情報，能引介新的商品，進入亞洲商人傳統的商業地盤，故能在亞洲海域，甚至世界各地建立荷蘭人的霸權（dutch hegemony）。

一旦你接到此項命令，你要對該島的住民發動攻擊，如果
時機、場合許可，要去懲罰那些在去年淡水堡壘引起動亂
的住民。爲此一事件中死亡的西班牙人報仇，藉由火與血
來執行此一任務，向他們發動戰爭，只有婦女和十五歲以
下的小孩可免。

這是爲了示警，以使住民不會認爲我們撤出淡水之砲及毀
壞堡壘是畏懼的象徵。事成之後，你應帶著砲，離開淡水
堡壘，回到主堡壘，下令毀滅住民和上述堡壘，將木材燒
掉，不會有東西留給淡水住民或我們的敵人。

總督指示，在執行淡水的撤退任務後，亦應將社寮島上其他小堡
壘的砲撤出，並且要重新部署雞籠主堡壘(即San Salvador堡)，然
後將多餘砲、兵力和多餘的東西，交由八月份的補給船送回馬尼
拉。Francisco Hernández長官亦受命隨船撤回馬尼拉，只保留一位
Pampanga隊長、一位資深的西班牙隊長及一百二十五人駐守San
Salvador堡[48]。

上述指令中提到的1636年淡水住民攻擊事件，此事起因該年
馬尼拉補給船尚未到達，雞籠、淡水兩處西班牙駐軍缺糧，於是
淡水駐軍向中國商人與當地住民買米，卻受到三百名當地人的襲
擊，有十二名西班牙士兵、兩名婦人、一名神父與一些小孩、工
人死亡[49]。

48　*Spaniards in Taiwan*, Vol. I, p. 272.

49　Ibid., pp. 242-244.

大員的荷蘭人自中國商人聽到的事件經過與西班牙人所載內容稍異：

> 在雞籠的西班牙人因為向當地已婚的居民每年徵收三
> Gantingh的米和兩隻雞，不但引起當地到處的居民發動戰
> 爭，連淡水的居民也把駐守淡水的六十個西班牙人（其中有
> 三十個被殺死，其餘的逃走了）從他們的城堡（於夜間襲
> 擊，放火燃燒）趕走[50]。

對此一說法，荷蘭人認為尚待證實。

1637年菲律賓總督要求雞籠駐軍必須對此事件展開報復，要以「火」與「血」來執行，但在這強硬行動的背後，卻進行著自淡水撤兵的事宜。1637年7月27日，總督寫信給即將成為台灣長官的Pedro Palomino，指示他在撤離淡水的砲與拆除社寮島上的小堡壘後，要增強社寮島主堡壘的防衛[51]。

同年8月，補給船前往雞籠，載著新任的台灣長官Pedro Palomino，10月24日補給船回到馬尼拉，據馬尼拉的耶穌會士載，船隻載回雞籠、淡水據點大部分的人[52]。在雞籠、淡水的西班牙人動向，隨即透過中國商人，傳到了大員，11月荷蘭人記載：

> 有一個新的長官率領一艘葡萄牙快艇和兩艘中國戎克船去

50　江樹生譯註，《熱蘭遮城日誌》第一冊，頁240。
51　*Spaniards in Taiwan*, Vol. I, p. 273.
52　Ibid., p. 280.

雞籠，該船隊在港口被北風所吹，立刻又率領那艘快艇和
那些戎克船回去了。

那個西班牙人的商館很缺乏現款，米和其他食物也很缺
乏，用以保護他們人員的軍隊不過二百六十個人……他們
不但已經跟淡水的人締和，以前因淡水人突襲並殺死四十
個西班牙人而關係變壞，而且那些(西班牙)居民也從淡水
移開，帶領他們的婦女和小孩一共有三百多人搬到雞籠附
近，住在該處武力保護下的地方……

因此西班牙人已經將淡水的城堡全部拆毀，把全部軍隊撤
往雞籠了[53]。

到了1638年初，中國商人向荷蘭人證實，西班牙已完成雞籠新的
軍力部署，「只留下五十到六十個士兵守衛該城堡，其他沒有西
班牙人了，因此有希望他們會放棄上述地區，完全撤離這個島。[54]」

Pedro Palomino到達雞籠後，開始整修San Salvador堡，據雞
籠一位財務官員向菲律賓總督的報告：San Salvador堡原來的建築
「較像牛欄而不是國王的堡壘」[55]。1638年10月，Pedro Palomino
向總督報告雞籠的情況，並提到，「今年中國來的船隻很少，當
補給船到時，才有一些船帶著衣服、絲、布料和其他商品。但賣
得少，因此地沒有買者，也沒有錢來買貨」[56]。

53　江樹生譯註，《熱蘭遮城日誌》第一冊，頁357。
54　同上註，頁371。
55　*Spaniards in Taiwan*, Vol. I, p. 285.
56　Ibid., p. 289.

　　1639年10月，在雞籠傳教的道明會士Teodoro Quirós de la Madre de Dios寫信給馬尼拉道明會士，請求馬尼拉當局要憐憫雞籠的窮困，並趕快派新的長官前來。

　　Teodoro Quirós de la Madre de Dios極力形容台灣的好處，觀點如同一、二十年前的道明會士Bartolomé Martínez。強調台灣盛產米糧、各種礦產（如硫磺、金、水晶等）、魚，並指責總督Sebastián Hurtado de Corcuera總督故意放棄台灣，推說雞籠、淡水據點花費過多，但這「不是雞籠、淡水的錯誤，而是那些統治者的錯誤」，那些長官不想要征服住民，只是從事商業貿易。

　　Teodoro Quirós de la Madre de Dios回憶道，在Alonso García Romero擔任台灣長官期間（即1634-1636），住民和中國人受到良好的對待，雞籠、淡水非常繁榮，曾在一天之內，來了二十艘載運很多貨物的中國帆船到雞籠。但因後來的統治者限制自由貿易，使得中國商人不再來雞籠、淡水，使馬尼拉的西班牙商人喪失貿易的機會。所以Teodoro Quirós de la Madre de Dios極力呼籲馬尼拉當局應派兵到台灣來，重新征服當地住民[57]。

　　同時期，雞籠堡壘的代理長官Cristóbal Máquez致書給總督與國王，報告雞籠的狀況，謂只有四十名步兵及六名砲兵留在San Salvador堡，la retirada堡已廢棄，且1639年沒有中國船到雞籠來。因此，他要求總督與國王，應增加San Salvador堡的武力，否則就趕快從雞籠撤退，返回馬尼拉[58]。

57　Ibid., p. 300.
58　Ibid., pp. 306, 309.

隔年四月，總督任命Gonzalo Portillo為雞籠駐軍長官，要求他
「決不可投降於敵人或其他人」[59]。此時，西班牙人在雞籠擁有
兩個堡壘，主堡壘是San Salvador堡，另一較小堡壘是San Luis堡，
分守雞籠港的兩側入口港道。派駐的兵力有五十四名西班牙兵，
八位砲手、三位水手，以及二十二名Pampanga工人、九十六名
Cagayan人、六名奴隸等[60]。這是1642年大員的荷蘭人發動攻擊
前，西班牙在雞籠的武力配置與部署。

第二節 荷蘭人統治下雞籠、淡水的邊陲化

1637年以後，西班牙對台政策轉變，雞籠、淡水失去其「踏
板」的角色，「馬尼拉的補給」不再支撐雞籠、淡水的發展。到
了1642年，西班牙人被迫退出台灣，荷蘭東印度公司掌控此一區
域的主權，對雞籠、淡水而言，又是一重大轉變。

雞籠、淡水自此逐漸地邊陲化，自東亞海域貿易史中淡出，
扮演另一種角色──「大員」的附屬地。

這項轉變有兩個意義，一是1642年以前，影響雞籠、淡水發
展的力量都來自海上，如琉球、日本、中國、西班牙等，但荷蘭
東印度公司對雞籠、淡水而言，不再是跨海而來的外來者，而是
來自台灣南部的一股統治力量。雖然荷蘭東印度公司是一個跨海
域的統治集團，在台灣的荷蘭統治者仍仰賴海運，運輸人力、補

59　Ibid., p. 312.
60　Ibid., p. 324.

給到雞籠、淡水，但他們已試圖找尋一條從大員到雞籠、淡水的
陸路。

其次，從台灣南北勢力發展的角度來看，大員的荷蘭人打敗
雞籠的西班牙人，象徵著台灣南部的勢力終於凌駕於雞籠、淡水，
雞籠、淡水自此從屬於台灣南部，不論貿易或政治發展，都是受
到大員以及未來的東都、台灣府影響，此一權力架構是後來台灣
歷史發展的主軸，一直持續到十九世紀才改變。

以下探討荷蘭人占領雞籠、淡水的原因。

一、荷蘭人的軍事行動

1626年西班牙人占領雞籠時，荷蘭人即認為應將西班牙驅逐
出台灣島，如同西班牙人當時想將荷蘭人趕離大員。但荷蘭人當
時並沒有足夠的武力發動攻擊，只是持續注意雞籠、淡水的情勢。

1637年9月，日本官員詢問荷蘭商館員F. Caron，為什麼荷蘭
人不奪取馬尼拉、雞籠或澳門，F. Caron回答：可以占領雞籠的西
班牙人要塞，但經過荷蘭人調查，發現他們的守備堅強，一般的
兵力無法攻擊[61]。不過，西班牙人已於此時縮減在台兵力。

1638年1月，大員的荷蘭人得到消息，謂：

> 在福爾摩沙北部雞籠的西班牙人已經把他們城堡的駐軍幾
> 乎都調回馬尼拉了，只留下五十到六十個士兵守衛該城
> 堡，其他沒有西班牙人了。因此有希望他們會放棄上述地

61　永積洋子譯，《平戶オランダ商館の日記》第三輯，頁484-485。

區，完全撤離這個島[62]。

對荷蘭人來說，征服雞籠、淡水的機會已來臨。

1639年9月，大員當局派Marten Gerritsz Vries乘船前往雞籠、淡水偵查。要求他繪製雞籠、淡水的地圖，以及注意雞籠的水深、砲位、士兵人數、中國人聚落位置等詳細資料，並謂荷蘭人準備「以武力趕走敵人，使福爾摩沙島歸公司管轄」[63]。但因風暴，Marten Gerritsz Vries的船隻被漂至屏東海岸，無功而返[64]。

1640年9月，大員的荷蘭人為勘查敵情，新購兩艘船，又由Marten Gerritsz Vries率領，但在雞籠海域被風吹向南方[65]。此時荷蘭人從一名曾居住雞籠的中國人得到情報，謂雞籠的西班牙人狀況不好，只有一些駐軍，沒有貿易活動，極度欠缺糧食[66]。

1641年8月24日大員的荷蘭人又派Joan van Linga隊長率領船隊前往雞籠、淡水。整個船隊有三百一十七人，其中二百零五名士兵及一百一十二名水手。他們在雞籠港內登陸，住進金包里村落(位於社寮島對面)，發現雞籠港內沒有西班牙船隻，只有六或七艘中國船。這些船隻發現荷蘭船隊後，均回返中國，但有一艘船航向馬尼拉。中國人告訴荷蘭人，「西班牙人很弱，且因無生意而傾向於離開」。

62　江樹生譯註，《熱蘭遮城日誌》第一冊，頁371。

63　*Spaniards in Taiwan*, Vol. I, p. 297.

64　江樹生譯註，《熱蘭遮城日誌》第一冊，頁452。

65　同上註，頁474。

66　村上直次郎譯注、中村孝志校注，《バタヴィア城日誌》第二冊，頁35。

　　此次荷蘭遠征隊進入了雞籠港灣，也成功地與淡水人建立友好關係。同年10月，淡水住民至大員，向荷蘭人表達歸順[67]。

　　西班牙駐軍長官Gonzalo Portillo此時先後寫了兩封信，向菲律賓總督報告荷蘭人的偵察行動。據Portillo描述，淡水住民在9月1日傳來消息，說荷蘭人船隊將前來雞籠，到了9月5日，荷蘭人出現在雞籠港，西班牙人發砲打荷蘭船，荷蘭人則在金包里村落登陸，此村落面對堡壘之門。隔天早上九點，荷蘭人爬上山丘觀察西班牙人的軍事部署。9月6日荷蘭人寫信給西班牙駐軍，要求投降，但遭Portillo拒絕，荷蘭人遂自雞籠陸地撤退，離開時，放火燒了金包里村與教堂，但荷蘭船隊仍停留在雞籠海域。9月7日有荷蘭船觸礁沈沒。

　　第一封信是9月9日由中國人帶至馬尼拉[68]，第二封信則是在10月時，由Juan de ols Ángeles神父帶回馬尼拉，並攜有荷蘭人的招降信。長官請求菲律賓總督派軍援助雞籠，因為他研判，「毫無疑問，明年敵人將會再來」[69]。

　　1641年雞籠、淡水間的海域已由荷蘭人控制。1642年4、5月間，有荷蘭船在Punta del Diablo活動，後來航至淡水[70]。馬尼拉派來的救援船亦於此時抵達，但菲律賓總督只支援幾甕火藥、一些水手、十個平民而已[71]。

67　*Spaniards in Taiwan*, Vol. I, p. 327.

68　Ibid., pp. 328-329.

69　Ibid., pp. 328-335.

70　*The Philippine Islands*, Vol. 35, pp. 135-136.

71　José Maia Álvarez, *Formosa: Geográfica e Históricamente Cconsiderada*, p. 84.

1642年8月，又有中國人來雞籠港，告訴西班牙駐軍：四、五天後，荷蘭人將來攻打雞籠，共有五百名荷蘭人，武力比去年更強大。

西班牙駐軍長官Gonzalo Portillo也從淡水住民得到消息，說荷蘭人可能從社寮島東邊發動攻擊，即循今稱「八尺門」的水道進入，於是Portillo派人在社寮島東側高地架設兩座砲，並派兵防守。

8月19日此處堡壘完成整備，荷蘭船隊亦於此時出現，另外還有淡水的住民，帶著弓箭，乘著九艘船前來雞籠，協同荷蘭人作戰[72]。

荷蘭人嘗試於中午十二點或一點登陸，但受到潮流及西班牙砲火壓制，登陸失敗，退回船上，並損失一些人員。第二天早上，荷蘭人試圖從八尺門水道進入，亦受挫，後來重新登陸成功。西班牙人派出十二名士兵、八名Pampanga人和三十名持弓箭的雞籠住民前往圍堵。但眾寡不敵，荷蘭人順利登陸，並搶占社寮島東側山頭，勝負至此底定。

雙方對抗五天後，8月24日荷蘭人要求西班牙人投降。西班牙駐軍經過內部會議，同意投降。這些投降者後來被送至大員，再到巴達維亞[73]。

荷蘭文獻記載的日期與上述不同，據巴達維亞的評議會致公司董事會的〈東印度事務報告〉，謂：「爲使公司能嚐到珍貴的福爾摩沙島眞正的果實，並使公司成爲整座島嶼的主人，我們決

72　*The Formosan Encounter*, Vol. II, p. 300.
73　*The Philippine Islands*, Vol. 35, pp. 138-145.

定把西班牙人趕出雞籠」[74]，但在巴達維亞增援的軍隊未到大員前，大員長官已派隊長Harouse帶領六百九十人前往雞籠。於8月21日到達，同日登陸後，搶占山頭，至25日占領城堡，26日西班牙人投降。

荷蘭人共俘獲四百四十六人，其中一百一十五名西班牙人、六十二名Pampanga人、九十三名Cagayan工人、四十二名婦女、一百一十六名奴隸以及十八名兒童[75]。

荷蘭人為什麼要攻擊雞籠？學者中村孝志認為西班牙駐軍兵力薄弱與荷蘭人尋找金礦兩事促成此次軍事行動[76]。不過，以荷蘭人當時的想法來說，出兵的目的是為了能完整地統治台灣島。1639年大員當局派人到雞籠、淡水偵察時，即謂將採用武力，使台灣全島歸於公司統治[77]。

1642年12月巴達維亞總督及評議會致董事會的〈東印度事務報告〉同樣強調出征行動是為了使公司「成為整座島嶼的主人」；在日本的荷蘭商館也有類似的看法，在1642年8月即謂公司為了成為全台之主，將出兵台灣[78]。到了11月，日本官員詢問荷蘭人占領雞籠的意圖，只是為了破壞雞籠堡壘或者荷蘭人會進駐雞籠？

74　1642年12月12日〈東印度事務報告〉，收於《荷蘭人在福爾摩莎》，頁237。

75　同上註。

76　中村孝志，〈十七世紀荷蘭人在台灣的探金事業〉，收於氏著，《荷蘭時代台灣史研究上卷概說・產業》，頁191-192。

77　*Spaniards in Taiwan*, Vol. I, p. 297.

78　村上直次郎譯，《出島蘭館日誌》（東京：文明協會，1938-1939）上冊，頁268。

占領的目的為何？荷蘭人認為出兵行動是因為雞籠、淡水有高價礦物，並且為了統一台灣全島的主權，但只對日本官員回覆說，是為了在雞籠、淡水進行貿易[79]。

占領雞籠、淡水後，荷蘭的台灣長官Paulus Traudenius回到巴達維亞，商討這兩地的善後事宜。關於雞籠據點的問題，巴達維亞當局稱：「若無利可圖，城堡和駐軍均將失去意義，如果那裡的金藏量豐富……將須保證那一地區的安全」；另外亦確認要占領淡水，因為可以「維持那一地區興隆的硫磺生意」[80]。

換言之，驅趕西班牙人，是為了使荷蘭東印度公司能完整地統治台灣島，至於要不要在雞籠、淡水駐軍、設堡壘，則是現實利益的考量，於是，硫磺與黃金交易便成為荷蘭東印度公司在雞籠、淡水初期經營的重點。

二、雞籠成為荷蘭人東進採金的據點

根據中村孝志的研究，1635年以後，荷蘭對台灣南部的統治已漸穩固，對外貿易亦相當順利，遂開始派出軍隊尋找傳說中的金礦。初期，荷蘭人是由台灣南部的恆春半島，轉往東部的卑南、花蓮等地探勘。1641年荷蘭軍隊沿著東海岸北上，直到接近西班牙的雞籠據點才回返[81]。

---

79 同上註，頁323。

80 1642年12月12日〈東印度事務報告〉，收於《荷蘭人在福爾摩莎》，頁239。

81 中村孝志，〈十七世紀荷蘭人在台灣的探金事業〉，收於氏著《荷蘭時代台灣史研究 上卷概說・產業》，頁179-185。

　　另一方面，1637年時，荷蘭人得知西班牙人退出淡水，亦開始派人至淡水活動，並從淡水住民得知Cavelangh(按應指噶瑪蘭)產金的消息，甚至Lonckjouw(按指今恆春)的住民亦證實此一看法[82]。於是台灣北部成為荷蘭人關注的焦點，希望從淡水、雞籠，繞經北海岸，到台灣東部探勘。

　　1641年，一位中國人Thosin告訴荷蘭人，雞籠的西班牙人每年都以銀與Cauwelangh山(按應指噶瑪蘭)的住民交換金，四real重的銀換一real的金[83]。

　　1642年荷蘭人出兵雞籠，其目的之一是想藉此控制北台灣，以便尋找金礦。因此當大員派出的軍隊占領雞籠堡壘後，從巴達維亞來台的援軍仍被派往雞籠，據荷蘭人載：

> 派上述司令官前往整頓那裡各方面的秩序，主要是探勘所盼望的金礦，並去征服據說藏金的北部村落。
>
> 至於福爾摩沙北部可以發現黃金，這點已確定無疑。……(西班牙人Domingo Agular)此人已在雞籠居住十七年，並與當地人結婚……他曾親臨藏金地點，並從河裡撈出大小不等的沙金和金礦……
>
> 上帝保佑我們渴望已久的金礦能夠找到，使公司援助福爾摩沙的資金沒有白費[84]。

82　*The Formosan Encounter*, Vol. II, p. 143.

83　Ibid., pp. 272, 297.

84　1642年12月12日〈東印度事務報告〉，收於《荷蘭人在福爾摩莎》，頁238-239。

這支荷蘭軍隊有五百多人，自雞籠循水、陸兩路向宜蘭行進，但因惡劣氣候、地形與補給不足等原因，無功而返，退回大員[85]。

荷蘭人後來透過雞籠、淡水地區住民的協助，如聘用住在雞籠的日本人Quesaymon、金包里頭目Theodore與Tapparij社頭目Lucas Kilas等為翻譯或嚮導，陸續派人到台灣東部探勘，但均未發現所謂的金礦[86]。

荷蘭人熱衷採金，使得1640年代初期，雞籠成為荷蘭人進入台灣東部的中繼站。不過，到了1646年，巴達維亞當局謂：

> 每年打撈和收集的重量也不過四十到五十real，結果幾年來用於尋找黃金的費用均白白地浪費掉，因此，我們下令，以後不再勘探，將隊伍留下守衛城堡，以防備中國大陸的人和其他人的襲擊[87]。

此後，台灣的荷蘭人仍有一些探勘金礦的活動，但已不如以往熱衷。

三、淡水土產貿易的發展

1637年以後，雞籠、淡水逐漸自國際貿易中淡出，不再扮演

85　中村孝志，〈十七世紀荷蘭人在台灣的探金事業〉，收於氏著《荷蘭時代台灣史研究上卷概說・產業》，頁195-196。

86　同上註，頁201-212。

87　1646年12月21日〈東印度事務報告〉，收於《荷蘭人在福爾摩莎》，頁280。

國際貿易轉運站的角色，但淡水的土產貿易並未因政權轉變而中斷。西班牙占領時期，淡水人販賣硫磺、鹿皮、稻米以及魚，到了荷蘭人統治淡水時，淡水人亦是販賣這些商品。

如前所述，在西班牙占領雞籠、淡水期間，已有中國船隻來往於雞籠、大員間。1637年西班牙軍隊撤出淡水後，中國商人仍到淡水貿易，而荷蘭人亦希望與淡水住民建立友誼，因此西班牙退出淡水，對當地的貿易並沒有影響。

此一時期的轉變，對於雞籠、淡水兩個貿易港口而言，影響深遠。在1630年代以前，雞籠在台灣周遭海域的名聲高於淡水，但1637年以後，淡水的重要性逐漸超越雞籠；其關鍵是淡水有土產可以輸出，而雞籠港長久以來扮演的都是轉口港（entrepôt）的角色，當雞籠的貿易萎縮，而淡水的土產貿易持續發展時，淡水的重要性逐漸超過雞籠。

1637年以後有三股勢力企圖干涉淡水的土產貿易，分別是大員的荷蘭人、福建的鄭芝龍集團以及雞籠的西班牙人，分述如下：

（一）大員的荷蘭人企圖介入淡水貿易

據《熱蘭遮城日記》載，1638年2月，有一艘中國帆船裝載少量鹽和米，帶著荷蘭人發給的合法通行證和許可，駛往台灣北部海岸，將在淡水捕魚和蒐集鹿皮[88]。

1639年大員當局又派中國商人Peco到淡水買硫磺和鹿皮，並希望透過Peco，與淡水住民建立友好關係[89]。1640年，中國商人

---

88 江樹生譯註，《熱蘭遮城日誌》第一冊，頁382。

89 *Spaniards in Taiwan*, Vol. I, pp. 297-298.

Peco和Campe(譯者注：可能指Gampea)派三艘船去淡水，「要去那裡取得硫磺，於10月中他們載著一千擔生硫磺回來，(由大員的荷蘭人收購後)，有希望供應Malabar(按在印度半島西岸)的訂購。在東京和柬埔寨也有硫磺的需求」[90]。

到了1641年，荷蘭人已派遣船隻在淡水河巡弋，顯示淡水的主權已悄然轉為荷蘭東印度公司控制。

(二)雞籠的西班牙人試圖壓抑淡水貿易

西班牙人棄守淡水後，希望在淡水貿易的中國商人改到雞籠去。但西班牙在台駐軍規模縮減，馬尼拉市況不振，巴達維亞的荷蘭人謂，1640年前後，「馬尼拉的貿易斷絕，澳門也不景氣，因為中國貨物不像我們的白銀那樣易銷」[91]，中國貨物因西班牙人缺乏白銀購買而滯銷，馬尼拉的不景氣影響了雞籠的轉口貿易。

1639年，雞籠堡壘的代理長官Cristóbal Máquez謂，該年沒有中國船隻到雞籠，但「中國商人通常會到淡水買賣皮、藤、硫磺以及其他土產」；因此，西班牙在台的前任長官Pedro Palomino主張攻擊淡水的中國商船，希望迫使中國商人到雞籠貿易。

代理長官Cristóbal Máquez認為這是好辦法，但因兵力有限，尚不敢行動，只是在雞籠的parian發出公告，並派人到中國通知商人，要求他們不要到淡水貿易，必須到雞籠來；如果不遵守，西班牙人將燒燬在淡水交易的船隻。結果當年逮捕了兩個中國商

90　江樹生譯註，《熱蘭遮城日誌》第一冊，頁474。

91　1641年1月8日〈東印度事務報告〉，收於《荷蘭人在福爾摩莎》，頁219-220。

人[92]。

　　1640年Gonzalo Portillo奉派擔任雞籠的長官，1641年10月他下令攻擊淡水的中國船隻。他寫信向菲律賓總督報告，謂有三艘中國船到淡水作生意，他派人去捉這些中國商人，並帶回雞籠堡壘，發現這些人帶有荷蘭人發的執照[93]。

　　荷蘭人想控制淡水的貿易，而西班牙人卻禁止中國船隻到淡水，雙方均派船隻至淡水展現武力。貿易的爭奪與政治勢力的消長密切相關，1640年前後荷蘭人與西班牙人在淡水的對峙，是一個典型的案例。

（三）鄭芝龍企圖攻擊淡水的傳聞

　　除了雞籠與大員兩股勢力外，來自中國的商人是淡水最主要的貿易者，同一時期的中國文獻如傅元初〈請開海禁疏〉謂：

> 海濱之民惟利是視，走死地如鶩，往往至島外區脫之地曰
> 台灣者，與紅毛番為市……而呂宋、佛郎機之夷，見我禁
> 海，亦時時私至雞籠、淡水之地，奸民闌出者市貨其地，
> 一日可至台灣[94]。

奏疏中的「奸民」即是到雞籠、淡水貿易的商人。西班牙人雖然在1630年代後期撤出淡水，但中國商人的貿易型態變化不大，除

92　*Spaniards in Taiwan*, Vol. I, p. 307.

93　Ibid., p. 331.

94　傅元初，〈請開海禁疏〉，轉引自顧炎武編，《天下郡國利病書》第二十六冊，頁1263，按此疏作於1639年（崇禎12）。

了絲貿易減少外，仍然會到雞籠，出售米、麥或建材給西班牙駐軍[95]；另一方面，中國商人仍繼續在淡水進行鹿皮、硫磺、藤等土產貿易，甚至連大員的荷蘭人亦希望透過中國商人，介入淡水的貿易。

就在這個時期，在中國商人背後，亦有一勢力龐大的保護者——鄭芝龍集團，正對淡水情勢虎視眈眈。

鄭芝龍在1620年代崛起，其後消滅李魁奇、鍾斌與劉香等勢力，在1630年代後期逐漸壟斷福建對外貿易，1640年(崇禎十三年)鄭芝龍由參將升爲總兵[96]。據1639-1640年間荷蘭文獻載：「中國人一官是位對公司貿易不利的人物……眾商對一官怨聲不斷，但他以厚禮賄賂各大官人而使事情化爲烏有」、「一官獨霸海上貿易，對駛往大員的船隻橫加敲詐、勒索……我們斷定，那個國家的貿易完全由一官控制」[97]。

中國文獻亦有類似的記載，如邵廷寀，《東南紀事》謂鄭芝龍「獨有南海之利，商舶出入諸國者，得芝龍符令乃行」[98]。

西班牙文獻則提到鄭芝龍不滿西班牙人妨礙中國人在淡水貿易。1641年10月，雞籠長官Gonzalo Portillo向菲律賓總督報告：

今年夏天他們(指荷蘭人)出現在淡水河，護衛中國人收集

95　*Spaniards in Taiwan, Vol. I*, p. 330謂：當馬尼拉的補給船到達，雞籠的西班牙人則派人通知中國商人前來貿易。

96　彭孫貽，《靖海志》(文叢第35種，1959)，頁6。

97　1639年12月18日、1640年1月8日〈東印度事務報告〉，收於《荷蘭人在福爾摩莎》，頁216、222。

98　邵廷寀，《東南紀事》(文叢第35種，1961)，卷11，頁131。

硫磺、獸皮和其他東西。他們和住民成爲朋友，答應將我
們趕走……我相信，Icoa(指一官，即鄭芝龍)，一個中國
大官、海軍將領，要求荷蘭人幫忙，以與我們作戰，因我
們曾妨礙他們(中國人)在淡水貿易[99]。

Gonzalo Portillo長官告訴菲律賓總督，荷蘭船隻已到淡水河巡弋，
並企圖拉攏淡水的住民，而更重要的是他懷疑鄭芝龍「必然與荷
蘭人前來雞籠堡壘」。Portillo長官又記載另一傳聞，謂一官派了
一個中國人到大員，此人原本住在Pangasinam[100]。這個中國人說，
只要有中國人和一些荷蘭人，就可輕易攻取雞籠及馬尼拉。

　　所以鄭芝龍的勢力不僅威脅到大員的荷蘭人[101]，亦使雞籠的
西班牙駐軍感到畏懼。

　　總之，1641年時荷蘭人控制淡水的貿易，1642年占領雞籠，
使得淡水的土產貿易必須受到荷蘭人的管制，但也透過荷蘭人在
東亞的營運體系，轉運至海外。

　　1645年3月《巴達維亞城日誌》載，有中國Lampcam地方的大
官派兩艘船，擬從中國直航至雞籠、淡水買硫磺，向大員的荷蘭
人申請航行許可。荷蘭人同意此次直航的申請，但僅限此回，且

99　*Spaniards in Taiwan*, Vol. I, p. 331.

100　應指Pangasinan，中文譯爲「馮嘉施蘭」，爲呂宋島西岸重要港口。

101　鄭芝龍可以指使中國船隻前往大員或改往日本，使大員的荷蘭人
　　面臨中國貨源不穩定的窘境，甚至必須與鄭芝龍競爭日本的貿易
　　市場，參見林偉盛，〈荷蘭時期東印度公司在台灣的貿易
　　(1622-1662)〉(台灣大學歷史研究所博士論文，1998年，未刊)，
　　頁124-134。

要求按慣例，從中國帶來的貨物必須徵稅十分之一，從淡水運出之硫磺，每百擔收二十real，且不得進行其他商業交易[102]。

根據這項記載，中國官員試圖到淡水買硫磺，一如西班牙占領時期，而荷蘭人已擁有此地主權，故要求進出口貨物要徵稅若干。

淡水的土產如硫磺、獸皮係由當地住民採捕，米亦是當地人耕種所得，這些土產賣與中國商人，再由荷蘭人收購或從中徵稅，其中以硫磺貿易最為重要，相關研究可參見陳國棟、吳奇娜的論著[103]。

此時淡水的貿易倚賴土產交易，不過，不能過高估計這項貿易的重要性，因為硫磺、獸皮、魚以及米都不是稀有的商品，在國際市場未必有競爭力。

以硫磺為例，巴達維亞城的荷蘭人討論東亞海域硫磺產地：

> 下列國家硫磺產量豐富，即啞濟、孟加錫及福爾摩沙的淡水，大大超過我們貿易的需求量。但在佩古、東京和印度沿岸及蘇拉特以上地區的硫磺質量不及荷蘭的，價格卻更昂貴⋯⋯而且東印度的現金將因而減少，我們希望利用從荷蘭收到的硫磺，據蘇拉特和科羅曼德爾的記錄，獲利更多，

---

102 村上直次郎譯注、中村孝志校注，《バタヴィア城日誌》第二冊，頁336。

103 陳國棟，〈西班牙及荷蘭時代的淡水（下）〉，《台灣人文》5（1978年7月），頁25-33；吳奇娜，〈17-19世紀北台灣硫磺貿易之政策轉變研究〉（國立成功大學歷史研究所碩士論文，2000，未刊），頁10-110。

這就是我們在書信中要求再運來一批筒裝純硫的原因[104]。

荷蘭人說蘇門答臘島的啞濟（Azeh）、蘇拉威西島的孟加錫
（Makassar）及台灣島的淡水均產硫磺，但產量卻超過荷蘭人的貿
易需求，即供過於求，所以，淡水的硫磺貿易發展有其局限性，
在國際市場上，無法成為高利潤的商品。

　　因此，土產貿易只是使淡水變得比雞籠繁榮而已，而北台的
貿易重心從此由雞籠轉移至淡水。

四、荷蘭統治權的建立

　　除了貿易活動外，荷蘭人和西班牙人一樣，必須承擔占領雞
籠、淡水的代價──修築城堡、維持駐軍及在地居民的反抗。

　　1642年8月下旬荷蘭軍隊征服雞籠堡壘後，經過一個月，北
海岸三個村落及淡水河流域的十五個村落已歸順荷蘭東印度公
司[105]。

　　1642年底，巴達維亞當局討論是否維持雞籠、淡水的堡壘，
決定放棄雞籠堡壘，而修築淡水堡壘，以保障硫磺的交易。但1643
年時，大員的評議會決定維持雞籠、淡水兩處堡壘，只是雞籠據
點僅保留一個砲台[106]，原先西班牙人的堡壘以及防禦工事大部分

104　1642年12月12日〈東印度事務報告〉，收於《荷蘭人在福爾摩莎》，
　　　頁231。

105　*The Formosan Encounter*, Vol. II, p. 304.

106　按實際上，荷蘭人保留了兩處防禦工事，一是稜堡Noort Hollant，
　　　為西班牙San Salvador堡改建而成，另一是圓堡Victoria。見村上
　　　直次郎譯注、中村孝志校注，《バタヴィア城日誌》，第一冊，頁

被摧毀，留存的砲台則駐守了四十名士兵[107]；至於在淡水，荷蘭人決定要建立堅固的堡壘[108]。此一決定似乎顯示荷蘭人認爲淡水較雞籠重要。

1644年新任台灣長官F. Caron派Pieter Boon帶領三百名士兵與中國工人到台灣北部，開始修建淡水堡壘，並要求北台住民歸順荷蘭人；此外，又命令Pieter Boon測繪大員至淡水的道路、村落、山河的地圖。

這次的遠征確立了荷蘭人在北台的統治，同時也是荷蘭人最重視雞籠、淡水，對這兩地評價最高的時期。《巴達維亞城日誌》謂：雞籠與淡水是重要的港口，雖對吃水較深的荷蘭小型船（Yacht）較不便外，卻是向中國人及其他外國人開放的港口；因此，台灣長官爲了保證荷蘭東印度公司能擁有台灣島，必須防守雞籠、淡水；除了有助於與台灣中部住民的戰事外，金礦、硫磺的開採均賴這兩個據點。

台灣長官將雞籠、淡水至Gielem（二林）、Favorlangh之地區納入公司管轄[109]，只是「那裡不安定與當地人不文明」，尚無法派駐傳教士，長官要求巴達維亞總督增派人手[110]；同時，荷蘭人准

(續)————————————————
280。

107 1644年1月4日〈東印度事務報告〉，收於《荷蘭人在福爾摩莎》，頁253。

108 1643年12月22日〈東印度事務報告〉，收於《荷蘭人在福爾摩莎》，頁249。

109 村上直次郎譯注、中村孝志校注，《バタヴィア城日誌》第二冊，頁280-288。

110 1644年10月25日大員長官及評議會致巴達維亞總督之報告，轉引自R. W. Campbell, *Formosa under the Dutch*, p. 204.

許中國人到雞籠、淡水居住，從事貿易與農業，以便提供荷蘭駐軍新鮮的食物[111]。

到了1645年，荷蘭人宣稱，台灣的西海岸從大員到淡水、雞籠都已平定，人員可以安全的來往[112]。

1646年時，爲了吸引中國人移居雞籠、淡水，以便供給荷蘭人各種生活必需品，荷蘭人頒布減稅規定，如移居淡水的中國人，除人頭稅外，幾年內免除其他稅捐；至於雞籠，甚至免除前三年的人頭稅。到了5月時，淡水有十五名中國人定居，雞籠則有四十名[113]。1648年時，據說有「中國人正開始在那裡耕作。他們似乎很認眞的著手，引入一些牛來幫忙耕地，這是很好的訊息，因爲他們全心從事此工作」[114]。

當時荷蘭人將台灣分爲四個集會區，雞籠、淡水與噶瑪蘭一帶屬於淡水集會區。荷蘭人編製戶口調查表，現今留存有1647至1655年的戶口調查資料，這些資料顯示荷蘭人在1644-1655年間試圖建立某種統治秩序[115]。

111　村上直次郎譯注、中村孝志校注，《バタヴィア城日誌》第一冊，頁284。

112　R. W. Campbell, *Formosa under the Dutch*, pp. 210-211.

113　《大員城日記》，1646年3月17日、5月15日與10月13日，轉引自《荷蘭人在福爾摩莎》，頁283。

114　R. W. Campbell, *Formosa under the Dutch*, p. 231.

115　有關淡水集會區與戶口資料參見中村孝志著，吳密察、許賢瑤譯，〈荷蘭時代的台灣番社戶口表〉，《台灣風物》44: 1（1994年3月），頁234-197；中村孝志著，許賢瑤譯，〈村落戶口調查所見的荷蘭之台灣原住民統治〉，《台灣風物》40: 1（1990年3月），頁89-103；中村孝志，〈十七世紀中葉的淡水、基隆、台北〉，《台灣風物》41: 3（1991年9月），頁118-129。

五、荷蘭統治力量的減弱

　　1650年代台灣的荷蘭統治者面臨內憂外患。國姓爺勢力的興起，使得攻台傳聞不斷，而大員又爆發郭懷一之亂；另一方面，荷蘭人對北台的統治力亦日益減弱。

　　1651年，噶瑪蘭人殺害前往買賣的金包里人及兩名荷蘭人。對於此次事件，荷蘭人並未像以前一樣，施以懲罰，因為「我們不敢輕易冒險將雞籠和淡水的士兵調出，我們將督促歸服的村社征討那些人」[116]。1652年淡水河的武勝灣社殺害兩名荷蘭翻譯，原因是他們「勒索米、肉、珊瑚、皮等物品，居民們因此而負擔沈重」，荷蘭人派兵攻打，雙方互有死傷[117]。

　　1654年大員派船裝運貨物：一批鹽、粗瓷、鐵、煙草、食物、武器彈藥、現金等，供應雞籠、淡水一年的補給，回程則將當地的麞鹿皮及鹿皮、冶煉用的煤運回大員[118]。

　　此時部署在雞籠、淡水的兵力共有一百四十名士兵，但噶瑪蘭的住民已不歸順，淡水地區的住民對荷蘭的統治亦有疑慮，揚言如果不能得到荷蘭人的保護，「將脫離公司而投靠那些暴力者以保全自己」。1655年八里坌等社起來反叛，包圍荷蘭人的堡壘，據說荷蘭守軍「幾乎不敢把頭探出圓堡」[119]。

116　1643年12月22日〈東印度事務報告〉，收於《荷蘭人在福爾摩莎》，頁337。
117　1652年12月24日〈東印度事務報告〉，同上註，頁357-358。
118　1655年1月26日〈東印度事務報告〉，同上註，頁425。
119　1655年12月24日〈東印度事務報告〉，同上註，頁425-426。

　　此時期，荷蘭人曾一度考慮廢棄大員，轉移到雞籠來，因為大員海道逐漸淤淺，並認為「在福爾摩沙找不出比北角的雞籠港更優良的港口」，台灣長官建議可在雞籠進行小宗貨物貿易[120]。

　　對於此事，巴達維亞與大員兩地的荷蘭人看法岐異，前者比較想把台灣的據點從大員移至雞籠，因為荷蘭船隻年年冒著擱淺的風險出入大員，恐怕引起公司巨大的損失。但台灣長官認為中國人不願捨棄大員到雞籠，「不僅因為他們已習慣於大員，而且大員水道的淺水對他們毫無影響（他們駕小帆船從中國前去貿易）」。不過巴達維亞的官員仍認為，若大員的貿易恢復後，仍需調查雞籠港的狀況[121]。

　　荷蘭人期待大員貿易能夠回復，因為自1654年以來，大員港很少有中國商船抵達。荷蘭人打聽的結果，是因國姓爺與清朝戰爭的關係[122]。由於1655年以後清、鄭之間的戰爭轉劇，國姓爺壟斷貿易與清朝施行海禁，使大員的貿易陷於困境。

　　淡水河口的住民持續反抗荷蘭人，1656年時，「竟在一天夜裡對淡水圓堡保護下的中國居民區放火……長時間以來我們的人恰似被圍困起來」，但荷蘭人不敢派兵鎮壓，因為要防備國姓爺的攻擊[123]。

　　1657年大員當局派出240士兵、60名水手，鎮壓淡水反抗的村

120　1655年1月26日〈東印度事務報告〉，同上註，頁415。

121　1655年12月24日〈東印度事務報告〉，同上註，頁433。

122　R. W. Campbell, *Formosa under the Dutch*, pp. 388-389, 461，原文譯自C.E.S., *'t Verwaerloosde Formosa*。

123　1657年1月31日〈東印度事務報告〉，收於《荷蘭人在福爾摩莎》，頁461-462。

社，雖然重新建立了公司的威望，但也付出慘重的代價，出征的軍隊有一半(一百五十人)病死[124]。至此，荷蘭人認為占領雞籠、淡水是公司的負擔，但又怕撤出後，中國人會進入北部台灣，煽動台灣的住民反抗，荷蘭人希望金礦的開採或者獸皮貿易可以彌補在雞籠、淡水的開銷[125]。

荷蘭人在雞籠、淡水死亡、罹病的人數頗多，1659年時，駐軍人數降至一百零四人，雞籠的Victoria堡崩塌，當地駐軍要求重修，大員方面否決此一建議[126]。

1661年國姓爺率軍攻打大員，五月時淡水守軍得知消息，停止征討住民的計畫，但淡水住民(Basayers)反而將當地的荷蘭人住宅、中國人居住區加以焚毀，並搶奪荷蘭人的物資。

6月中旬，雞籠的守軍開會決議放棄據點，因為雞籠、淡水的住民會攻擊荷蘭守軍，且雞籠僅存六十名健康的士兵，庫存的火藥只能維持兩天的戰鬥，勢必無法抵禦敵人的攻擊。由於撤出的時間僅有三天，荷蘭人來不及拆毀石造的堡壘，即於1661年6月19日離開雞籠，前往日本[127]。

至於淡水的駐軍，在荷蘭人撤離雞籠時尚有八十八人，至11月初時，僅存三十五人且多半罹病，此時前來救援的小船de Vink號自日本駛來，淡水駐軍遂燒毀堡壘，乘船至大員[128]。

---

124 1658年1月6日〈東印度事務報告〉，同上註，頁494。
125 1658年12月14日〈東印度事務報告〉，同上註，頁508。
126 1659年12月16日〈東印度事務報告〉，同上註，頁514-515。
127 村上直次郎譯注、中村孝志校注，《バタヴィア城日誌》第三冊，頁263-265。
128 同上註，頁320。

1661年底，巴達維亞當局得知荷蘭人放棄雞籠、淡水後，作出以下的評價：

> 這場戰爭（指國姓爺的攻擊）現在已經給公司帶來巨大損失，幾個外部據點的撤除，因爲無力繼續維持它們，實際只不過是幻想的對福島的保護。而我們已多次希望不進駐雞籠與淡水，這樣將使公司每年減少40,000荷蘭盾（按約14000兩）的費用。此外，因氣候條件差，淡水的死亡率極高。但人們一旦占領某地，似乎很難決定撤離……人們可以明顯地看到它們爲公司耗資之大[129]。

1663年馬尼拉的西班牙人亦得知此事，謂荷蘭人在台損失軍事物資與裝備，即達五百萬pesos，約值三百多萬兩銀，另外，陣亡了六百三十人，並喪失中、日貿易的倉庫——在台灣的據點[130]。

第三節　十七世紀末的「無人之境」？

1661年荷蘭人倉皇從雞籠、淡水撤出。1662年8月，西班牙道明會士Victorio Riccio帶著菲律賓總督的書信，要到大員，但不幸漂到雞籠[131]，當時他面臨的，可能是座毀壞的空城。

---

129 1661年12月16日〈東印度事務報告〉，收於《荷蘭人在福爾摩莎》，頁542-543。

130 *The Philippine Islands,* Vol. 36, pp. 256-257.

131 José E. Borao, ”Consideraciones en Torno a la Imagen de Koxinga

此後荷蘭人曾占領雞籠數年，接著鄭經的部隊也曾到雞籠、
淡水毀城、建城，到了清朝統治初期，雞籠、淡水仍有水師巡邏，
但在十七世紀末時，雞籠、淡水已無常駐的軍隊，外來勢力幾乎
撤離了雞籠與淡水。

一、荷蘭人再占雞籠

1650年代國姓爺勢力崛起後，清朝、鄭氏與荷蘭三方逐漸形
成對峙，荷蘭人遊走於清朝、鄭氏之間，尋求最大的利益。但因
鄭氏試圖壟斷福建對外貿易，加上1661年國姓爺帶兵攻台，使荷
蘭人傾向與清朝合作，共同打擊國姓爺的勢力。

1661年底，福州的靖南王耿繼茂寫信給大員的荷蘭人，建議
合力攻擊國姓爺在中國沿海的據點，大員評議會同意此議[132]。1662
年荷蘭人失去台灣據點後，亟思收復大員，或者找尋一據點，繼
續經營與中國的貿易。

荷蘭東印度公司在1662年、1663年連續兩年，派出武裝船隊，
試圖與清朝聯手攻擊國姓爺的據點，但兩次的收獲有限，既無法
攻占大員，清朝亦未允許自由貿易。

1663年底，鄭經透過使者，與荷蘭人聯繫，提議釋放荷蘭俘
虜、開啓貿易；1664年初雙方使者見面，鄭氏提議荷蘭人可以淡
水、雞籠或其他地方作爲據點，但荷蘭人拒絕。荷蘭人仍希望與

(續)

　　Vertide por Victorio Riccio en Occidente," *Encuentros en Cathay* 10
　　(1996), pp. 61, 63.

132 R. W. Campbell, Formosa under the Dutch, pp. 445, 447，原文譯自
　　C.E.S., *'t Verwaerloosde Formosa*。

清朝合作，得到與中國貿易的機會，並認為大員將被清朝攻占[133]。

　　1664年荷蘭人再次派出船隊，巴達維亞評議會決議船隊應占領雞籠港，做為中國沿岸一帶荷蘭船隻的停泊地與貿易據點[134]。

　　同年8月，荷蘭船隊抵達雞籠港。據荷蘭人的記載，在社寮島有大約三十個中國人跑到對岸，這些人在社寮島有住家，而且種植果樹等。雞籠的堡壘則與1661年離去時一樣，只是房屋倒塌，全島生長著如原野般的草。荷蘭人在舊的主堡建立新據點Noort Hollant，置砲，並重修山上的Victoria圓堡，軍隊有240人；同時亦與雞籠人展開交易，以鐵換獸皮及砂金[135]。

　　荷蘭重新占領雞籠，其發展模式與1626年西班牙人相同，即建立據點，使雞籠不受台灣南部國姓爺的攻擊，並設立商館，經營與福州的貿易。但荷蘭人亦與西班牙人一樣，面臨相同的困境：1665年整年有四十九人死亡，換言之，有六分之一到七分之一的雞籠駐軍死亡；其次是糧食補給的問題，除了等待補給船之外，必須仰賴海峽對岸的中國人及淡水住民供應[136]，而在雞籠取得的商品有砂金、皮革與煤炭。

　　荷蘭與清朝的談判亦如同西班牙當年和明朝官員談判一樣，

133　村上直次郎譯注、中村孝志校注，《バタヴィア城日誌》，第三冊，頁337-338。又見John Elliot Wills Jr., *Pepper, Guns, and Parleys; the Dutch East India Company and China, 1662-1681*（Cambridge: Harvard University Press, 1974）, pp. 78-80.

134　村上直次郎譯注、中村孝志校注，《バタヴィア城日誌》第三冊，頁339。

135　同上註，頁342-344。

136　同上註，頁351-352。

清朝並不同意荷蘭人到中國自由貿易，甚至於對是否與荷蘭人聯
手對抗國姓爺之事，此時也持保留態度[137]。

　　據《巴達維亞城日誌》1665年底的記載，清朝並不樂見荷蘭
人占據雞籠，或者來往於福州、雞籠之間。清朝官員擔心，如果
荷蘭人和大員的鄭氏勢力結合，將威脅只有一日航程的中國沿
岸[138]。1666年清朝要求荷蘭「八年一貢」，隔年又不准荷蘭人自
福建「入貢」，「嗣後遇進貢之年，務由廣東行走，別道不許放
入」，使得荷蘭希望透過雞籠發展貿易的企圖落空[139]。

　　在台灣南部的鄭經得知荷蘭人占領雞籠，亦於1665年派出六
艘船，載運七十名士兵到淡水，占據已遭廢棄的淡水堡壘。淡水
住民因此而沒有到雞籠來，導致雞籠的荷蘭人欠缺糧食[140]。

　　1666年初西班牙籍的道明會士Victorio Riccio乘著荷蘭船，從
福州到雞籠，雞籠的荷蘭人請他扮演荷蘭使者，前往淡水談判。
據Victorio Riccio記載，他在兩名荷蘭士兵保護下，走過崎嶇山路，
再乘著當地住民的船去會見鄭經的使節。但會談沒有結果，荷蘭
與鄭氏雙方「仍然如以前一樣，是敵人，後來發生戰爭，有中國
人死亡」[141]。

137　鄧孔昭，〈論清荷聯合進攻鄭氏〉，收於氏著，《鄭成功與明鄭台
　　　灣史》（北京：台海出版社，2000），頁130-133。
138　村上直次郎譯注、中村孝志校注，《バタヴィア城日誌》第三冊，
　　　頁351。
139　鄧孔昭，〈論清荷聯合進攻鄭氏〉，收於氏著，《鄭成功與明鄭台
　　　灣史》，頁139。
140　村上直次郎譯注、中村孝志校注，《バタヴィア城日誌》第三冊，
　　　頁351。351-352。
141　Victorio Riccio, *Historia de la Orden de Predicadores en le Reino de*

關於鄭氏使者，Victorio Riccio未載其名，根據中文史料記載，可能指黃安帶兵北征雞籠之事。《海紀輯要》載：

> 雞籠在東寧之北，居淡水上游，其澳堪泊數百舟……丙午年（1666、康熙5），世子命勇衛（將軍）黃安督水陸諸軍攻之，親隨鎮林鳳戰死[142]。

（續）————————————————

China, libro III, Cap. 31, Nos. 4, 7 y 8. 轉引自 José E. Borao, "Consideraciones en Torno a la Imagen de Koxinga Vertide por Victorio Riccio en Occidente," *Encuentros en Cathay* 10（1996），p. 69. 關於這段記載，J. E. Wills認為鄭氏使者是至淡水，稍後Victorio Riccio與明鄭使者同至雞籠，鄭氏代表與荷蘭談判破裂後，5月鄭氏軍隊攻擊雞籠，但被荷蘭人擊退，見J. E. Wills著，耿昇譯，〈多明我會士李科羅與台灣鄭氏政權〉，《中國史研究動態》1982年5期，頁19。

但José E. Borao有不同的解讀，他認為Riccio是到東寧（即今台南），並比附《台灣外記》所載1666年9月，「呂宋國王遣巴禮僧至臺貢問」一事（見José E. Borao, "Consideraciones en Torno a la Imagen de Koxinga Vertide por Victorio Riccio en Occidente," *Encuentros en Cathay* 10（1996），pp. 68-71.）；李毓中，〈明鄭與西班牙帝國：鄭氏家族與菲律賓關係初探〉，《漢學研究》16：2（1998年12月），頁45-46亦同意José E. Borao之看法。

不過，根據Victorio Riccio的描述，他是經過崎嶇的道路，再至一河流，乘船，經過38處湍流，才見到鄭氏使者。據其描述，似乎是從雞籠經獅球嶺一帶山丘，由基隆河順流而下的行程，而不似José E. Borao所說，是由陸路，往返基隆、台南之間。且據荷蘭資料，1665年鄭軍已進駐淡水。故Victorio Riccio到淡水的可能性較大。

142 夏琳，《海紀輯要》（文叢第11種，1958），頁65。

《閩海紀要》所載，文字相同，唯親隨鎮改爲「親隨營」[143]。由於今台南縣有「林鳳營」之地名，也許即指北征戰死的林鳳。

不過《台灣外記》謂黃安死於1665年（康熙四年），即北征雞籠的前一年[144]，有關1666年的記事亦未見鄭經發兵北征，唯在1680年（康熙十九年）的記事中，記載馮錫範的一段話，謂

> 迨先王得台灣，縱紅毛歸國。紅毛聽通事楊宗九謀，將所有夾板駛到雞籠山，重修其院爲城，意欲窺復台灣。後係黃安督兵追攻紅毛，紅毛亦以水土不服之故而無外援，棄之[145]。

因此，《台灣外記》的作者江日昇亦認爲有黃安北征雞籠之事，唯年月失載。

根據上述荷蘭、西班牙以及中國文獻記載，荷蘭人占領雞籠期間，鄭軍亦一度占領淡水，雙方並於1666年交戰。其後，鄭軍自淡水撤退，時間不詳；至於荷蘭人則在1668年7月，決定自雞籠撤軍。

他們於1668年10月18日離開，此時雞籠守軍共有三百七十一人，其中士兵二百四十六人，其他爲水手、工人等。他們撤離前，

---

143 同上註，頁66。
144 江日昇，《台灣外記》，頁235謂：「七月，勇衛黃安病故。經大悲慟，厚葬之，以其子爲婿」。
145 同上註，頁375。

炸毀了Noort Hollant稜堡[146]。

1669年1月，有艘荷蘭船航經雞籠，見到堡壘已倒塌，並謂國姓爺的人已成為雞籠的主人，因為他們見到堡壘懸掛著數隻明鄭的小旗[147]。

自從1662年荷蘭人失去大員後，荷蘭東印度公司喪失了在中國沿海的貿易，其後幾度大舉出兵、與清朝談判，以及占領雞籠。這些決策均顯得耗費過高而收穫有限，特別是清朝對沿海人民實施遷界與海禁政策，使中國對外貿易受阻，而荷蘭又無法取得清朝同意，進入中國貿易[148]。在此情況下，荷蘭人經營雞籠據點只是徒費軍力、財力，而無利可圖。

1680年代末期，巴達維亞的荷蘭人甚至決議停止派船到中國，荷蘭母國的十七人董事會完全同意這項決定，並謂：「開放巴達維亞（給中國商船貿易），我們可以得到很多中國商品，遠多於（荷蘭人）在中國時用了很多的努力、花費與稅收（所得的商品）」[149]。

「澳門模式」——盡量接近中國進行貿易，曾在1620年代吸

---

146 村上直次郎譯注、中村孝志校注，《バタヴィア城日誌》第三冊，頁361-364。

147 同上註，頁366-367。

148 Leonard Blussé, "No Boats to China. The Dutch East India Company and the Changing Pattern of the China Sea Trade, 1635-1690." in *Modern Asian Studies* 30:1 (1996), pp. 69-71，Blussé認為1660-1669年間荷蘭人喪失了中國市場。

149 "Letter from Gentlemen Seventeen," see in Leonard Blussé, "No boats to China. The Dutch East India Company and the Changing Pattern of the China Sea Trade, 1635-1690." in *Modern Asian Studies* 30:1 (1996), pp. 74.

引荷蘭人、西班牙人占領台灣南北；但是到了1630年代，馬尼拉
的西班牙人已覺悟到，在馬尼拉等待中國商人載貨來，遠比在中
國沿岸設立據點以取得中國貨物來得划算。荷蘭東印度公司憑藉
強勢的海上力量，與中國海盜、明朝、清朝對抗，極力想在中國
沿岸取得據點。雖然他們在大員享有大約二十年的繁榮光景，但
最後仍失去大員，二度占據雞籠，亦是黯然退出。

二、明鄭時期的毀城與建城

東亞海域的經濟不景氣與中國的戰亂，迫使西班牙人與荷蘭
人先後退出中國的貿易，僅存鄭氏政權與清朝抗衡，但明鄭在台
灣的二十年間，勢力局限在台灣南部，無意長期占領雞籠、淡水。

自從1668年荷蘭人退出雞籠堡壘後，1669年曾見社寮島上插
著鄭氏的旗子，意即當時鄭經有派軍隊進駐雞籠。

1670年代初期，鄭氏軍隊似仍留守雞籠。因為在1670年時，
英國東印度公司派Ellis Crisp來台，同年他向公司報告，鄭經派人
在雞籠駐守[150]。1672年8月初，有艘荷蘭船前往日本途中，在雞籠
外海出事，船貨被送至大員拍賣[151]。由於荷蘭船隻遇難後約一個
月，大員的英國人即向英國東印度公司報告此事，顯示鄭經的軍
隊似乎駐守在雞籠，所以能很快地將荷蘭船貨送回大員販賣。

但鄭氏軍隊亦於1670年代撤離雞籠，時間不詳，所以1680
年(康熙19)明鄭得到消息，謂清朝的海壇總兵林賢，「欲領舟師

---

150 Hsiu-Jung Chang et al., eds., *The English Factory in Taiwan：
1670-1685* (Taipei: National Taiwan University, 1995), p. 66.
151 Ibid., p. 154.

大隊從福州港飛渡，直過雞籠山，據爲老營；漸次進兵，而攻台灣」[152]，才又注意到雞籠城。《台灣外記》記載馮錫範對守備雞籠的建議，謂：

> 雞籠山在台灣之北……前呂宋用天主教巴禮（padre）建院，與土番貿易。因地生硫磺，不產五穀，運接維艱，故棄而去。……紅毛亦以水土不服之故而無外援，棄之。是此地最難居也。
>
> 今林賢欲統師從此登岸進兵，若遣將固守，必當運糧接應。不但運糧艱難，且虞水土不服。不如遣一旅前去巡視，將雞籠山城墮爲平地，棄而勿守。林賢若來，使無安身之處，徒然上山，水土不服。然後興師進攻，一鼓而破之。

根據馮錫範的說法，鄭軍並未派駐在雞籠、淡水，所以聽聞清軍有意攻打雞籠，才又決議派遣林陞帶兵北巡，並毀壞雞籠山城，以免清軍使用舊雞籠城[153]。《台灣外記》載雞籠：

> 土地饒沃，溪澗深遠，是未闢荒蕪之膏腴，暫爲鳥獸之藏窟。其土番種類繁多，無相統屬，性甚健勇。且山之頂黃金結纍，人欲取而無路可達；惟溪之內流下金沙可取。但

---

152 江日昇，《台灣外記》卷8，頁375。
153 1870年代刊行的《淡水廳志》（文叢第172種，1963）卷7，頁187 謂「康熙十二年（1673），偽鄭毀雞籠城，恐我師進紮。」年代可能有誤，毀城之事，應在1680年時。

> 金寒水冷，極雄壯之人，入水一、二次而已。況硫磺所產，
> 最盛於夏秋，故五穀不生，難以聚眾。陞督兵士，將雞籠
> 山城悉毀爲平地，而回復命[154]。

此文之雞籠山，可能兼含淡水，否則雞籠港的景觀不可能讓當時
的人認爲是「未闢荒蕪之膏腴」，但值得注意的是，《台灣外記》
記載當地是「鳥獸之藏窟」、「難以聚眾」。

　　毀城的次年，1681年鄭克塽命右武衛將軍何祐督諸軍守雞
籠、淡水。因爲雞籠、淡水「與福州相對，天色晴明，山勢可以
望見。恐北兵從此潛渡，乃命何祐督諸軍防禦；以先鋒李茂副
之」[155]。《台灣外記》載：

> 祐立驅土番同諸兵士負土搬石，照舊址築城。仍于可泊船
> 隻登岸處，築炮台防禦。祐于旁山上結一大營，周圍開壕，
> 築短牆，以作犄角勢。但士卒疲勞，不服水土，兼手足沾
> 潢水，個個發癢……兵士怨望[156]。

文中所謂「舊址築城」，應即舊Noort Hollant堡。到了十八世紀，
據說雞籠城尚存一門鐵砲，是1630年(崇禎三年)兵部尙書何喬遠
監造，而「鄭成功得之鎮江者」[157]。

---

154 江日昇，《台灣外記》卷8，頁375-376。
155 夏琳，《閩海紀要》卷下，頁72。
156 江日昇，《台灣外記》卷9，頁389。
157 黃叔璥，《台海使槎錄》，頁85。

　　由於「雞籠城之守，凡軍需、糧餉悉著土番沿途接迎，男子
老幼均任役使。督運弁目酷施鞭撻，土番不堪」，引起苗栗、新
竹一帶南島民族反抗，迫使1682年鄭克塽派兵平亂[158]。同時，雞
籠駐軍病死頗多，據載：「守將總兵鄭仁、沈誠、副將黃明等病
歿。其弁兵士，死者過半」[159]。

　　1683年清朝與明鄭在澎湖海戰，「何祐守淡水，接22日失澎
湖之報，密遣其子何士隆從淡水港坐船往澎湖軍前，納款獻臺。
不俟克塽令，悉撤所統師回」[160]。

三、清朝初期的統治與貿易

　　鄭氏投降後，施琅謂全島各地，包含淡水，「俱已調撥船兵，
分布守禦」[161]，似乎1683年時清朝亦派軍隊駐守淡水。但事實上，
清朝統治台灣初期一、二十年，並不重視雞籠、淡水。

　　1684年（康熙23）楊文魁來台擔任首位台灣總兵，1687年（康熙
26）卸任時，撰寫〈台灣紀略碑文〉，自謂來台三年，有些軍務「撫
輯未周、布置未當」：

　　　　如雞籠、淡水，迺台郡北隅要區。緣寫隔郡治千有餘里，
　　　　夏秋水漲，陸路難通；冬春風屬，舟航莫及，兼之其地有

158　夏琳，《海紀輯要》（文叢第22種，1958）卷3，頁74。
159　江日昇，《台灣外記》，卷9，頁403。
160　同上註，卷10，頁426。施琅亦證實何祐自淡水撤兵並遣子請降，
　　　見施琅，〈台灣就撫疏〉，收於氏著，《靖海紀事》（文叢第13種，
　　　1958），頁44。
161　江日昇，《台灣外記》卷10，頁433。

番無民，虞輓運之維艱。自闢土迄今，尚乏定議[162]。

顯示清初台灣官員尚無暇慮及雞籠、淡水，因爲這兩地交通不便、有番無民，雖是要區，但是否要設官分治或駐軍守防，「尚乏定議」，即尚未處理。

首任台灣知府蔣毓英亦謂：

> 北路之……上淡水江，皆可以縱帆四出，陰謀不測之徒，不稽其往來可乎哉？雞籠突處外洋，爲諸彝經行之道，紅毛城又孤聳天半，去府治二十(千？)餘里。今不置一卒，不設一官，倘奸人窺我虛實，乘間而襲，城以自固，我之應援，由海而上者有風濤之阻；由陸而出者有山谿之險[163]。

此文突顯三個重點：

1.雞籠爲「諸夷」航行往來必經之地，而淡水有漢人船隻出沒，地位重要。

2.清朝並未在雞籠、淡水駐守軍隊或設官治理。

3.如果雞籠、淡水有動亂，清軍由海路或陸路前往均不方便。

這幾點也是明鄭時期對雞籠、淡水的看法，即雞籠、淡水很重要，但如果要派兵進駐，後勤補給相當困難。在鄭氏占領雞籠、淡水之前，其實荷蘭人、西班牙人也面臨同樣的困境。

---

162 楊文魁，〈台海紀略碑〉，《台灣府志‧三種》，頁1125。

163 蔣毓英，《台灣府志》，《台灣府志‧三種》，頁243。

1697年郁永河前往淡水採硫，記其親身見聞，謂：

> 蓋淡水者，台灣西北隅盡處也。高山嵯峨，俯瞰大海，與
> 閩之福州府閩安鎮東西相望，隔海遙峙，計水程七八更耳。
> 山下臨江陴睨爲淡水城，亦前紅毛爲守港口設者。
> 鄭氏既有台灣，以淡水近內地，仍設重兵戍守。本朝內外
> 一家，不虞他寇，防守漸弛；惟安平水師，撥兵十人，率
> 半歲一更。而水師弁卒，又視爲畏途，扁舟至社，信宿即
> 返。十五、六年，城中無戍兵之跡矣，歲久荒蕪，入者輒
> 死，爲鬼爲毒，人無由知，汛守之設，特虛名耳[164]。

郁永河於1697年來台，文中載「十五、六年」之事，指的是清朝
統治台灣以來的情況。他謂安平水師撥兵十人到淡水守防，按規
定半年更替，但水師弁卒到了淡水，往往隔兩夜就離去，「汛守
之設，特虛名耳」。

　　郁永河所指安平水師乃是台灣水師左營，據十八世紀初的《諸
羅縣志》所載：

> 其鹿仔港以上……淡水、雞籠七港，以水土不宜或港道淺
> 狹，概無設防，唯於南風盛發之時，就笨港、三林港二汛
> 之內，輪撥把總領兵駕哨船一隻，前往淡水、雞籠遊巡；

---

164 郁永河，《裨海紀遊》，頁67；又頁68謂：「今獨重鹿耳、安平之
　　守，而於各港一切泄視，非計之得也」。

北風時聽其撤回原汛[165]。

這項記載雖是十八世紀初之文獻，但文中描述遊巡之事，可能占
台初期即已施行。由於台灣水師左營負責台南以北汛防事務，故
由其轄下之笨港、三林港二汛輪派把總駕船巡哨。依規定是南風
盛發時前往，待北風時節始返汛地，不過如郁永河所言，巡哨之
船信宿即返。

　　清朝水師雖然只是派哨船前往雞籠、淡水巡防，但1699年淡
水「冰冷之亂」亦由其平定，《諸羅縣志》載：

　　　　有水師把總者巡哨至淡水，聞變潛泊海口，冷未之覺；把
　　　　總遣他社番誘以貨物交易，伏壯士水次縛之，亟登舟。比
　　　　諸番出護，已掛帆矣[166]。

至於陸路營汛，始設於1710年，據藍鼎元《鹿洲初集》卷七「阮
驃騎傳載」：

　　　　南崁、淡水窮年陰霧，罕晴霽，硫黃所產毒氣薰蒸，鄭氏
　　　　以投罪人。庚寅(1710)始設淡水防兵，及瓜生還，歲不

---

165 陳夢林，《諸羅縣志》，頁122。
166 同上註，頁280載冰冷之亂，謂「冰冷者，淡水內北投土官，麻
　　里即吼番之婚姻也。麻里即吼有女字主賬金賢，賢將娶之。其父
　　憐女之幼也，弗與；告賢曰：『俟長以歸汝』。賢紡丈人於樹而撻
　　之。麻里即吼以懇冰冷而泣；冰冷故凶悍，怒率眾射殺賢，諸與
　　賢善者皆殺之」。

能三之一。巡哨未有至者，文決計往，部曲皆涕泣強
諫。……竟以中瘴氣歸而病痞，遷福州城守副將，赴京道
劇卒于宿[167]。

阮驃騎乃指1715年（康熙五十四年）擔任台灣北路營參將的阮蔡
文。據上文所載，1710年代清朝官方才真正派兵至淡水守防[168]，
但病死者甚多。

　　十七世紀末，清朝既未駐軍雞籠、淡水，亦未設官治理，唯
一能說明統轄關係的是「社餉」的徵收。1694年（康熙三十三年）
高拱乾編撰的《福建台灣府志》，在「陸餉」條中，有所謂的「舊
額」：

　　　淡水社徵銀二十二兩五錢七分九釐二毫、雞籠社徵銀二十
　　　二兩五錢七分九釐二毫[169]。

所謂「舊額」乃指明鄭時的賦稅規定[170]，可能是荷蘭統治時期村

167　藍鼎元，《鹿洲初集》（台北：文海出版社，1977，近代中國史料
　　叢刊續輯，402冊），頁471-472。
168　據陳夢林纂，《諸羅縣志》，頁115-116載：「（康熙）五十年，因搜
　　捕洋盜鄭盡心……調佳里興分防千總移駐淡水，增設大甲溪至淡
　　水八里坌七塘」。按康熙五十年乃1711年，較藍鼎元所載設防時
　　間晚一年。當時營房位於淡水河南岸的八里坌，有關八里坌駐
　　軍、設官經過，參見陳宗仁，〈沙湧港塞──清代八里坌的興衰〉，
　　《北縣文化》56（1998年5月），頁27-36、45-47。
169　高拱乾纂，《福建台灣府志》，《台灣府志‧三種》，頁711。
170　楊文魁，〈台海紀略碑〉，《台灣府志‧三種》，頁1125謂：「民間

落包稅制遺下的稅額。

清初志書所謂的「雞籠社」與「淡水社」並不是自然聚落，而是稅收單位，因為這兩社的稅額完全一樣，正說明這是官方認定的社餉，而非按各社的實際狀況徵收[171]。

至於繳交社餉的人應即郁永河所謂的「社商」：

> 襄鄭氏於諸番徭賦頗重，我朝因之……於是仍沿包社之法，郡縣有財力者，認辦社課，名曰社商；社商又委通事夥長輩，使居社中……射得麋鹿，盡取其肉為脯，并收其皮。日本人甚需鹿皮，有賈舶收買；脯以鬻漳郡人，二者輸賦有餘[172]。

郁永河在淡水採硫，依賴「淡水社長張大」的協助，並曾住其家[173]，此人應係漢人社商，除張大外，淡水另有社商，但因暗中阻撓採硫，郁永河稱之為「社棍」。

社商經營與住民之間的貿易，交易的方式仍是以物易物，郁永河當時請淡水住民採硫，收購辦法即是「凡布七尺，易土一筐」[174]。住民除了射鹿、捕魚外，「採紫菜、通草、水藤交易，

(續)──────────────
　　　一切賦稅，略照僞籍損因」。
171 參見陳宗仁，〈南港社與北港社考釋──兼論清代台北地區番丁銀制〉，《台灣史研究》7：1(2000年6月)，頁16-17。
172 郁永河，《裨海紀遊》，頁75-76。
173 同上註，頁60-61。
174 同上註，頁62-66。

爲日用，且輸餉」[175]。這些商品大致與西班牙占領時期的交易品相同，而當時台灣東部的住民亦會攜金至雞籠、淡水交易漢人的布[176]。

淡水除了有在當地做買賣的社商外，尚有「漁人結寮港南」，此一漁人亦係漢人在淡水捕魚者，顯示漢人在此捕魚的習慣未因政權更替而中斷。

漢人社商收集雞籠、淡水的土產後，並未循海路運送至福建港口，而是循陸路或水路送往台灣南部，黃叔璥即謂：

> 貨物自南而北者，如鹽、如糖、如煙、如布匹衣線；自北而南者，如鹿脯、鹿筋、鹿角、鹿皮、芝麻、水藤、紫菜、通草之類[177]。

十八世紀初的《諸羅縣志》亦謂

> （雞籠、淡水、笨港等）各港非有富商巨賈挾重貲以往來，所載者五穀、糖、菁、菜子、鹿脯。其貨爲盜賊之所不取。裝載之船，俗謂之杉板頭，雙桅者十無二、三；非有巨艦連檣之相望，其船爲盜賊之所不用[178]。

---

175 黃叔璥，《台海使槎錄》，頁136。
176 同上註，頁138。
177 同上註，頁134。
178 陳夢林纂，《諸羅縣志》，頁124。

即出入雞籠、淡水的商人已無富商巨賈，載運的貨物只有農產品
與鹿脯；這些商品價廉，商船亦小，均無盜賊搶奪之虞。

因此，經歷了十六、十七世紀的「商業貿易時代」，雞籠、
淡水的交易型態沒有太大的變化，當地住民出售土產品給外來
者，這些商品可能是鹿皮、鹿脯、硫磺、米、藤、通草等等，在
西班牙占領期間，銀一度成為交易的媒介，但在十七世紀末又回
復到以物易物的交易習慣。

除了住民的小額土產貿易外，十七世紀末的雞籠、淡水沒有
高價商品的貿易，沒有大商人，只有進行小買賣的商人及漁民。

雞籠、淡水此時也不是漢人慣常使用的港口。

在十六世紀下半葉至十七世紀中葉，中國商船、漁船可以直
接由中國沿岸至雞籠、淡水，西班牙使者亦是由雞籠乘船出海至
福州；但是1696年冬季，福州火藥庫的硝磺火藥因失火而毀損，
當時福州之人尚知雞籠、淡水產硫磺，只是郁永河從福州至淡水，
並非兩岸直航，而是要從福州至泉州，乘船至廈門，再換船至台
灣府城(今台南市)，到了府城，郁永河再沿陸路至淡水。不僅沒
有採用福州——雞籠、淡水之航路，甚至台灣西岸航路亦因被認
為「舟依沙瀨間行，遭風無港可泊，險倍大洋」，使得郁永河放
棄乘船而走陸路[179]。

除了航線中斷外，漢人官僚更視雞籠、淡水為蠻荒之地，1697
年(康熙三十六年)郁永河欲到淡水採硫磺，路經台灣府城，當時
台灣知府靳治揚、台灣海防同知齊體物等人均勸郁永河不要到淡

---

179 郁永河，《裨海紀遊》，頁33-39、41。

水，他們說道：

> 君不聞雞籠、淡水水土之惡乎？人至即病，病輒死。凡隸
> 役聞雞籠、淡水之遣，皆歃歔悲嘆，如使絕域。水師例春
> 秋更戍，以得生還為幸，彼健兒役隸且然，君奚堪此[180]？

另有台灣府經歷尹復及鳳山縣典史戚嘉燦等，與郁永河均是浙江
人，亦特地勸他：

> 客秋朱友龍謀不軌，總戎……命某弁率百人下淡水，才兩
> 月，無一人還者，下淡水且然，況雞籠、淡水遠惡尤甚者
> 乎？又曰縣役某與其侶四人往，僅以身返，此皆近事，君
> 胡不自愛耶？

不論當時北部台灣的環境如何？上述這些人的意見正好反映了台
灣府城士紳對雞籠、淡水的觀感——水土惡劣，不適漢人居住。

等到郁永河親身進入台北平原後，亦同意台南士人的說法，
郁永河在遊記裡寫道：

> 人言此地水土害人，染疾多殆，台郡諸公言之審矣。余初
> 未之信，居無何，奴子病矣，諸給役者十且病九矣！乃至
> 庖人亦病，執爨無人，而王君水底餘生，復染危痢，水漿

---

180 同上註，頁53。

不入，晝夜七八十行，漸至流溢枕席間[181]。

郁永河親自見識到了「人至即病，病輒死」的慘狀，又描述淡水的蠻荒與不安全：

> 戶闔之外，暮不敢出……余草廬在無人之境，時見茂草中
> 有番人出入，莫察所從來，深夜勁矢，寧無戒心？若此地
> 者，蓋在在危機，刻刻死亡矣[182]！

淡水的環境對於長久生存在大陸的郁永河來說，如居「無人之境」，甚至以爲危機四伏，瀕於死亡邊緣；因爲若不死於瘴氣，還要受到住民的威脅。顯然此時期的淡水不僅不適合漢人移民，甚至連短暫居住都有問題。

早在1627年西班牙占領時期，曾到過雞籠的人告訴荷蘭人，「沒有人可以在這裡存活，很多到過那裡的中國人亦如此說。我們船的舵手也到過那裡很多次，他說沒有人能在那裡停留三個月而不生病，且肚子變得像圓桶」，他們抱怨馬尼拉派去探勘的人沒有看清狀況[183]。等到荷蘭占領雞籠、淡水，亦發現派駐當地的人員死亡率甚高[184]，也許環境的因素才是這些外來者最大的考驗。

---

181 同上註，頁64-65。
182 同上註，頁65-66。
183 *Spaniards in Taiwan*, Vol. I, p. 90.
184 《荷蘭人在福爾摩莎》，頁462；又頁494謂：「這些死亡均由危及
　　身體健康的淡水的硫氣和骯髒的硫水造成」。

　　但一如西班牙、荷蘭占領時代，清初仍有人認為雞籠、淡水值得開發，1684年諸羅知縣季麒光〈請詳北路添兵文〉以中國人的觀點，肯定雞籠、淡水在貿易與戰略上的價值，其言論彷彿十七世紀初的西班牙道明會士，季麒光認為：

> 大洋之外，紅彝出入之路，而又遠隔郡城，港道四達，往來船隻，一帆直上，……即招商飜社、開灶煮磺，亦無奸民野番草竊驚擾之患。
>
> 且詢之土人熟議海道者，皆云雞籠至閩安，不過七、八更之水，若興化、閩安等港，聽商人往來貿易，非止利源通裕，萬一意外之警，則廈門、澎湖之師以應其前，福州、興化之船以應其後[185]。

　　另外，郁永河則注意到淡水平原在農業開墾上的價值，認為「武勝灣、大浪泵等處，地廣土沃，可容萬夫之耕」[186]，其言論亦似1632年之西班牙道明會士Jacinto Esquivel。

　　因此，西班牙人、日本人與荷蘭人雖先後離開雞籠、淡水，

---

185 陳壽祺纂、魏敬中重纂，《福建通志台灣府》（文叢第184種，1960）上冊，頁312-313。

186 方豪刊校《裨海紀遊》，謂此段文字僅見余文儀，《續修台灣府志》，故列於附註，而非正文（見方豪校《裨海紀遊》，頁61-62）。按上述文字最早見於1717年《諸羅縣志》，而非乾隆時期的《續修台灣府志》，不過《諸羅縣志》未注明出處；1722年黃叔璥《台海使槎錄》亦引用，載明出自《裨海紀遊》，因此，楊雲萍、尹章義均認為上述文字當出自《裨海紀遊》，參見尹章義，《台灣開發史研究》（台北：聯經出版公司，1989），頁46-47。

但中國人及南島民族住民仍在此一區域活動；雖然台灣府城的官員們認為雞籠、淡水是「無人之境」，但也有部分漢人官紳肯定雞籠、淡水的發展潛力。

小　結

　　雞籠、淡水的發展自1635年以後逐漸邊陲化。此一時期，東亞海域各地面臨普遍性的商業不景氣，使得西班牙人無力維持台灣的據點，而荷蘭東印度公司是這一危機時代的勝利者，他們成功地取代葡萄牙人在日本的貿易，亦取代西班牙人在雞籠、淡水的統治。

　　但荷蘭人在雞籠、淡水的經營並不順遂，他們期盼經由雞籠、淡水，找尋台灣東部金礦的希望落空，淡水土產貿易的利潤亦不足以支應荷蘭人在當地的開銷，而荷蘭人卻不時遭遇當地住民的反抗。另一方面，鄭芝龍、鄭成功父子發展海洋貿易，侵蝕了荷蘭東印度公司在東亞海域的貿易利潤，最後鄭成功將荷蘭人逐出台灣，完成了西班牙人原先的夢想。

　　不過十七世紀下半葉台灣政權的轉移並未改變雞籠、淡水的命運，貿易的黃金時代早已結束，雞籠、淡水即使是優良的港口，但能交易的商品只有硫磺、鹿皮與米等少數商品，甚至到了1670年代以後，明鄭的政權局促在台灣南部，並不重視雞籠、淡水的貿易。清初既未派官治理，亦無駐軍，外來政治勢力幾乎已退出此一區域，只有小商人、漁民及在地的南島民族還在雞籠、淡水活動。

　　不過這種情況並沒有維持太久，數十年後，即十八世紀上半葉，閩粵漢人大量移民來台，雞籠、淡水重新面臨新的歷史轉捩點。

第七章 結 論

島嶼
是因海與外界隔絕，同時也由海與外界連繫
所以，一個島嶼的歷史與其開發
頗與其地理位置和海外交通的盛衰變遷有密切的關係

——曹永和《台灣早期歷史研究續集》，2000年

　　有關雞籠、淡水早期歷史的論述，長久以來，學界一直沿襲村上直次郎、中村孝志與曹永和等史學前輩的研究成果；近年來由於鮑曉鷗、包樂史、江樹生、翁佳音、林偉盛及程紹剛等學者搜集、整理與翻譯原始文獻，使得研究者有很多史料可供運用，本書即在前述學者的研究基礎上，探討雞籠、淡水的早期歷史。

　　本書主要的論點是：雞籠、淡水兩個港市的歷史在十五至十七世紀，特別是1570-1700年間出現急遽的變動，而促成其變動的主因係來自外部貿易與政治勢力的衝擊。

　　雞籠、淡水早在史前時代即與外界有貿易、往來，這種貿易型態屬「島際貿易」；但此種貿易有其局限性，其原因有二：一是缺乏高價、稀有的商品，無法吸引外地商人；其次是「島際貿

易」的規模太小，生產剩餘不多，對外界商品的需求有限，難以
自內部發展出蓬勃的商業貿易。所以，雞籠、淡水兩地無法藉助
島際貿易成為台灣海域的重要港口。

1400年前後，東亞海域的貿易開始蓬勃發展，促使雞籠、淡
水捲入Anthony Reid所謂的「東南亞商業貿易時代」，本書依東亞
貿易與政治勢力的消長，將急遽變動的雞籠、淡水歷史區分為三
時期：中琉朝貢時期、中日私商貿易時期，以及外部政治勢力干
預時期。

一、中琉朝貢時期始於十五世紀，至十六世紀上半葉因琉球
對外貿易衰微而結束。此一時期琉球群島進入琉球史學者所稱的
「大航海時代」，成為中國、日本及東南亞商品的轉運站，雞籠、
淡水正位於新興的中琉航線上，首度被捲入東亞海域的長程貿易
體系。此時雞籠、淡水是中、琉船隻來往必經之地，雖非長程貿
易中的港市，但已受到重視，被賦與「小琉球」的名稱。

二、中日私商貿易時期出現於1500-1570年之間。十六世紀初
開始，中國、日本海商逐漸取代了琉球人在東亞海域貿易中的角
色，成為台灣周遭海域的主要貿易者；他們以雞籠山為航行指標，
到北台灣停泊，添取淡水，使得「雞籠(山)」、淡水(洋)」的地
名逐漸取代「小琉球」。北台地名的轉變，反映了朝貢制度下的
貿易活動式微與私商貿易的盛行，雞籠、淡水此時逐漸成為中日
商人進行貿易的港口。

三、外部政治勢力干預時期發生於1570年至1700年之間，又
可分為三個階段。

1.第一階段：雞籠、淡水的貿易持續發展，而外部政治勢力

醞釀占領雞籠、淡水，時間在1570-1626年。

　　明朝的海洋交通政策轉變：廣東官員默許葡萄牙人在澳門經商，而福建官員開放民間商船出海貿易。明朝實施的文引制度，成為雞籠、淡水商業貿易繁榮的契機。

　　其次是西班牙人占領馬尼拉，憑藉其白銀資產，吸引東亞海域各地商人前往貿易，而西班牙人想要從呂宋島往北發展，到中國大陸、日本貿易、傳教。

　　第三股新興勢力是日本。日本因政權統一而趨於穩定、繁榮，加上白銀的開採、絲織品的需求，使得日本的商業貿易活動相當熱絡，引起日本人向外擴張的雄心。

　　1570年以後，上述幾股新興的國家力量逐漸出現在台灣海域，他們試圖介入商業貿易，促使台灣島或者雞籠、淡水成為東亞海域的貿易與戰略要點。

　　十七世紀初，明朝視雞籠、淡水為「門外要地」，而日本人幾度想占領雞籠、淡水以與中國通商，均顯示雞籠、淡水的重要性。然而1600年以後，台灣出現另一個新的貿易據點——「北港（大員）」，使雞籠、淡水的貿易出現南移的危機。

　　2.第二階段：西班牙占領雞籠、淡水的期間，外部貿易與政治勢力的干預達於極盛，時間在1626-1642年。

　　1626年以後，台灣的南北對峙（雞籠、淡水——北港）轉化為荷蘭東印度公司與西班牙帝國在全球對抗的一個環節。

　　馬尼拉運到雞籠、淡水的白銀，如同一劑特效藥，使雞籠、淡水的貿易能與台灣南部的大員匹敵，並維持了十年的繁榮光景。此時雞籠、淡水是西班牙人前往中國貿易、傳教的「踏板」，

也是與荷蘭人對抗的據點。然而，西班牙人以國家力量來支撐雞籠、淡水的貿易，但貿易、傳教的成果有限。1637年以後，西班牙人終於放棄淡水，退守雞籠。

西班牙人爲什麼放棄雞籠、淡水？過去學者多半從西班牙與菲律賓南部回教徒的戰爭，菲律賓總督與道明會的衝突，以及中、日貿易、傳教希望落空等角度來解釋；本書提出另一種可能因素，即1630年代東亞海域貿易的萎縮與不景氣，迫使西班牙人改變對台政策，特別是1635年以後，馬尼拉貿易低迷不振，促使菲律賓當局不再重視雞籠、淡水。

第三階段是外部貿易與政治勢力的消退，時間在1642-1700年。

西班牙人的離去使雞籠的貿易一蹶不振，在此之前，有近百年的時間，雞籠是台灣島的重要貿易港口，但1642年以後，雞籠失去貿易港的地位。

淡水一地出產硫磺、鹿皮等商品，仍然受到中國人與荷蘭人的重視，其貿易遂於1630年代後期逐漸超越雞籠。此後淡水或台北盆地，一直是北部台灣的商貿、政治、軍事重心，直到現在。

淡水雖因土產貿易而維持其港口地位，但硫磺等商品並非此時期東亞海域主要的貿易商品，無法吸引「富商巨賈挾重貲以往來」。整體而言，雞籠、淡水在1640年代以後，隨著外部貿易與政治勢力的消退，不再是台灣的重要貿易港口，更不是東亞海域的貿易港口，只是附屬於大員的邊陲地域。

1640年代大員的荷蘭人想要建立一條從南到北的陸上通道，並認爲傳教工作應自大員開始，從南向北發展教務。此後，「從

南到北」成爲十七世紀中葉以至十九世紀中葉間，人們對台灣或
雞籠、淡水的思考方式。例如十七世紀末郁永河到淡水採硫，其
路線是「從南到北（由台南北行至淡水）」，而不是十六、七世紀
之際人們慣走的福州——淡水海路；清代台灣駐軍的派遣、行政
區的分畫，均是南多北少、南詳北略，從南向北，逐步推展；近
代學者認爲清代台灣農業開發的順序亦是「從南到北」。這些現
象說明，雞籠、淡水自十七世紀中葉以後，是台灣的邊陲地帶。

　　沒有貿易機會，沒有預期的利潤，便無法吸引外來勢力介入，
這是「商業貿易時代」的法則。

　　綜觀1400-1700年間雞籠、淡水的歷史發展，其港市的興衰可
謂是外部貿易與政治勢力干預下的產物。琉球史學者高良昌吉認
爲琉球群島在十二世紀以前，只有異域的、個別的島嶼文化，但
在十二世紀以後，文化快速發展，他認爲研究琉球早期史，必須
重視「外部世界」的變化，即國際間的外交和貿易影響琉球王國
的形成與衰弱[1]。雞籠、淡水在十五至十七世紀的興衰亦是受國際
情勢的影響。

　　琉球群島或雞籠、淡水的地理位置、生態環境在數百年內並
沒有改變，但這些地域在東亞海域貿易史中曾經引領風騷，卻無
法維持其榮景，其原因即是經濟繁榮的動力不是來自地域內部社
會經濟的發展；相反的，不論是琉球的南海貿易或1570年以後雞
籠、淡水的貿易發展，都屬會船港貿易（rendezuous trade）或轉口

1　高良昌吉，〈琉球·沖繩の歷史と日本社會〉，收入朝尾直弘等編，
　　《日本の社會史 第一卷列島內外の交通と國家》（東京：岩波書
　　店，1987），頁373-375。

港貿易(entrepôt trade)的性質，其興衰與否均受到外部因素的影響。

其次，依本書前述各章所論，雞籠、淡水的興衰並非是東亞海域的特例，而是東亞海域此一時期整體商業貿易變動的一個縮影。

史學者Anthony Reid建構的「東南亞商業貿易時代」，認爲東南亞在1400年以後，出現了商業貿易起飛(a trade take-off)的現象，商業貿易的高峰出現在1570年至1630年間，到了十七世紀中葉以後各國商人、統治者紛紛退出國際貿易，只有荷蘭東印度公司是唯一的勝利者[2]。Reid討論的對象是東南亞主要港市或國家，但雞籠、淡水在1400-1700年間的興衰，卻是Reid有關「商業貿易時代」論述的另一例證。

本書主要著重於東亞貿易與政治勢力對雞籠、淡水的影響，對於一些課題尚待討論，如雞籠、淡水的貿易活動對當地住民及其鄰近地域的影響。

在西班牙與荷蘭占領雞籠、淡水期間，當地住民在政治上遊走於歸順與反抗之間；在經濟上，相當程度地參與商業活動；在文化上，亦面臨傳教士的宣教與語言教育的浸染。但這些變化是否在根本上改變了住民的生活方式、社會結構或傳統信仰？似乎值得懷疑。1637年菲律賓總督Sebastián H. de Corcuera即曾質疑，雞籠、淡水的住民受洗，與其說是爲了信仰，不如說是爲了賣魚

2　　Anthony Reid, *Southeast Asia in the Age of Commerce, 1450-1680*, pp. 1-24, 286-290.

給西班牙人[3]。

　　Anthony Reid認爲外來貿易者刺激了東南亞各地商業的發展，但商業化和各種交易形式只是在東南亞的外國「飛地」發展，如同歐洲資本在十九世紀的雙元殖民經濟模式中一樣，很少影響鄰近的住民社會[4]。不論Reid的論斷是否正確，但外部貿易與政治勢力的介入對當地住民究竟有無影響，或者彼此間的互動情況如何，本書雖略有涉及，但有待將來進一步探究。

　　另外，中國人在東亞海域中扮演的角色，是另一個重要但繁雜的問題，王賡武、包樂史均有專文論述，本書在相關章節中，亦有所討論，如貿易事務方面，中國商人成功地脫離政治勢力牽絆，來往澳門、馬尼拉、長崎、大員，以及雞籠、淡水等敵對勢力者的港口。

　　中國商人不僅是東亞海域貿易事務的主要參與者，且在各國外交往來、軍事對抗的活動中，均可見中國人參與其中，甚至扮演要角；如1590年代呂宋的西班牙當局與日本之間使節往返，均有中國人擔任翻譯，雙方往來文件，不論日文或西班牙文，均夾雜閩南語的地名或人名譯音；十七世紀上半葉，荷蘭人、西班牙人以及明朝官員彼此間的談判、窺探或相互訪問，亦有中國人參與、牽線；1642年荷蘭人攻擊雞籠的西班牙堡壘，敵對雙方的軍隊中，均有中國人參與。

3　*Spaniards in Taiwan*, pp. 263-264.

4　Anthony Reid, "Economic and Social Change, c. 1400-1800," in Nicholas Tarling, ed., *The Cambridge History of Southeast Asia,* p. 481.

　　因此，中國人在東亞海域貿易史中的角色相當多樣，值得探討。

　　對東亞海域的島嶼來講，其文化的變動往往是外來文化傳入的結果。在東南亞的商業貿易時代裡，中國人、日本人、西班牙人、荷蘭人、菲律賓人均來到雞籠、淡水這兩個港口，帶來他們的風俗習慣、法律制度或語言文化，使得雞籠、淡水的歷史充滿多元、紛歧及斷裂；但不變的是雞籠、淡水的住民，他們依舊居住在雞籠港灣、淡水河口，然後，又見到不同的外來者抵達雞籠、淡水。

　　上述這些人在台灣早期歷史發展中，在「大員時代」之前[5]，共同建構了一個「雞籠、淡水時代」。

5　如以歷史重心所在地來描述歷史變遷，台灣島從十七世紀上半葉至十九世紀中葉的歷史發展重心主要在台南，故可稱之「大員時代」，十九世紀下半葉則轉為「台北時代」，至於大員時代之前，如本文所論述，應有一「雞籠、淡水」時代。

徵引書目

三浦祐之
  1933 〈台北平野の開拓に就て（一）〉，《台灣農事報》323: 2-13。
小葉田淳
  1934 〈日本と金銀島との關係形態の發展〉，《台北帝國大學文政學部史學科史學研究科年報》1。
  1968 《中世南島通交貿易史の研究》（東京：刀江書院）。
中村拓
  1965 《御朱印船航海圖》（東京：日本學術振興會）。
中村孝志
  1977 《荷蘭時代台灣史研究 上卷概說・產業》（台北：稻香出版社）。
  1936 〈エスパニャ人の台灣占據と布教事業〉，《科學の台灣》4(1): 14-20。
  1936 〈蘭人時代の蕃社戶口表〉，《南方土俗》4(1): 59-42。
  1937 〈蘭人時代の蕃社戶口表〉(2)，《南方土俗》4(3): 196-181。
  1951 〈台灣におけるエスペニア人の教化事業〉，《日本文化》30（賴永祥翻譯成中文，改稱〈十七世紀西班牙人在台灣的佈教〉，收於氏著，《台灣史研究初集》頁112-146）。
中村孝志（主講），曹永和（譯）
  1991 〈十七世紀中葉的淡水、基隆、台北〉，《台灣風物》41(3): 118-129。
中村孝志（著），吳密察、許賢瑤（譯）
  1994 〈荷蘭時代的台灣番社戶口表〉，《台灣風物》44(1): 234-197。

日本史料集成編纂會（編）

　　1975　《中國朝鮮の史籍における日本史料集成，明實錄之部一》（東京：國書刊行會）。

王一剛

　　1970　〈西班牙占據北台史料〉，《台北文獻》直字13/14: 1-8。

王必昌

　　1961　《重修台灣縣志》（台北：台灣銀行經濟研究室，台灣文獻叢刊第113種）。

王瑛曾

　　1962　《重修鳳山縣志》（台北：台灣銀行經濟研究室，台灣文獻叢刊第146種）。

王　鑫

　　1993　《台灣的地形景觀》（台北：渡假出版社）。

方豪

　　1994　《台灣早期史綱》（台北：學生書局）。

尹章義

　　1989　《台灣開發史研究》（台北：聯經出版公司）。

石坂莊作

　　1935　〈金包里の傳說二つ三つ〉，《南方土俗》3(4): 39-42。

石原道博

　　1962　〈皇明祖訓の成立〉，收於清水博士追悼記念明代史論叢編纂委員會編，《清水博士追悼記念明代史論叢》（東京：大安），頁1-35。

石澤良昭、生田滋

　　1998　《東南アジアの傳統と發展》（東京：中央公論社）。

田中健夫

　　1966　《倭寇と勘合貿易》（東京：至文堂）。

　　1982　《倭寇：海の歷史》（東京：株式會社ニュートンプレス）。

　　1989　《世界歷史と國際交流，東アジアと日本》（東京：放送大學教育振興會）。

永積洋子（編譯）

　　1980　《平戶オランダ商館の日記》（東京：岩波書店）。

台灣銀行經濟研究室（編）

　　1971 《明經世文編選錄》（台北：台灣銀行經濟研究室，台灣文獻叢刊第289種）。

申叔舟（著），田中健夫（譯注）

　　1991 《海東諸國紀》（東京：岩波書店）。

米慶余

　　1998 《琉球歷史研究》（天津：天津人民出版社）。

江日昇

　　1960 《台灣外記》（台北：台灣銀行經濟研究室，台灣文獻叢刊第60種）。

江樹生

　　1984 〈梅花鹿與台灣早期歷史關係之研究〉，收於王穎主持，《台灣梅花鹿復育之研究七十三年度報告》，頁3-62。

江樹生（譯），冉福立（Kees Zandvliet）（著）

　　1997 《十七世紀荷蘭人繪製的台灣老地圖》（台北：漢聲出版社）。

江樹生（譯）

　　1985 〈蕭壠城記〉，《台灣風物》35(4)。

　　2000 《熱蘭遮城日誌》第一冊（台南：台南市政府）。

辻善之助

　　1917 《海外交通史話》（東京：東亞堂）。

安倍明義

　　1938 《台灣地名研究》（台北：蕃語研究會）。

伊能嘉矩

　　1909 《大日本地名辭書續編》（東京：富山房）。

　　1906 〈清領以前の台北地方(1-2)〉，《台灣慣習記事》6(6-7): 473-483、584-593。

　　1928 《台灣文化志》（東京：刀江書院）。

伊能嘉矩（著），楊南郡（譯）

　　1986 《平埔族調查旅行》（台北：遠流出版社）。

朱仕玠

　　1957 《小琉球漫誌》（台北：台灣銀行經濟研究室，台灣文獻叢刊第3種）。

朱德蘭

　　1990　〈十五世紀琉球的亞洲外交貿易〉，收於《第二屆中琉歷史關係
　　　　　國際學術會議論文集》(台北：中琉文化經濟協會)，頁195-222。

吳玉英

　　1992　〈西班牙統治菲律賓時期的中、菲貿易〉(香港：私立新亞研究所
　　　　　史學組博士論文，未刊)。

吳奇娜

　　2000　〈17-19世紀北台灣硫磺貿易之政策轉變研究〉，國立成功大學歷
　　　　　史研究所碩士論文，未刊。

宋文薰

　　1980　〈由考古學看台灣〉，收於陳奇祿等著，《中國的台灣》(台北：
　　　　　中央文物供應社)，頁93-220。

宋文薰、連照美

　　1984　〈台灣史前時代人獸形玦耳飾〉，《國立台灣大學考古人類學刊》
　　　　　44: 148-169。

向達(校注)

　　2000　《兩種海道針經》(北京：中華書局)。

全漢昇

　　1972　《中國經濟史論叢》(香港：中文大學新亞研究所)。

佐山融吉、大西吉壽(編)

　　1923　《生蕃傳說集》(台北：杉田重藏書店)。

佐伯弘次

　　1992　〈海賊論〉，收於荒野泰典、石井正敏、村井章介編，《アジア
　　　　　のなかの日本史》(東京：東京大學)，頁33-61。

村上直次郎

　　1925　〈呂宋の入貢を促したる秀吉の書翰について〉，《史學雜誌》，
　　　　　36(5)：62-69。

　　1931　〈基隆の紅毛城址〉，《台灣時報》1931年11月：13-22(許賢瑤中
　　　　　譯，〈基隆的紅毛城址〉，《台北文獻》117: 127-138)。

　　1934　〈イスパニヤの台灣占據〉，《科學の台灣》2(5-6): 7-12。

村上直次郎(譯)

　　1929　《異國往復書翰集增訂異國日記抄》(東京：駿南社)。

1938 《出島蘭館日誌》（東京：文明協會）。

村上直次郎（譯注），中村孝志（校注）

1972 《バタヴィア城日誌》三冊（東京：平凡社）。

村井章介

1987 〈中世における東アジア諸地域との交通〉，收於朝尾直弘等編，《日本の社會史 第一卷列島內外の交通と國家》（東京：岩波書店，1987）。

李元春

1958 《台灣志略》（台北：台灣銀行經濟研究室，台灣文獻叢刊第18種）。

李光周（著）、尹建中（編）

1996 《墾丁史前住民與文化》（台北：稻香出版社）。

李壬癸

1991 〈台灣北部平埔族的分類及其語言根據〉，《台灣風物》41(4): 214-197。

1993 〈台灣南島民族的遷移歷史〉，收於張炎憲、陳美蓉編，《台灣史與台灣史料》（台北：自立晚報社文化出版部），頁23-44。

1996 《宜蘭縣南島民族與語言》（宜蘭：宜蘭縣政府）。

李金明

1990 《明代海外貿易》（北京：中國社會科學出版社）。

李東華

1986 《泉州與我國中古的海上交通——九世紀末至十五世紀初》（台北：台灣學生書局）。

李鹿苹

1984 《台灣小區域地理研究集》（台北：國立編譯館）。

李毓中

1998 〈明鄭與西班牙帝國：鄭氏家族與菲律賓關係初探〉，《漢學研究》16(2): 29-59。

1999 〈西班牙殖民台灣時期的史料：聖薩爾瓦多城的財務報告〉，《台灣史料研究》14: 119-146。

2001 〈北向與南進：西班牙東亞殖民拓展政策下的菲律賓與台灣（1565-1642)〉，收於曹永和先生八十壽慶論文集編輯委員會編，

《曹永和先生八十壽慶論文集》（台北：樂學書局，2001），頁
31-61。

2001 〈西班牙與台灣早期關係史研究的回顧與展望〉，《台灣文獻》
52(3): 357-371。

佚名

1962 《清初海疆圖說》（台北：台灣銀行經濟研究室，台灣文獻叢刊第
155種）。

何平

1998 《清代賦稅政策研究，1644-1840》（北京：中國社會出版社）。

何喬遠

1996 《閩書》（台南：莊嚴文化出版社，據福建省圖書館藏明崇禎刻本
影印）。

沈有容(輯)

1959 《閩海贈言》（台北：台灣銀行經濟研究室，台灣文獻叢刊第56種）。

沈演

1633 《止止齋集》，中央圖書館影印日本尊經閣文庫藏本。

沖繩縣立圖書館史料編集室(編集)

1992 《歷代寶案》（那霸：沖繩縣教育委員會）。

汪大淵(著)，蘇繼廎(校釋)

1981 《島夷志略校釋》（北京：中華書局）。

余文儀(纂修)

1962 《續修台灣府志》（台北：台灣銀行經濟研究室，台灣文獻叢刊第
121種）。

東京大學史料編纂所(編纂)

1978 《イギリス商館長日記　原文編之上》（東京：東京大學史料編纂
所）。

和田清

1924 〈琉球・台灣の名稱に就いて〉，《東洋學報》14(4): 06-129。

松田毅一

1981 《近世初期日本關係南蠻史料の研究》（東京：風間書房）。

岡本良知

1936 《十六世紀日歐交通史の研究》（東京：弘文莊）。

1936 〈1590年以前に於ける日本とフィリピン間の交通と貿易〉,《史學》14(4): 1-60。

岩生成一
1926 〈海外貿易家平野藤次郎〉,《歷史地理》48(4): 12-23。
1927 〈豐臣秀吉の台灣征伐計畫ついて〉,《史學雜誌》38(8): 4-37。
1934 〈松倉重政の呂宋島遠征計畫〉,《史學雜誌》45(9): 1115-1143。
1934 〈長崎代官村山等安の台灣遠征と遣明使〉,《台灣大學文政學部史學部史學研究科年報》1: 285-357。
1936 〈明末日本僑寓支那甲必丹考〉,《東洋學報》23(3): 63-119。
1939 〈有馬晴信の台灣島視察船派遣〉,阪上福一編,《台灣總督府博物館創立三十年記念論文集》(台北:台灣總督府博物館),頁287-295。
1941 〈豐臣秀吉の台灣招諭計畫〉,《台北帝國大學文政學部史學部史學研究科年報》7: 77-117。
1958 《朱印船貿易史の研究》(東京:弘文堂)。
1966 《南洋日本町の研究》(東京:岩波書店)。
1987 《續南洋日本町の研究:南洋島嶼地域分散日本人移民の生活と活動》(東京:岩波書店)。

岩生成一(抄輯),周學普(譯)
1959 《十七世紀臺灣英國貿易史料》(台北:台灣銀行經濟研究室)。

林子候
1978 《台灣涉外關係史》(嘉義:編者刊行)。

林仁川
1987 《明末清初私人海上貿易》(上海:華東師範大學出版社)。

林偉盛
1998 〈荷蘭時期東印度公司在台灣的貿易,1622-1662〉,台灣大學歷史研究所博士論文,未刊。
2000 〈荷蘭東印度公司檔案有關台灣史料介紹〉,《漢學研究通訊》19(3): 362-371。

林盛彬
1997 〈1626年西班牙進占台灣北部及其相關史料研究〉《台灣風物》47(3): 173-192。

胡滄澤
  1992 〈魏晉南朝時期北方漢人入閩及其對福建經濟發展的影響〉，《中國社會經濟史研究》1992(2)：25-32。
岸野久
  1989 《西歐人の日本發見：ザビエル來日前 日本情報の研究》（東京：吉川弘文館）。
岸野久、高瀨弘一郎(譯注)
  1981 《イエズス會と日本》（東京：岩波書店）。
金武正紀
  1993 〈舶載陶瓷器からみた琉球の海外貿易—中國陶磁器を中心として〉，收於琉中歷史關係國際學術會議實行委員會編集，《琉中歷史關係論文集(四)》（那霸：琉中歷史關係國際學術會議實行委員會），頁339-364。
知念勇
  1983 〈中國交易と沖繩出土の中國陶瓷〉，收於沖繩縣立博物館編集，《沖繩出土の中國陶磁ジョージ H. ケア氏調查收集資料》下冊，沖繩本島編（那霸：編集者刊行），頁115-116。
金關丈夫
  1978 《琉球民俗誌》（東京：法政大學出版局）。
奈良靜馬
  1942 《西班牙古文書を通して見たる日本と比律賓》（東京：大日本雄辯會講談社）。
邱炫煜
  1995 《中國海洋史專題研究：明帝國與南海諸蕃國篇》（台北：蘭台出版社）。
  1997 〈從大德南海志看宋末元初廣州的海外貿易〉，收於張炎憲主編，《中國海洋發展史論文集》六（台北：中央研究院中山人文社會科學研究），頁173-215。
周元文(纂修)
  1960 《重修台灣府志》（台北：台灣銀行經濟研究室，台灣文獻叢刊第66種）。

周明德
    1994　《海天雜文》（台北：台北縣立文化中心）。
    1995　〈地名淡水、滬尾之興替〉，《台灣風物》45(1)。
周致中（著），陸峻嶺（校注）
    2000　《異域志》（北京：中華書局）。
周達觀（著），夏鼐（注）
    2000　《眞臘風土記》（北京：中華書局）。
河井隆敏
    1944　〈基隆大沙灣の貝塚發掘記〉，《民俗台灣》4(3)。
茂在寅男
    1977　〈黑潮圈の海況と航海〉，收於黑潮文化の會編，《日本民族と
           黑潮文化：黑潮の古代史序說》（東京：角川書店），頁129-147。
桑原騭藏
    1968　〈蒲壽庚の事蹟〉，收於宮崎市定等編，《桑原騭藏全集》，第
           五卷（東京：岩波書店），頁21-241。
宮崎市定
    1998　〈南洋を東西洋に分つ根據に就いて〉，收於礪波護編，《東西
           交涉史論》（東京：中央公論社），頁145-173。
高良昌吉
    1987　〈琉球・沖繩の歷史と日本社會〉，收於朝尾直弘等編，《日本
           の社會史 第一卷列島內外の交通と國家》（東京：岩波書店），
           頁373-375。
高良倉吉
    1989　《新版琉球の時代 大いなる歷史像を求めて》（那霸：ひるぎ社）。
宮城榮昌
    1977　《琉球の歷史》（東京：吉川弘文堂）。
姚瑩
    1960　《中復堂選集》（台北：台灣銀行經濟研究室，台灣文獻叢刊第83
           種）。
柯淑純、林玉鈴（主編）
    1995　《社寮文史調查手冊》（基隆：基隆市立文化中心）。

胡家瑜、崔伊蘭(主編)
  1998 《台大人類學系伊能藏品研究》(台北：台灣大學出版中心)。
胡興華
  1996 《拓漁台灣》(台北：台灣省漁業局)。
洪連成
  1993 《找尋老雞籠：舊地名探源》(基隆：基隆市政府)。
洪敏麟
  1980 《台灣舊地名之沿革》第一冊(台中：台灣省文獻委員會)。
郁永河
  1983 《裨海紀遊》(台北：成文出版社，據方豪合校足本)。
馬淵東一
  1974 《馬淵東一著作集》(東京：社會思想社)。
范咸(纂修)
  1985 《重修台灣府志》，收於《台灣府志·三種》(北京：中華書局)。
凌純聲
  1979 《中國邊疆民族與環太平洋文化》(台北：聯經出版公司)。
唐文基(主編)
  1995 《福建古代經濟史》(福州：福建教育出版社)。
唐羽
  1995 《台灣採金七百年》(台北：財團法人台北市錦綿助學基金會)。
  1990 〈明鄭之取金淡水、雞籠考〉，《台灣文獻》41(3-4): 37-51。
高拱乾
  1985 《台灣府志》，收於《台灣府志·三種》(北京：中華書局)。
袁珂(校注)
  1982 《山海經》(台北：里仁書局)。
徐葆光
  1972 《中山傳信錄》(台北：台灣銀行經濟研究室，台灣文獻叢刊第292
       種)。
徐兢
  1972 《宣和奉使高麗圖經》(漢城：亞細亞文化社)。
移川子之藏
  1935 〈ケタガラン族の大雞籠社〉，《科學の台灣》3(5)。

翁佳音

　　1998　《大台北古地圖考釋》（台北：台北縣立文化中心）。

　　1999　〈近代初期北部台灣的貿易與原住民〉，收於黃富三、翁佳音主編，《台灣商業傳統論文集》（台北：中央研究院台灣史研究所籌備處），頁45-80。

連橫

　　1962　《台灣通史》（台北：台灣銀行經濟研究室，台灣文獻叢刊第128種）。

許孚遠

　　1611　《敬和堂集》，13卷，中央圖書館影印日本內閣文庫藏本。

陳子龍（等選輯）

　　1962　《明經世文編》（北京：中華書局）。

陳正祥（等纂）

　　1954　《基隆市志・概述篇》（基隆：基隆市文獻委員會）。

　　1954　《基隆市志・自然環境篇》（基隆：基隆市文獻委員會）。

陳宗仁

　　1996　《從草地到街市——十八世紀新庄街的研究》（台北：稻鄉出版社）。

　　1998　〈沙湧港塞—清代八里坌的興衰〉，《台北縣立文化中心季刊》56: 27-36、45-47。

　　2000　〈南港社與北港社考釋——兼論清代台北地區番丁銀制〉，《台灣史研究》7(1): 1-26。

　　2003　〈北港〉與「Pacan」地名考釋：兼論十六、七世紀之際台灣西南海域貿易情勢的變遷〉，《漢學研究》21(2): 249-278。

　　2003　〈西班牙統治時期雞籠堡壘的興築與毀棄〉，《台灣文獻》54(3): 17-39。

陳尚勝

　　1997　《懷夷與抑商：明代海洋力量興衰研究》（濟南：山東人民出版社）。

陳希育

　　1991　《中國帆船與海外貿易》（廈門：廈門大學出版社）。

陳荊和

　　1963　《十六世紀之菲律賓華僑》（香港：新亞研究所）。

陳侃

　　1970　《使琉球錄》，收於《使琉球錄三種》（台北：台灣銀行經濟研究
　　　　　　室，台灣文獻叢刊第287種）。

陳祖綬

　　1987　《皇明職方地圖表》（南京：江蘇廣陵古籍刻印社）。

陳信雄

　　1993　〈從琉球出土中國陶瓷窺探中琉關係〉，琉中歷史關係國際學術
　　　　　　會議實行委員會編集，《琉中歷史關係論文集(四)》（那霸：琉
　　　　　　中歷史關係國際學術會議實行委員會），頁319-338。

陳國棟

　　1978　〈西班牙及荷蘭時代的淡水(上、下)〉，《台灣人文》4: 27-34；
　　　　　　5: 25-33。

　　2000　〈十七世紀初期東亞貿易中的中國棉布〉，「近代早期東亞海洋
　　　　　　史與台灣島史：慶祝曹永和院士八十大壽國際學術研討會」論
　　　　　　文，頁1-19。

陳漢光

　　1968　〈明代清初北台武備〉，《台北文獻》直字1/2/3/4合刊：37-55。

陳培桂（纂修）

　　1963　《淡水廳志》（台北：台灣銀行經濟研究室經濟研究室，台灣文獻
　　　　　　叢刊第172種）。

陳夢林（纂修）

　　1962　《諸羅縣志》（台北：台灣銀行經濟研究室經濟研究室年，台灣文
　　　　　　獻叢刊第141種）。

陳壽祺（等纂）

　　1968　《福建通志》（台北：華文書局）。

張天澤（著），姚楠、錢江（譯）

　　1998　《中葡早期通商史》（香港：中華書局香港分局）。

張廷玉（等撰）

　　1975　《明史》（台北：鼎文書局）。

張彬村

　　1984　〈十六世紀舟山群島的走私貿易〉，《中國海洋發展史論文集》
　　　　　　第一輯，頁71-95。

張崇根

1987 〈三國孫吳經營台灣考〉，收於施聯朱、許良國編，《台灣民族歷史與文化》（北京：中央民族學院出版社），頁400-411。

1987 《周嬰東番記考證》，收於施聯朱、許良國編，《台灣民族歷史與文化》，頁307-318。

張增信

1988 〈明季東南海寇與巢外風氣體1567-1644〉，張炎憲主編，《中國海洋發展史論文集》第三輯，頁313-344。

1988 《明季東南中國的海上活動上編》（台北：私立東吳大學中國學術著作獎助委員會）。

張應俞

1993 《杜騙新書》（上海：古籍出版社）。

張燮（著），謝方（點校）

2000 《東西洋考》（北京：中華書局）。

曹永和

1979 《台灣早期歷史研究》（台北：聯經出版事業公司）。

1988 〈環シナ海域交流史における台灣と日本〉，箭內健次編，《鎖國日本と國際交流》上卷（東京：吉川弘文館），頁613-639。（鍾淑敏等譯，〈環中國海域交流史上的台灣和日本〉，《台灣風物》41(1)，1991/3: 17-43）。

1990 〈台灣島史研究的另一途徑——「台灣島史」概念〉，《台灣史田野研究通訊》15: 7-9。

2000 《中國海洋史論集》（台北：聯經出版公司）。

2000 《台灣早期歷史研究續集》（台北：聯經出版公司）。

曹學佺

1993 《曹能始先生石倉全集》（東京：高橋情報社）。

曹履泰

1959 《靖海紀略》（台北：台灣銀行經濟研究室，台灣文獻叢刊第33種）。

國分直一

1986 《海上の道：倭と倭的世界の模索》（東京：福武書店）。

黑潮文化　會(編)
　　1977　《日本民族と黑潮文化：黑潮の古代史序說》(東京：角川書店)。
黃士強
　　1984　《台北芝山巖遺址發掘報告》(台北：台北市文獻委員會)。
黃秀敏(譯)
　　1993　《台灣南島語言研究論文日文中譯彙編》(台東：國立台灣史前文
　　　　　化博物館籌備處)。
黃美英(編)
　　1996　《凱達格蘭族書目彙編》(台北：台北縣立文化中心)。
黃省曾(著)、謝方(校)
　　1982　《西洋朝貢典錄》(北京：中華書局)。
黃叔璥
　　1957　《台海使槎錄》(台北：台灣銀行經濟研究室，台灣文獻叢刊第4
　　　　　種)。
黃鴻釗
　　1999　《澳門史》(福州：福建人民出版社)。
康培德
　　1999　《殖民接觸與帝國邊陲——花蓮地區原住民十七至十九世紀的歷
　　　　　史變遷》(台北：稻鄉出版社)。
梁嘉彬
　　1965　《琉球及東南諸海島與中國》(台中：東海大學)。
夏琳
　　1958　《閩海紀要》(台北：台灣銀行經濟研究室，台灣文獻叢刊第11
　　　　　種)。
夏琳
　　1958　《海紀輯要》(台北：台灣銀行經濟研究室，台灣文獻叢刊第22
　　　　　種)。
彭孫貽
　　1959　《靖海志》(台北：台灣銀行經濟研究室，台灣文獻叢刊第35種)。
森山恆雄
　　1988　〈豐臣期海外貿易の一形態續論〉，收於箭內健次編，《鎖國日
　　　　　本と國際交流》(東京：吉川弘文館)，頁203-235。

程紹剛（譯註）
　　2000　《荷蘭人在福爾摩莎》（台北：聯經出版公司）。
鹿野忠雄
　　1940　〈フィリピン・バタン諸島・紅頭嶼・台灣民族移動線〉，《新
　　　　　亞細亞》2(11): 26-36。
鹿野忠雄（著），宋文薰（譯）
　　1955　《台灣考古學民族學概觀》（台北：台灣文獻委員會）。
董應舉
　　1967　《崇相集選錄》（台北：台灣銀行經濟研究室，台灣文獻叢刊第237
　　　　　種）。
湯開建
　　1999　《澳門開埠初期史研究》（北京：中華書局）。
湯錦台
　　2002　《前進福爾摩沙——十七世紀大航海年代的台灣》（台北：貓頭鷹
　　　　　出版社）。
楊彥杰
　　1992　《荷據時代台灣史》（南昌：江西人民出版社）。
楊君實
　　1961　〈台北縣八里鄉針三行及大坌坑文化兩史前遺址調查報告〉，《國
　　　　　立台灣大學考古人類學刊》，17/18: 45-66。
趙汝适（著），楊博文（校釋）
　　1996　《諸蕃志》（北京：中華書局）。
萬明
　　2000　《中國融入世界的步履：明與清前期海外政策比較研究》（北京：
　　　　　社會科學文獻出版社）。
淵脇英雄
　　1934　〈支那比律賓通商上のサングレイに就いて〉，《歷史と地理》
　　　　　33(4): 336-347。
箭內健次
　　1938　〈マニラの所謂パリアンに就いて〉，《台北帝大史學科研究年
　　　　　報》5: 191-346。

詹素娟（主持）、劉益昌（協同主持）

1999 《大台北都會區原住民歷史專輯：凱達格蘭調查報告》（台北：台北市文獻委員會）。

詹素娟

1995 〈宜蘭平原噶瑪蘭族之分布、來源與遷徒──以哆囉美遠社、猴候社為中心〉，潘英海、詹素娟編《平埔研究論文集》（台北：中央研究院台灣史研究所籌備處），頁41-76。

1998 〈族群、歷史與地域：噶瑪蘭人的歷史變遷，從史前到1900年〉（台北：台灣師範大學歷史研究所博士論文，未刊）。

1999 〈分類的迷思──淡水河系原住民的族群類緣問題〉，收於周宗賢主編，《淡水學學術研討會：過去・現在・未來論文集》（台北：國史館），頁1-25。

2000 〈地域社群的概念與檢驗──以金包里社為例〉，收於《北台灣鄉土文化學術研討會論文集》（台北：政大歷史系），頁223-244。

盛子棟

1976 〈西班牙人竊據台北始末〉，《台北文獻》直字38: 351-358。

廖漢臣

1952 〈西班牙人據台考〉，《台灣風物》1(1): 41-46。

1959 〈荷人經略北部台灣〉，《台灣風物》8(3): 1-17。

廖秋娥、黃致誠（編纂）

1996 《台灣地名辭書，卷17基隆市》（南投：台灣省文獻委員會）。

鄧孔昭

2000 《鄭成功與明鄭台灣史》（北京：台海出版社）。

鄭樑生

1985 《明代中日關係研究：以明史日本傳所見幾個問題為中心》（台北：文史哲出版社）。

賴永祥

1970 《台灣史研究初集》（台北：撰者刊行）。

劉益昌

1998 〈古老的石門人〉，《北縣文化》55: 4-14。

2001 〈台灣北部新辨認的訊塘埔文化〉，中央研究院歷史語言研究所東南亞考古研究室主辦，「珠江三角洲與台灣地區考古──近年

來的新發現和新評估研討會」，2001年6月，頁1-22。

劉斌雄
　　1963　〈台北八里坌史前遺址之發掘〉，《台北文獻》3: 2-59。

臧振華
　　1989　〈試論台灣史前史上的三個重要問題〉，《國立台灣大學考古人
　　　　　類學刊》45: 85-106。
　　1997　〈考古學與台灣史〉，收於臧振華編，《中國考古學與歷史學之
　　　　　整合研究》（台北：中央研究院歷史語言研究所），頁722-741。

錢江
　　1986　〈1570-1760年中國和呂宋貿易的發展及貿易額的估算〉，《中國
　　　　　社會經濟史研究》1986年3期：69-78。

幣原坦
　　1938　《南方文化の建設へ》（東京：富山房）。

薛化元、翁佳音（總纂）
　　1997　《萬里鄉志》（台北：萬里鄉公所）。

濱下武志
　　1993　〈地域研究とアジア〉，收於溝口雄三等編，《地域システム》（東
　　　　　京：東京大學出版會），頁1-12。
　　1997　〈東亞海港間關係的歷史發展〉，「第七屆中國海洋發展史國際
　　　　　研究會論文」，1997年5月1-3日，頁1-8。

簡萬火
　　1931　《基隆誌》（基隆：基隆圖書出版協會）。

顧炎武
　　1981　《天下郡國利病書》（台北：台灣商務印書館）。

蔣毓英（纂修）
　　1985　《台灣府志》，收於《台灣府志・三種》（北京：中華書局）。

劉良璧（纂修）
　　1961　《重修福建台灣府志》（台北：台灣銀行經濟研究室，台灣文獻叢
　　　　　刊第74種）。

施琅
　　1958　《靖海紀事》（台北：台灣銀行經濟研究室，台灣文獻叢刊第13
　　　　　種）。

葉向高
　　2000　《蒼霞餘草》（北京：北京出版社，四庫禁燬書叢刊集部第125冊）。
鄭若曾
　　1983　《鄭開陽雜著》（台北：台灣商務印書館）。
鞏珍
　　1961　《西洋番國志》（北京：中華書局）。
藍鼎元
　　1977　《鹿洲初集》（台北：文海出版社，近代中國史料叢刊續輯，402
　　　　　冊）。
謝金鑾
　　1962　《續修台灣縣志》（台北：台灣銀行經濟研究室，台灣文獻叢刊第
　　　　　140種）。
謝杰
　　1985　《虔台倭纂》（台北：國立中央圖書館）。
顧祖禹
　　1981　《讀史方輿紀要》（台北：洪氏出版社）。
薛國中、韋洪（編）
　　1993　《明實錄類纂：福建台灣卷》（武漢：武漢出版社）。
蕭崇業
　　1970　《使琉球錄》，收於《使琉球錄三種》（台北：台灣銀行經濟研究
　　　　　室，台灣文獻叢刊第287種）。
聶德寧
　　1992　〈明清之際福建的民間海外貿易港口〉，《中國社會經濟史研究》
　　　　　1992年4期。
羅青霄（纂）
　　1965　《漳州府志》（台北：台灣學生書局）。
嚴從簡（輯）
　　1968　《殊域周咨錄》（台北：華文書局）。
龜井明德
　　1986　《日本貿易陶磁史の研究》（京都：同朋舍）。
Álvarez, José María
　　1930　*Formosa: Geográfica e Históricamente Considerada*（Barcelona:

Librería Católica Internacional).

Atwell, William S.

1997 "A Seventeenth-century 'General Crisis' in East Asia?" In Parker, Geoffrey and Lesley M. Smith, eds., *The General Crisis of the Seventeenth Century* (New York: Routledge), pp. 235-254.

1977 "Notes on Silver, Foreign Trade, and the Late Ming Economy." *Ching-shih Wen-ti* 3(7): 1-33.

Bañón, Luis Delgado y Dolores Delgado Peña

1992 "La Presencia Española en Formosa(The Spanish Presence in Formosa)." *Revista de Historia Naval* 37: 55-72.

Blussé, Leonard

1990 "Minnan-jen of Cosmopolitan? The Rise of Cheng Chih-lung alias Nicolas Iquan." In Vermeer, E.B. ed., *Development and decline of Fukien Province in the 17th and 18th Centuries* (New York: Brill), pp. 245-264.

1995 "Retribution and Remorse: The Interaction between the Administration and the Protestant Mission in Early Colonial Formosa", In: Prakash, Gyan. ed., *After Colonialism: Imperial Histories and Postcolonial Displacement*pp (Princeton: Princeton University Press), pp. 153-182. (林偉盛中譯，〈懲罰與悔恨：早期福爾摩沙的政教關係〉，《台灣文獻》49(4): 267-286。)

1996 "No Boats to China. The Dutch East India Company and the Changing Pattern of the China Sea Trade, 1635-1690." In *Modern Asian Studies* 30(1): 51-76.

Blair, Emma Helen and James Alexander Robertson (eds.)

1903-1909 *The Philippine Islands 1493-1898.* Cleveland (Ohio: The A. H. Clark Company).

Borao, José E.

1992 "La Llegada de Españoles a Isal Hermosa, en el Contexto del Mito Orientalista." *Encuentros en Catay* 6: 183-205.

1992 "The Spanish Presence in Taiwan(1626-42)."《台大歷史學報》17: 315-330。

1993　"The Aborigines of Northern Taiwan According to 17th-century Spanish Sources."《台灣田野研究通訊》27: 98-120.

1994　"Spanish Sources for the History of Taiwan." In台灣大學歷史系編，《台灣史料國際學術研討會論文集》（台北：編者自刊），頁17-47。（李毓中翻譯為中文〈有關台灣的西班牙史料〉，刊於《台灣風物》45(3): 188-173)。

1996　"Consideraciones en Torno a la Imagen de Koxinga Vertide por Victorio Riccio en Occidente." *Encuentros en Cathay* 10: 48-77.

1998　"The Catholic Dominican Missionaries in Taiwan, 1626-1642." 林治平主編，《台灣基督教史：史料與研究回顧國際學術研討會論文集》（台北：宇宙光出版社），頁35-76。

2001　"Fleets, Relief Ships and Trade: the Communication between Taiwan and the Philipinas, 1626-1642." *Maritime History of East Asia and the History of the Island of Taiwan in the Early Modern Period: International Conference in Celebration of the Eightieth Birthday of Professor Yung-ho Ts'ao*, pp. 1-29.

Borao, José E.(著)、林娟卉(譯)

1998　〈關於台灣的首份西方文獻〉，《北縣文化》58: 42-47。

Borao, José E. et al.（eds.）

2002　*Spaniards in Taiwan*（Taipei : SMC Publishing）.

Boxer, C. R.

1970　"Plata es Sangre: Sidelights on the Drain of Spanish-American Silver in the Far East, 1551-1700." *Philippine Studies* 18(3): 457-478.

1974　"Macao as a Religious and Commercial Entrepot in the 16th and 17th centuries." *Acta Asiatca* 26: 64-90.

Chang, Hsiu-Jung et al.（ed.）

1995　*The English Factory in Taiwan : 1670-1685*（Taipei: National Taiwan University）.

Chaudhuri, K. N.

1985　*Trade and Civilisation in the Indian Ocean: an Economic History from the Rise of Islam to 1750*（New York: Cambridge University Press）.

Chaunu, Pierre

　　1960　*Les Philippines et le Pacifique des Iberiques* (Paris: S.E.V.P E.N).

Clark, J. D.

　　1896　*Formosa* (Shanghai: Mercury Press).

Cortesao, Armando e Avelino Teixeira da Mota (ed).

　　1987　*Portugaliae Monumenta Cartographica* (Lisboa: Imprensa Nacional-Casa da Moeda).

Dietmar, Rothermund

　　1981　*Asian Trade and Eurpoean Expansion in the Age of Mercantilism* (New Delhi: Manohar).

Dyke, Paul A. van

　　1997　"How and why the Dutch East India Company Became Competitive in Intra-Asian trade in East Asia in the 1630s." *Itinerario* 21: 41-56.

Garner, Richard L.

　　1988　"Long-Term Silver Mining Trends in Spanish America: A Comparative Analysis of Peru and Mexico." *American Historical Review* 93(4): 898-935.

Hirth, Friedrich and W. W. Rockhill

　　1911　*Chau Ju-kua, his Work on the Chinese and Arab Trade in the Twelfth and Thirteenth Centuries* (St. Petersburg: Imperial Academy of Sciences).

Imbault-Huart, Camille

　　1893　*L'ile Formose : Histoire et Description.* Paris: Ernest Laroux.(黎烈文譯,《台灣島之歷史與地誌》,台北:台灣銀行經濟研究室,1958,台灣研究叢刊第56種)

Laarhoven, Ruurdje and Elizabeth Pino Wittermans

　　1985　"From Blockade to Trade: Early Dutch Relations with Manila, 1600-1750," *Philippine Studies* 33: 485-504.

Mascaraque, Bel Pozuelo

　　1994　"Historia del Pacifico." *Cuadernos de Historia Contemporanea* 16: 219-226.

Moloughney, Brian and Weizhong Xia

    1989   "Silver and the Fall of the Ming: a Reassessment." *Papers on Far Eastern Asia* 40: 51-78.

Morga, Antonio de

    1961   *Sucesos de las Islas Filipinas* (Manila: Comisión Nacional del Centenario de José Rizal).

Nachod, Oskar(著)、富永牧太(譯)

    1956   《十七世紀日蘭交涉史》（東京：奈良天理大學出版部）。

Parker, Geoffrey and Lesley Smith (eds.)

    1997   The General Crisis of the Seventeenth Century (New York: Routledge).

Pastells, Pablo（著）、松田毅一（譯）

    1994   《16-17世紀日本・スペイン交涉史》（東京：大修館）。

Phelan, John Leddy

    1959   *The Hispanization of the Philippines: Spanish Aims and Filipino Responses, 1565-1700* (Madison: University of Wisconsin Press).

Ptak, Roderich

    1999   "The Northern Trade Route to the Spice Islands: South China Sea-Sulu Zone-North Moluccas, (14th to Early 16th Century), In Roderich Ptak, *China's Seaborne Trade with South and Southeast Asia (1200-1750)* (Aldershot: Ashgate), pp. 27-56.

Reid, Anthony

    1988   *Southeast Asia in the Age of Commerce, 1450-1680* (New Haven: Yale University Press)

    1992   "Economic and Social Change, c.1400-1800." In Nicholas Tarling, ed., *The Cambridge History of Southeast Asia* (New York: Cambridge University Press), pp. 460-507.

    1997   "The Crisis of the Seventeenth Century in Southeast Asia." In Geoffrey Parker and Lesley M. Smith, eds., *The General Crisis of the Seventeenth Century* (New York: Routledge), pp. 206-233.

Santamaria, Alberto

    1966   "The Chinese Parian." In Felix, Alfonso Jr. ed., *The Chinese in the*

Philippines (Manila: Solidaridad Publishing House, 1966-1969), pp. 67-118.

Schurz, William L.

1939　*The Manila Galleon* (New York: E. P. Dutton).

Steensgaard, Niels

1973　*The Asian Trade Revolution of the Seventeenth Century : the East India Companies and the Decline of the Caravan Trade* (Chicago : University of Chicago Press).

Subrahmanyam, Sanjay

1990　*The Political Economy of Commerce: Southern India, 1500-1650* (New York: Cambridge University Press).

Thompson, E. Maunde (ed.)

1964　*Diary of Richard Cocks: Cape-merchant in the English Factory in Japan, 1615-1622* (New York: B. Franklin).

Ts'ao Yung-ho

1998　"Taiwan as an Entrepôt in East Asia in the Seventeenth Century." *Itinerario* 21(3): 94-114.(中譯文見曹永和著，陳宗仁、陳俐甫合譯，〈十七世紀作爲東亞轉運站的台灣〉，《台灣風物》48(3)，1998/9，頁91-116).

Vertente, Christine、許雪姬、吳密察

1991　《先民的足跡：古地圖話台灣滄桑史》（台北：南天書局）。

Whealney, Paul

1959　"A City that was Made for Merchandise: the Geography of Fifteenth-Century Malacca."《南洋研究》1: j1-j8.

Wills, John Elliot Jr.

1974　*Pepper, Guns, and Parleys; the Dutch East India Company and China, 1662-1681* (Cambridge: Harvard University Press).

附錄一

相關度量衡單位換算

一、貨幣重量換算

中　國　　1 tael(兩)= 37.8公克的白銀

荷　蘭　　1 florin(guilder)=10公克的白銀

葡萄牙　　1 cruzado，在亞洲約等同於西班牙的1 peso de a ocho real，即25.6 公克的白銀。

西班牙　　1 peso de a ocho real(《東西洋考》記爲「黃幣峙」，應爲西班牙文"un peso"之中文譯音)= 25.6 公克的白銀。

1 real = 3.19 公克的銀

資料來源：

Brian Moloughney and Weizhong Xia, "Silver and the Fall of the Ming: a Reassessment," *Papers on Far Eastern Asia* 40 (1989), p. 78.

二、長度、距離單位換算

西班牙的長度單位　　1 barza約等於1.6718公尺

1 legua約等於5572公尺

十七世紀中葉墨西哥製造的銀幣"peso"放大圖

資料來源：C. R. Boxer, "Plata es Sangre: Sidelights on the Drain of Spanish-American Silver in the Far East, 1551-1700," *Philippine Studies*, 18: 3（1970）, p. 478.

附錄二

菲律賓總督與台灣駐軍長官表

一、1571-1644年間歷任菲律賓總督表

姓　名	任　期	備　註
Miguel Lopez de Legazpi	-1572年8月20日（過世）	1565年抵宿霧島，1571年5月占領馬尼拉。
Guido de Labezares	1572年8月20日-1575年8月25日	臨時總督（由Miguel Lopez de Legazpi任命）
Francisco de Sande	1575年8月25日-1580年4月	總督兼總司令官（gobernador y capitan general）
Gonzalo Ronquillo de Peñalosa	1580年4月-1583年3月10日（過世）	總督兼總司令官
Diego Ronquillo	1583年3月10日-1584年5月	臨時總督
Santiago de Vera	1584年5月-1590年5月	總督兼總司令官兼皇家司法行政院（Audiencia）議長
Gomez Perez Dasmariñas	1590年5月-1593年10月	總督gobernador，兼總司令官（capitan general）、皇家司法行政院（Audiencia）議長，1593年10月25日因華人叛變，遇害。

姓　名	任　期	備　註
Pedro de Rojas	1593年10至12月	臨時代理，共四十天。
Luis Prerz Dasmariñas	1593年12月-1596年7月	臨時總督(由前任總督遺令接任)
Francisco de Tello de Guzmán	1596年7月-1602年5月	總督，兼總司令官、皇家司法行政院議長
Pedro Bravo de Acuña	1602年5月-1606年6月(過世)	總督，兼總司令官、皇家司法行政院議長
Rodrigo de Vivero	1608年6月-1609年4月	臨時總督
Juan de Silva	1609年4月-1616年4月(過世)	總督，兼總司令官、皇家司法行政院議長
Alonso Fajardo y Tenza	1618年7月-1624年7月(過世)	總督，兼總司令官、皇家司法行政院議長
Fernando de Silva	1625年6月至1626年6月	前任總督過世後，行政事務由皇家司法行政院暫代至1625年6月。Fernando de Silva 爲墨西哥的副王(Viceroy)所任命，爲臨時總督。
Juan Niño de Tavora	1626年6月至1632年7月(過世)	總督，兼總司令官、皇家司法行政院議長，1626年7月抵達馬尼拉，接任總督，逝於任內。
Juan Cerezo de Salamanca	1633年中至1635年6月	臨時總督(由墨西哥的副王任命)
Sebastián Hurtado de Corcuera	1635年6月至1644年8月	總督，兼總司令官、皇家司法行政院議長。

　　按自從Miguel Lopez de Legazpi占領馬尼拉後，菲律賓總督均由西班牙國王任命，總督兼任總司令官與皇家司法行政院議長（1584年始設立）。總督於任內過世，則由其遺令任命人選擔任臨時總督，如無，則由皇家司法行政院負責菲律賓的行政事務，位在墨西哥的新西班牙副王（Virrey de Nueva España）亦會派人到菲律賓擔任臨時總督，直至國王派任的總督抵達菲律賓為止。

二、西班牙駐軍長官表（1626-1642）

　　西班牙占領北台初期，對台灣駐軍長官似未有專名，有些文件稱"cabo en aquella isla"，竟即該島頭人、負責人之意。後來稱之為"Gobernador de Isla Hermosa"[1]，即福爾摩沙島長官；1640年菲律賓總督Sebastián Hurtado de Corcuera稱最後一任長官為「alcayde de la fuerza de San Salvador de Isla Hermosa y gobernador de la gente de guerra y mar y demás personas que en ella sirven」，意即福爾摩沙島聖救主城的市長、在該地的軍人、海員以及其他服務人員的長官。

　　在1626至1642年間，先後任命六名長官，任期為二至三年。身份均為軍人，除第二任Juan de Alcarazo官階為general外，其餘均為sargento mayor。

1　*Spaniards in Taiwan*, Vol. I, p. 258.

	姓　　名	任　　期
1	Antonio Carreño de Valdés	1626年5月至1629年
2	Juan de Alcarazo	1629年[2]至1632年[3]
3	Alonso García Romero	1633年被任命，8月底乘船至雞籠，因故停泊澳門，延至1634年4月底才離開澳門[4]，至1635年卸任[5]。
4	Francisco Hernández	1635年[6]至1637年[7]

2　菲律賓總督Juan Niño de Tavora在1629年8月1日之信中提及更換長官之事，並謂新任長官已乘船前往雞籠，故知新任長官於此年派出，見*Spaniards in Taiwan*, Vol. I, p. 138。

3　菲律賓總督Juan Niño de Tavora在1632年7月8日之信中稱已派船前往雞籠接回當地長官，但接替人選尚未決定，僅謂其職位由el sargento mayor擔任，並謂會另派人去。見*Spaniards in Taiwan*, Vol. I, p. 160。

4　*Spaniards in Taiwan*, Vol. I, p.217。按1633年4月似無船隻至雞籠，1631-1633年，每年僅在八月派出。

5　Alonso García Romero在書信中稱他在台灣擔任長官兩年，並在菲律賓總督Sebastián Hurtado de Corcuera到任時請求調職，獲得允許。按新任總督係於1635年6月至馬尼拉，見*Spaniards in Taiwan*, Vol. I, p. 258。

6　1635年7月9日Francisco Hernández繳交「media anata」稅金，此稅係西班牙官員被派任某一職位的首年所交納，Hernández繳納120 pesos，是台灣長官所得年薪的十分之一，見*Spaniards in Taiwan*, Vol. I, p. 253.按這是他任職的第一年。

7　1637年1月Sebastián Hurtado de Corcuera總督寫信給Francisco Hernández長官，要求他派兵攻擊淡水住民，事成之後，將西班牙人在北台所有軍隊撤回雞籠的主堡壘，並乘著8月份的補給船，將多餘的兵力、武器帶回馬尼拉，Francisco Hernández長官亦受命隨船返回馬尼拉，見*Spaniards in Taiwan*, Vol. I, p. 272.

姓　名	任　期
5　Pedro Palomino	1637年[8]至1939年[9]
6　Gonzalo Portillo	1640年[10]至1642年8月投降[11]

8　Sebastián Hurtado de Corcuera總督在1637年7月任命Pedro Palomino為台灣長官，見 *Spaniards in Taiwan*, p. 273。Pedro Palomino於該年8月乘船帶兵至台灣，見 *Spaniards in Taiwan*, Vol. I, p. 276。

9　1639年9月Sebastián Hurtado de Corcuera總督派人至雞籠，尚見到Palomino長官，見 *Spaniards in Taiwan*, p. 305；但道明會士Teodoro Quiros de la Madre de Dios在該年10月4日寫信請求馬尼拉派遣新的長官至雞籠，見 *Spaniards in Taiwan*, Vol. I, p. 300。可知Palomino約於9月底、10月初離開台灣。

10　1640年4月13日菲律賓總督致信國王，報告此一任命案，見 *Spaniards in Taiwan*, Vol. I, pp. 309-313.不過Portillo已先於該年3月20日抵達雞籠，顯然任命時間應在3月之前。見 *Spaniards in Taiwan*, Vol. I, p. 316。

11　*The Philippine Islands*, Vol. 35, p. 144-145。

附錄三
雞籠、淡水早期史研究的回顧與展望

　　在台灣早期史的研究中，很多學者寫過某些主題研究的回顧與展望，如曹永和、中村孝志、石萬壽、李毓中等均寫過這類的文章，臚列很多相關的研究論著，並作適當的介紹與評價，甚便有興趣的研究者參考[1]。本文亦仿前賢此類文體，簡介雞籠、淡水早期史的回顧與展望。

　　筆者於2002年寫作博士論文時，曾整理、介紹過雞籠、淡水早期史，唯近年來一直有新作發表，故重新整理舊稿，增添新論

---

[1]　關於台灣早期史的研究歷程，可參見曹永和的〈台灣荷據時代研究的回顧與展望〉與〈台灣早期歷史研究的回顧與展望〉，二文均收於氏著，《台灣早期歷史研究續集》（台北：聯經出版事業公司，2000），頁293-358；中村孝志，〈オランダ時代台灣史・研究の回顧と展望〉，收於國立台灣大學歷史學系編，《民國以來國史研究的回顧與展望研討會論文集》（台北：國立台灣大學出版組，1992），頁1141-1152；石萬壽，〈明鄭時期研究的回顧與展望〉，收於國立台灣大學歷史學系編，《民國以來國史研究的回顧與展望研討會論文集》，頁1153-1175；李毓中，〈西班牙與台灣早期關係史研究的回顧與展望〉，《臺灣文獻》52:3(2001年9月)，頁357-371。

著，與同好分享。

　　雞籠、淡水早期史指的是1700年以前的雞籠、淡水歷史，有關這段歷史的學術性研究，可以追溯至二十世紀初期，在將近百年的研究史中，出現了兩個研究高峰期，一是1930年代[2]，另一是1990年代。

一、1930年代的雞籠、淡水早期史研究

　　最早探討十八世紀以前雞籠、淡水史的學者應是伊能嘉矩，他在1906年撰寫〈清領以前の台北地方〉一文，將北部台灣統稱之為「台北地方」，並將1684年以前的歷史區分為四個階段：「土蕃占居時代」、「西班牙人與荷蘭人占領時代」、「日本人依據的時代」與「鄭氏統制時代」。伊能嘉矩敘述了西班牙占領雞籠、淡水的過程外，同時也引用西班牙傳教士Jacinto Esquivel有關北台住民的描寫。

　　伊能嘉矩此文建立了雞籠、淡水早期史論述的架構，雖然文字簡略，但卻是最早、最有系統的作品[3]。

　　到了1930年代，有關雞籠、淡水史的作品明顯增多，可說是蓬勃發展的時期，先是1930年道明會士José María Álvarez在西班

2　按此與台北帝國大學南洋史講座的設立有關。

3　伊能嘉矩，〈清領以前の台北地方（一～三）〉，《台灣慣習記事》6:6-8（1906），頁473-483、584-593、654-663；三浦祐之，〈台北平野の開拓に就て〉，《台灣農事報》323（1933年10月），頁2-13，體例與伊能嘉矩此文相似，但較粗略。

牙出版其著作*Formosa: Geográfica e Históricamente Considerada*（《福爾摩沙島：地理的與歷史思考的》），此書使用大量西班牙史料敘述台灣早期歷史，在日治時代甚受學者重視，後來中村孝志的論著多處參考此書。

1931年台北帝國大學南洋史講座教授村上直次郎發表〈基隆の紅毛城址〉，以雞籠紅毛城的興修毀棄爲主軸，敘述西班牙、荷蘭占領與經營雞籠的經過，爲十七世紀的雞籠史建立起翔實的論述架構[4]。村上直次郎另有〈イスパニヤの台灣占據〉（1934）一文，概述西班牙人1590年代以來有關占領台灣的討論與行動[5]。

另外，台北帝國大學史學科畢業的中村孝志，其1935年畢業論文的主題即研究西班牙人、荷蘭人在台的傳教事業。他於1936年發表〈エスパニヤ人の台灣占據と布教事業〉，探討西班牙人占領雞籠、淡水的原因以及傳教的經過與成果[6]。十餘年後，中村孝志在1951年發表〈台灣におけるエスペニア人の教化事業〉，這篇文章對十七世紀西班牙在台的傳教史進行更廣泛的探討，成爲此一領域最早、最重要的論文[7]。

此後，中村孝志研究重心轉到東南亞研究，直到1990年代又重新整理其舊稿，1991年以〈十七世紀中葉的淡水、基隆、台北〉

4　刊於《台灣時報》1931年11月，頁13-22(許賢瑤中譯，〈基隆的紅毛城址〉，《台北文獻》117(1996年9月)，頁127-138)。

5　刊於《科學の台灣》2: 5/6(1934年12月)，頁7-12。

6　刊於《科學の台灣》4: 1(1936年4月)，頁14-20。

7　刊於《日本文化》30(1951)，頁25-61。賴永祥翻譯成中文，改稱〈十七世紀西班牙人在台灣的佈教〉，收於氏著，《台灣史研究初集》(台北：撰者刊行，1970)，附註有刪減。

爲題演講，概述西班牙與荷蘭人占領時代的北台歷史[8]。

　　曾任台北帝大總長的幣原坦，在1938年發表〈北台灣に於ける西・蘭兩國の角逐〉，著重於1642年荷蘭攻擊雞籠西班牙駐軍的原因及戰爭經過[9]，又有〈金・硫黃及び石炭の探檢〉一文[10]，討論台灣北部及東部的砂金及硫礦開採史。

　　總結1930年代的研究史，大略可歸納出三個重點：政治變動、傳教史及產業發展史。

　　戰後北台研究史的脈絡仍沿襲上述三個領域，故附記於此。

　　此時期之論著有廖漢臣的〈西班牙人據台考〉(1952)與〈荷蘭經略北部台灣〉(1958)[11]、曹永和的〈荷蘭與西班牙占據時期的台灣〉(1954)[12]、王一剛的〈西班牙占據北台史料〉(1970)[13]、盛子棟的〈西班牙人竊據台北始末〉(1976)[14]等文章，均是有關政治軍事史的論述。

　　同時期的賴永祥著重於史料翻譯，發表〈菲督施爾瓦之雞籠占領報告〉(1970)，並介紹西班牙人所繪有關北台的地圖[15]。

8　刊於《台灣風物》41：3(1991年10月)，頁118-129。

9　幣原坦，〈北台灣に於ける西・蘭兩國の角逐〉，收於氏著，《南方文化の建設へ》(東京：富山房，1938)，頁130-159。

10　同上註，頁300-342。

11　先後刊於《台灣風物》1：1(1952年12月)，頁41-46，以及《台灣風物》8：3(1959年10月)，頁1-17。

12　刊於《臺灣文化論集》，後收入氏著，《台灣早期歷史研究》(台北：聯經出版事業公司，1979)，頁25-44。

13　刊於《台北文獻》直字13/14(1970年12月)，頁1-8。

14　刊於《台北文獻》直字38(1976年12月)，頁351-358。

15　刊於賴永祥著，《台灣史研究初集》，頁147-153。

在產業發展史方面，陳國棟發表〈西班牙及荷蘭時代的淡水〉(1978)一文，除了概述西班牙與荷蘭統治下的淡水歷史外，特別著重傳教、交通與產業，其中產業一項，提出淡水的土產有硫磺、鹿皮、米與魚獲等，該文主要依據村上直次郎譯注的《巴達維亞城日誌》[16]。

二、1990年的研究風潮

到了1990年代，受到台灣史研究風潮的影響，有關雞籠、淡水早期歷史的研究又轉趨蓬勃，重要的研究者有José E. Borao(鮑曉歐)、翁佳音及詹素娟。

鮑曉歐目前任教台大外文系，他發表多篇論文，涉及以下課題：

1.外來者在雞籠、淡水的發展："The Spanish Presence in Taiwan(1626-42)"敘述西班牙占領台灣北部後，各股社會勢力集團間(西班牙籍軍人、菲律賓籍軍人、道明會傳教士、西班牙商人與北台住民、中國商人、日本人)的對立，以及他們在雞籠、淡水的商業貿易發展[17]。

2.西班牙傳教史："The Catholic Dominican Missionaries in Taiwan, 1626-1642"探討道明會士在台灣傳教的過程，著重傳教士與官方的關係、建立學校、教堂的計畫，以及在台傳教成果，是

16　刊於《臺灣人文》4(1978年4月)，頁27-34；5(1978年7月)，頁25-33。

17　刊於《台灣大學歷史學報》17(1992)，頁315-330。

繼中村孝志前述文章之後，另一有關西班牙在台傳教史的重要論文。[18]

3.北台南島民族史的研究："The Aborigines of Northern Taiwan According to 17th-century Spanish Sources"，根據十七世紀多位西班牙道明會士的書信、報告等，敘述北台住民的地理分布，以及他們的社會組織、經濟生活、婚姻習俗、語言等。[19]

4.西班牙王國與台灣據點的關係："Fleets, Relief Ships and Trade: the Communication between Taiwan and the Philippines（1626-1642）"，這篇文章是目前有關西班牙占台歷史論述中相當重要的作品，側重於菲律賓的西班牙當局對雞籠、淡水駐軍的資金與物資補助，西班牙人在台的貿易活動，特別是從紛雜的西班牙文獻中整理出各個年度的「socorro de Manila（馬尼拉的補助）」，是相當勞心費力之作。該文不僅是建構台灣早期史的重要作品論文，而且對西班牙人在亞洲的殖民史、東亞海域貿易史而言，均是重要的研究個案[20]。

鮑曉歐另有一西班牙文的作品"La Llegada de Españoles a Isla Hermosa, en el Contexto del Mito Orientalista"，從西班牙人對東方幻想性論述中，探討美洲的西班牙人自十六世紀中葉以來在亞洲的擴張活動，他認爲1626年西班牙人占領台灣亦受到此一論述的

18　刊於林治平主編，《台灣基督教史：史料與研究回顧國際學術研討會論文集》（台北：宇宙光出版社，1998），頁35-76。

19　刊於《台灣田野研究通訊》27(1993年6月)，頁98-120。

20　爲「近代早期東亞海洋史與臺灣島史：慶祝曹永和院士八十大壽」國際學術研討會論文（2000年10月），頁1-26。

影響，但在占領台灣的實際經驗中，卻證明此一論述的虛構性。[21]

上述鮑曉歐的研究從西班牙海外擴張史的角度探討雞籠、淡水早期史，提出了很多新的視野與觀點。

至於台灣本地的學者，如翁佳音於1995年翻譯三篇重要史料，分別是西班牙傳教士Jacinto Esquivel 有關北台住民的描述、及1640年代荷蘭人詢問Quesaymon、Theodore等人的記錄[22]。

除了史料翻譯外，翁佳音對雞籠、淡水早期史的研究主要在歷史地理的考證與南島民族住民商業傳統兩方面。1997年他發表〈萬里鄉的地名特色與發展史〉，全文雖然是鄉鎮志體例，但他依循素來強調的世界體系觀點和文獻考證的方法，探討台北縣萬里鄉的早期歷史，釐清了不少早期西班牙、荷蘭史料中，有關雞籠、金包里的問題[23]。

1998年翁佳音刊行《大台北古地圖考釋》，根據荷蘭與西班牙文獻，考證1654年荷蘭人所繪雞籠、淡水圖，對西班牙、荷蘭在此區域的堡壘、教堂等設施的位置與年代有甚多考證與創見，引起學界頗多討論[24]。

1999年翁佳音發表〈近代初期北部台灣的貿易與原住民〉一文，主張北台商業史有再檢討的必要，他強調北部台灣住民具有

21　刊於*Encuentros en Catay* 6（1992），pp. 183-205.

22　刊於黃美英編，《凱達格蘭族書目彙編》（台北：台北縣立文化中心，1996），頁103-121。

23　刊於薛化元、翁佳音總纂，《萬里鄉志》（台北：萬里鄉公所，1997），頁21-47。

24　翁佳音此書出版後，引起歷史、地理學界重視，回應的論文頗多，詳見《北縣文化》58(1998年11月)，頁4-41。

商業傳統，雞籠港則是近世初期台灣的重要港口[25]。

　　另外，學者詹素娟亦有多篇論文討論雞籠、淡水一帶南島民族住民的分類問題，他質疑近百年來學者對於北台住民的分類，是否只是一種迷思[26]，並提出「多群性」與「地域社群」的概念，試圖結合考古學、語言學以及歷史學的相關研究成果，修正流行已久的族群分類[27]。詹素娟並與考古學者劉益昌合編《大台北都會區原住民歷史專輯：凱達格蘭族調查報告》，是目前有關雞籠、淡水南島民族資料的重要著作。

　　在產業發展史方面，有吳奇娜的碩士論文〈17-19世紀北臺灣硫磺貿易之政策轉變研究〉及唐羽對採金史的研究，對硫磺、黃金的開採與貿易史有更完整的論述[28]。

　　此外，又有林盛彬撰寫〈1626年西班牙進占台灣北部及其相關史料研究〉（1997），翻譯1626年西班牙占台的兩篇關鍵史料，

25　刊於黃富三、翁佳音主編，《台灣商業傳統論文集》（台北：中央研究院台灣史研究所籌備處，1999），頁55-58。

26　詹素娟，〈分類的迷思──淡水河系原住民的族群類緣問題〉，收於周宗賢主編，《淡水學學術研討會：過去・現在・未來論文集》（台北：國史館，1999），頁1-25。

27　詹素娟，〈地域與社群──大台北地區原住民族的多群性〉，發表於1999年中央研究院民族學研究所、順益台灣原住民博物館主辦的「台灣原住民國際研討會」；詹素娟，〈地域社群的概念與檢驗──以金包里社為例〉，收於《北台灣鄉土文化學術研討會論文集》（台北：政治大學歷史系，2000），頁223-244。

28　吳奇娜，〈17-19世紀北臺灣硫磺貿易之政策轉變研究〉（國立成功大學歷史研究所碩士論文，2000，未刊）；唐羽，《臺灣採金七百年》（台北：財團法人臺北市錦綿助學基金會，1985）；唐羽，〈明鄭之取金淡水、雞籠考〉刊於《台灣文獻》41: 3/4(1990年12月)，頁37-51。

係根據西班牙原始文獻譯出[29]；另有周明德的〈台灣島現存最古地名──淡水〉[30]等作品，均是1990年代值得參考的論文。

在外國學術界方面，除了前述日本學者的研究外，西班牙學者在1990年代重新注意所謂「太平洋史(historia del Pacifico)」的研究[31]。學者Luis D. Bañón與Dolores D. Peña合寫"La Presencia Española en Formosa(The Spanish Presence in Formosa)一文，概述西班牙人占領雞籠、淡水的歷史，主要根據十九世紀下半葉一些歐美有關台灣史的著作，其觀點是將西班牙人的占領置於十七世紀西、荷兩國在世界各地對抗的脈絡中來論述，只是此文甚爲簡略[32]。

這十年的研究成果遠多於過去的數十年，時代不同，研究氣氛較爲熱絡。很多論著都是直接根據原始的史料撰寫，研究風氣直追1930年代，但研究者仍相當有限。

三、近年來的研究概況

延續著1990年代的台灣史研究熱潮，到了新世紀開始的幾

---

29 刊於《台灣風物》47: 3(1997年9月)，頁173-192。

30 收於周明德，《海天雜文》(台北：台北縣立文化中心，1994)，頁1-13。

31 西班牙人自1898年失去菲律賓殖民地後，對亞洲的歷史研究較爲忽略，在1990年代受到哥倫布抵達美洲五百週年紀念活動的影響，有些西班牙學者倡導所謂的「西班牙人的太平洋史」研究，見Bel Pozuelo Mascaraque, "Historia del Pacifico," *Cuadernos de Historia Contemporanea* 16 (1994), pp. 219-220.

32 en *Revista de Historia Naval* 37 (1992), pp. 55-72.

年，有關雞籠、淡水早期史的研究亦甚受學界關注。

這幾年與本文主題相關的研究盛事，應屬2003年10月國立台灣歷史博物館籌備處主辦，中央研究院台灣史研究所籌備處協辦的「西班牙時期台灣相關文獻與圖像國際研討會」。

研討會標舉四個主題，分別是「大航海時代下的西班牙與荷蘭」、「西班牙殖民體制的建立與聯繫」、「西班牙時期的台灣」、「西班牙文獻資料之應用」。由於西班牙曾在十七世紀上半葉占領雞籠、淡水十餘年，因此，與會學者們發表的十三篇論文，可以說是對西班牙占領時期進行全面性的檢討與討論。

會中與雞籠、淡水早期史直接相關的文章有：

1. 鮑曉歐，"The Justifiction of the Spanish intrusion in Taiwan in 1626"，討論1626年西班牙攻台行動的淵源、相關人士的倡導、反對意見，以及法理上的論辯。

2. 李毓中，〈西班牙時期北台灣圖像之建構〉，係建築師季鐵生主持之「北台灣西班牙殖民時期建築調查研究與模擬」計畫部分內容，利用同一時期西班牙人在各地建立的堡壘圖像，試圖建構西班牙人占領雞籠時期的人文景觀。

3. 林昌華，〈十七世紀中葉荷蘭改革宗教會對北部台灣原住民的教化：以Marcus Masius牧師（1655-1662）的淡水與基隆教務報告書為中心而述〉。該文利用一篇牧師的報告，探討荷蘭改革宗教教會在北台灣進行的教育工作，並探討南北兩地教育方式的異同。

4. 康培德，〈林仔人與西班牙人〉。該文使用西班牙與荷蘭文獻，探討西班牙人與淡水住民「林仔人」間的互動，特別是西

班牙人的出現對大台北地區族群關係的影響。

　　5. Esther Gonzalez Perez, "Isla Hermosa: fondos existentes en el Archivo General de Indias. Localización y transcripción de documentos"（福爾摩莎在印地亞檔案館）。該文簡介西班牙的印地亞檔案館沿革、館藏檔案的結構，及與台灣有關的史料整理方法。

　　這五位論文發表人中，除了一位是遠從西班牙來的學者外，其餘都是近年來甚為活躍的台灣早期史研究者。

　　鮑曉歐延續1990年代以來的研究，除上述文章外，又於2003年3月「第九屆中國海洋發展史學術研討會」發表 "The 17th Century Fortress of Kelang: Past ans Present"。

　　花蓮師院的康培德教授，接續其有關台灣早期住民史的研究，又發表〈十七世紀上半的馬賽人〉(2003)[33]。

　　花蓮師院鄉土研究所亦有一篇碩士論文值得注意，即張筱玲，〈荷蘭與西班牙台灣史研究——以文獻的中文翻譯問題為例〉(2003)[34]。此文由翁佳音指導，檢討外文史料的中文翻譯問題，包含譯名的誤譯、不統一，以及意譯、音譯的商榷。

　　至於李毓中，長期以來投注於西班牙文獻的蒐集、整理與翻譯工作，可謂用力至勤，成果亦甚豐碩，除了前述文章外，又有〈西班牙與臺灣早期關係史研究的回顧與展望〉(2001)[35]，並與許壬馨合寫〈由西班牙人所製古地圖看早期臺灣的港口與海域〉

33　刊於《臺灣史研究》10: 1(2003年6月)，頁1-32。
34　花蓮師範學院鄉土文化研究所碩士論文，2003，未刊。
35　刊於《臺灣文獻》54: 3(2003年9月)，頁41-57。

(2003)[36]。

　　另外，李毓中長期以來關注西班牙文獻中有關中國或台灣史料的調查，從1990年代以來共有以下幾篇史料與雞籠、淡水早期史有關：

　　1.李毓中，〈西班牙印度總檔案館所藏臺灣史料目錄——附道明會在臺傳教史書目〉(1998)[37]。

　　2.李毓中，〈葡萄牙、西班牙兩國檔案館所藏有關臺灣史料的概況與展望〉(2000)[38]。

　　3.李毓中，〈墨西哥與菲律賓兩國檔案館所藏有關臺灣之西班牙文史料概況〉(2001)[39]。

　　這幾年來，他亦與幾位研究者合作，進行西班牙文獻的翻譯工作，目前已發表者有：

　　1.李慧珍等，〈哈辛托‧艾斯奇維(Jacinto Esquivel)神父1632年所寫「福爾摩莎島情況相關事務的報告」〉(2003)[40]。

　　2.李慧珍等，〈前福爾摩莎島長官阿隆索‧賈西亞‧羅美羅(Don Alonso Garcia Romero)致新西班牙(墨西哥)副王卡德列依塔侯爵(Marques de Cadereita)，告知他在該島時所遭遇的情況，並包括一份有關該島防禦概況的報告〉(2004)[41]。

　　3.吳孟眞、李毓中，〈Jose Maria Alvarez的「福爾摩莎，詳盡

36　同上，2: 3(2001年9月)，頁357-371。
37　刊於《臺灣風物》48: 1(1998年3月)，頁177-192。
38　刊於《臺灣史研究》5: 2(2000年4月)，頁135-146。
39　刊於《漢學研究通訊》20: 1(2001年2月)，頁58-64。
40　刊於《臺灣文獻》54: 4(2003年12月)，頁283-305。
41　刊於《臺灣文獻》55: 1(2004年3月)，頁273-279。

的地理與歷史」〉（2002）[42]。

　　4.Jose Maria Alvarez著，吳孟眞、李毓中譯，〈荷蘭人、西班牙人與中國人在福爾摩莎〉（2003）[43]。

　　5.Jose Maria Alvarez著，吳孟眞、李毓中譯，〈西班牙道明會傳教士在福爾摩莎的傳教〉（2003）[44]。

　　6.吳孟眞、李慧珍、李毓中，〈Jose Maria Alvarez的《福爾摩莎，詳盡的地理與歷史》第二章「西班牙道明會傳教士在福爾摩莎的傳教」第二節〉（2004）[45]。

　　這些譯文都是根據西班牙文獻或書籍譯成。

　　文件部分，有一份是1632年Jacinto Esquivel神父有關台灣島的報告，這份報告一直是學者了解當時北台原住民的重要文獻；另一份文件是 Alonso Garcia Romero的報告，此人曾是西班牙派駐雞籠要塞的長官，他的報告敘述兩年任期內的成就與雞籠據點的守備概況。兩者都是重要的文獻。

　　書籍部分，主要是翻譯1930年代Jose Maria Alvarez著作的重要篇章。此書發表已久，但格於研究者較少能閱讀西班牙文，故未引起較多討論。李毓中等學者目前已譯出部分篇章，有助研究者使用該書之資料與論點。

　　除了上述著作之外，淡水的文史工作者張建隆，亦持續相關

42　同上，53: 4(2002年12月)，頁133-149。
43　同上，54: 3(2003年9月)，頁1-16。
44　同上，54: 4(2003年12月)，頁307-323。
45　同上，55: 1(2004年3月)，頁281-296。

淡水史的研究，先後發表〈淡水史研究初探〉[46]，與〈十七世紀至十八世紀初，西、荷及清人對淡水的記述與認知〉(2002)[47]。

2002年筆者完成博士論文〈東亞海域多元勢力競爭下雞籠、淡水地位的轉變〉。論文中，有些問題受論文主題所限，雖有涉及，但篇幅不多，這兩年利用公餘之暇，重加整理，分別發表於研討會或學術期刊。分列如下：

1.〈十七世紀中西(班牙)交通史的轉折——雞籠據點的經營與菲律賓總督中國政策的挫敗(1626-1642)〉(2003)[48]。

2.〈西班牙統治時期雞籠堡壘的興築與毀棄〉(2003)[49]。

3.〈「雞籠」與「淡水」地名的形成及其背景——兼論十六世紀下半葉北台海域情勢的轉變〉(2003)[50]。

4.〈西班牙文獻中的福建政局(1626-1642)——官員、海盜及海外敵國的對抗與合作〉(2003)[51]。

這四篇論文之中，有一篇係探討十六世紀下半葉的北台海域情勢，另三篇是探討西班牙人占領雞籠、淡水後，在雞籠的經營，

46　刊於《漢學研究通訊》19: 2(2000年5月)，頁178-187。

47　刊於《臺灣文獻》53: 3(2002年9月)，頁209-248。

48　發表於2003年4月26日「天主教輔仁大學歷史學系成立四十週年學術研討會」，後收入天主教輔仁大學歷史學系編，《天主教輔仁大學歷史學系成立四十週年學術研討會論文集》(台北：編者自刊，2003)，頁253-288。

49　刊於《台灣文獻》54: 3(2003年9月)，頁17-39。

50　發表於國史館台灣文獻館舉辦之「九十二年度台灣史學術研討會」，2003年9月24日。

51　發表於臺灣歷史博物館籌備處主辦之「西班牙時期台灣相關文獻及圖像國際研討會」，2003年10月28日。

以及與明朝福建官方的交往。使用的史料是西班牙文獻與明朝、琉球的中文文獻。

二十一世紀開始至今，不過四年，但有關雞籠、淡水早期史的文章，卻顯著增加，其原因是1990年代以來，鮑曉歐與李毓中等學者蒐集、整理及翻譯出很多原始的西班牙史料，因此很多的研究者可據以從事各個主題的研究。

因此，史料的整理與翻譯流通，仍是當前重要的工作，亦期盼更多熟習西班牙文字與歷史的研究者投入此一工作。

至於未來的研究展望，必是百家爭鳴，多元發展的局面。政治、軍事、產業、貿易、外交等題材，自1930年代以來，始終是雞籠、淡水早期史研究的主要內容，未來仍將持續受到討論。

1990年代以來，台北住民史的研究漸受重視，如何利用外來者的記載，探討沒有文字傳統的住民歷史，是個值得探討的課題。至於長時間的研究角度亦是另一重要課題，有些題材如能超越西班牙占領時期或荷蘭、明鄭等斷代，亦可看出另番景象。

雞籠、淡水早期史是台灣早期史的一部分，雞籠、淡水早期史的研究不僅有助於了解北台後來的發展，亦可與台灣西南海岸或東海岸的早期史，相互比較，這些局部區域史的研究，都將是台灣史這個大圖像中的一塊重要、不可或缺的小拼圖。

附錄四
1620年代西班牙人繪製北台圖考釋

　　西班牙占領雞籠初期繪製此圖，反映了西班牙人對北台地理形勢與雞籠港灣的了解程度。筆者在圖中添加兩組符號，以便敘述。以數字標記的符號是解釋圖中的西班牙文字，英文字母標記的符號則是表明現在的地理名稱。

標記1

　　a.原文：DESCRÍPCÍON DELPVERTO DELOS ESPAÑO LES ENYSLA HERMOSA

　　b.現代寫法：DESCRIPCIÓN DEL PUERTO DE LOS ESPAÑOLES EN ISLA HERMOSA

　　c.中文翻譯：「在HERMOSA島的西班牙人港口的描述」。

　　d.說明：此為全圖名稱，可直譯為「台灣的西班牙港口圖」。

標記2

　　a.原文：yslaque dista 7 leguas

　　b.現代寫法：isla que dista 7 leguas

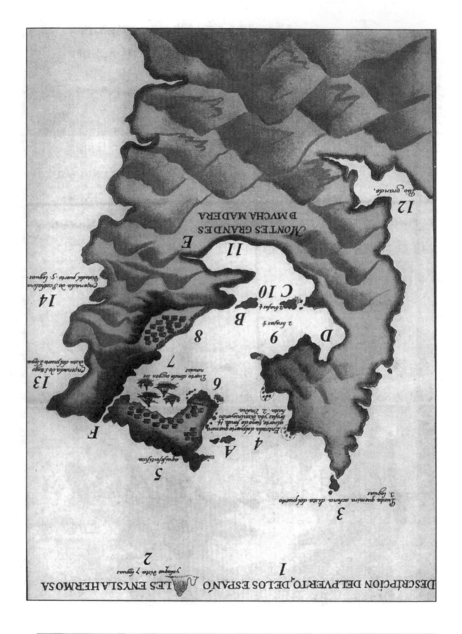

c.中文翻譯：「距離七lequa（西班牙里）的島嶼」。

d.說明：一legua等於5572公尺，七legua合39.004公里。依距離判斷，此島應為「花瓶嶼」，英文名為「Pinnacle」，即尖岩之意，位於基隆東北，約當基隆至彭佳嶼的中點，由一小島和若干岩礁組成，最高點為五十一公尺。四周盡屬斷崖[1]。不過，從基隆港遠望，海域中最容易見到的島嶼應是基隆島，位於基隆東北方約六公里[2]，約合一Legua。因此，圖上標示「七lequa（西班牙里）的島嶼」，也許七是一之誤。

標記3

a.原文：Punta que mira achina dista del puerto 3. leguas

b.現代寫法：Punta que mira a china dista del puerto 3 leguas

c.中文翻譯：「此處朝向中國，距（雞籠）港口三legua」。

d.說明：三legua約為16.716公里，依距離推算，應指金山鼻，但以富貴角的可能性較大。富貴角為台灣最北端，由雞籠乘船至福州，應是由雞籠港沿著北海岸航行，至該處渡海至福州[3]。部分學者讀為「Quemura achina岬角」，應誤[4]。

1　陳正祥，《基隆市志，卷二自然環境篇》，頁58。
2　島形為東北─西南走向，長約一公里，西北─東南長僅450公尺，最高點182公尺，見姜善鑫等編，《台灣的自然地理》，頁285。
3　野柳鼻距雞籠港約11公里。
4　翁佳音，〈萬里鄉的地名特色與發展史〉，收於薛化元、翁佳音總纂，《萬里鄉志》，頁28。

標記4

a.原文：Entrada delpuerto que mira alnorte, tiene de fondo. 14 brazas yba disminuyendo hasta 2 ymedia

b.現代寫法：Entrada del puerto que mira al norte, tiene de fono catorce brazas y va disminuyendo hasta dos y media

c.中文翻譯：「面北的港口入口，水深14 brazas，漸變淺爲二點半brazas。」

d.說明：按此處水深單位braza，約等於1.6718公尺，故此段文字意思是港口入口處水深約爲23.4公尺，到了港灣內，水深逐漸變爲4.1795公尺。至於此圖所謂的港口入口處應在今桶盤嶼與萬人堆鼻之間，其理由有二：一是此段文字所在位置位於此處。二、據清末外國人的記載，此處仍爲「船停泊界限」[5]。

標記5

a.原文：aquisefortifica

b.現代寫法：aqui se fortifica

c.中文翻譯：「這裡有構築防禦工事」。

d.說明：此處即荷蘭占領時之Victoria堡，今稱「砲台頂」。

標記6

a.原文：en esta punta se fortifica

5　　J. D. Clark, *Formosa,* p. 39.

b.現代寫法：en esta punta se fortifica

c.中文翻譯：「在此處有構築防禦工事」。

d.說明：西班牙之San Salvador(聖救主)城，荷據時之Noord Holland Fort，日據時代稱「城仔角」。

標記7.

a.原文：Puerto donde surgen los navios

b.現代寫法：Puerto donde surgen los navios

c.中文翻譯：「船隻停泊的港口」。

d.說明：今稱正濱漁港。

標記8

a.原文：Rancheria De los naturales

b.現代寫法：Ranchería de los naturales

c.中文翻譯：「本地人(由茅舍、簡陋小屋構成)的村落」。

d.說明：los naturales可譯為本地人、在地人或土著，Ranchería與pueblo(村莊)不同，有較簡陋或臨時性之意[6]，中文似與寮字較接近。其位置在大沙灣至三沙灣一帶。

標記9

a.原文：2 brazas ½

b.現代寫法：2 brazas ½

6　Rancheria，由茅舍、簡陋小屋構成的村落或宿營地。

c.中文翻譯：(水深)2.5尋。

d.說明：約爲4.1795公尺，此處位在今牛稠港口。

標記10

a.原文：2 brazas ½

b.現代寫法：2 brazas ½

c.中文翻譯：(水深)2.5尋。

d.說明：約爲4.1795公尺，此處位在鱟公嶼與鱟母嶼之間。

標記11

a.原文：MONTES GRANDES Ð MVCHA MADERA

b.現代寫法：MONTES GRANDES DE MUCHA MADERA

c.中文翻譯：「有很多木材的大山脈」。

d.說明：MONTE可作山、山脈(複數形)或森林。

標記12

a.原文：Rio grande

b.現代寫法：Rio grande

c.中文翻譯：「大河」。

d.說明：即今之淡水河。

標記13

a.原文：ençenada de S. tiago dista del puerto 2 leguas

b.現代寫法：ensenada de San Diago dista del puerto 2 leguas

c.中文翻譯：「三貂(聖地牙哥)灣，距港口二legua」。

d.說明：二legua約合11.144公里。

標記14

a.原文：ençenada de S. cathalina distadel puerto 5 leguas

b.現代寫法：ensenada de Santa Cathalina dista del puerto 5 leguas

c.中文翻譯：聖卡薩林那灣，距港口五legua(西班牙里)。

d.說明：五legua約合27.86公里。西班牙道明會士Juan de los Angeles曾謂「有一岬角稱Santa Catalina，其中有一港口稱San Lorenzo」[7]，San Lorenzo即蘇澳港，Santa Catalina岬角應即今北方澳岬角。至於1626年圖中的Santa Catalina灣，可能即指蘇澳港灣。中村孝志亦謂是今蘇澳[8]。

標記A：今稱桶盤嶼

標記B：舊稱鶯母嶼，已於日治初期移除。

標記C：舊稱鶯公嶼，已於日治初期移除。

標記D：牛稠港

7　*The Philippine Islands*, Vol. 35, p. 136.

8　中村孝志，〈エスパニヤ人の台灣占據と布教事業〉，《科學の台灣》4: 1(1936)，頁15。

臺灣研究叢刊

雞籠山與淡水洋：東亞海域與台灣早期史研究1400-1700

2005年8月初版　　　　　　　　　　　　　　　　　　定價：新臺幣520元
2011年6月初版第二刷
有著作權・翻印必究
Printed in Taiwan.

著　　　者	陳	宗		仁
發 行 人	林	載		爵

出　版　者	聯經出版事業股份有限公司	叢書主編	沙		淑	芬
地　　　址	台北市基隆路一段180號4樓	校　　對	李	倩		萍
台北忠孝門市	台北市忠孝東路四段561號1樓	封面設計	胡	筱		薇
電話	(0 2) 2 7 6 8 3 7 0 8					
台北新生門市	台 北 市 新 生 南 路 三 段 9 4 號					
電話	(0 2) 2 3 6 2 0 3 0 8					
台中分公司	台 中 市 健 行 路 3 2 1 號					
暨門市電話	(0 4) 2 2 3 7 1 2 3 4　e x t . 5					
高雄辦事處	高 雄 市 成 功 一 路 3 6 3 號 2 樓					
電話	(0 7) 2 2 1 1 2 3 4　e x t . 5					
郵 政 劃 撥 帳 戶 第 0 1 0 0 5 5 9 - 3 號						
郵 撥 電 話 2 7 6 8 3 7 0 8						
印　刷　者	世 和 印 製 企 業 有 限 公 司					
總　經　銷	聯 合 發 行 股 份 有 限 公 司					
發　行　所	台北縣新店市寶橋路235巷6弄6號2F					
電話	(0 2) 2 9 1 7 8 0 2 2					

行政院新聞局出版事業登記證局版臺業字第0130號

國家圖書館出版品預行編目資料

雞籠山與淡水洋：東亞海域與台
灣早期史研究1400-1700 / 陳宗仁著．
--初版 . --臺北市：聯經，2005年
424面；14.8×21公分 . (臺灣研究叢刊)
ISBN 978-957-08-2880-1 (精裝)
〔2011年6月初版第二刷〕

1.臺灣-歷史

673.22 94009233

聯 經 出 版 事 業 公 司

信 用 卡 訂 購 單

信 用 卡 號：□VISA CARD □MASTER CARD □聯合信用卡

訂 購 人 姓 名：_____

訂 購 日 期：_____年_____月_____日　（卡片後三碼）

信 用 卡 號：_____ _____ _____ _____

信 用 卡 簽 名：_____(與信用卡上簽名同)

信用卡有效期限：_____年_____月

聯 絡 電 話：日(O)：_____夜(H)：_____

聯 絡 地 址：□□□ _____

_____

訂 購 金 額：新台幣 _____元整

（訂購金額 500 元以下，請加付掛號郵資 50 元）

資 訊 來 源：□網路　　□報紙　　□電台　　□DM □朋友介紹
　　　　　　□其他 _____

發　　　　票：□二聯式　　　□三聯式

發 票 抬 頭：_____

統 一 編 號：_____

※ 如收件人或收件地址不同時，請填：

收 件 人 姓 名：_____ □先生　□小姐

收 件 人 地 址：_____

收 件 人 電 話：日(O) _____夜(H) _____

※茲訂購下列書種,帳款由本人信用卡帳戶支付

書　　　　　　　名	數量	單價	合　　計
總　　計			

訂購辦法填妥後

1. 直接傳真 FAX(02)27493734
2. 寄台北市忠孝東路四段 561 號 1 樓
3. 本人親筆簽名並附上卡片後三碼(95 年 8 月 1 日正式實施)

電　話：(02)27627429

聯絡人:王淑蕙小姐(約需 7 個工作天)